Rahway N.J. July 26, 1933
700 St. George Ave.

ackd 8/7/33

Franklin D. Roosevelt,-
President of the U.S.

Honorable Sir;

I dare not even hope that these humble lines will reach you, but I can't resist the temptation to add my admiration and enthusiasm for your address broadcast over the radio last night. I have always been an ardent republican, and in the last campaign exerted all my efforts to convert Roosevelt votes for Hoover, I'm glad my efforts were defeated; and hereafter I will vote and work for any party that has at it's head a man of your ability and sincerity as a leader. More power to you, and may your efforts be successful far beyond your expectations. They can't help but be with a nation of people behind you.

May God bless you and give you strength to carry on.

Very humbly Yours
Lena Engelman

희망의 대통령 루즈벨트

김 형 식

지구문화사
JIGU PUBLISHING Co.

* 이 책의 판매대금의 일부는 한반도국제대학원대학교 「국제개발NGO연구소」의 발전기금으로 쓰일 것입니다.

격려의 말씀

김형식 교수의 새 책 《**희망의 대통령 루즈벨트**》가 출판의 빛을 보게 된 것을 충심으로 축하하고 이 땅의 정치인들, 지성인들, 젊은이들이 읽어주기를 바랍니다.

가을이 깊어가는 이 땅에 대통령 선거가 막바지에 이르는 때여서 아주 시의적절하다는 생각으로 선거권을 가진 모든 국민에게 이 새 책을 권장합니다. 너무도 많은 책들이 홍수처럼 쏟아져 나오고 있지만 김 박사의 이 저서는 태백산 아주 깊은 상류 수원지의 맑은 샘물 같은 느낌을 제게 줍니다.

몇 가지 까닭이 있어 보입니다. 루즈벨트가 훌륭한 정치인이었음을 우리가 극히 피상적으로는 알고 있지만 링컨이나 워싱턴, 그리고 케네디나 카터 같은 인물에 비해 루즈벨트는 우리에게 다소 생소한 사람입니다. 그런데 오늘 우리나라와 겨레의 현실을 놓고 루즈벨트를 다시 배워야 할 깊은 뜻이 있습니다.

루즈벨트 대통령은 한 정치인이기 전에 품위있는 인간이었습니다. 그의 연설문들은 진한 인간애, 아주 힘든 신체장애를 이기고 만인 위에 별처럼 존경받는 사람임을 보여줍니다.

무엇보다 루즈벨트 대통령은 사회에서 잊혀지고, 고통받는 소수, 낙오되기 쉬운 국민에게 찬란한 꿈, 밝은 희망을 주었습니다.

그런 큰 인물이 오늘 우리나라에서 나올 수 없을까 생각하게 합니다. 그는 실로 '잊혀진 사람들의 대통령'이었습니다.

경제성장의 급격한 사회변혁 속에서 낙오되고 상처를 크게 입은 이 나라의 많은 국민이 존경하고 신뢰하고 친구처럼 가깝게 느끼는 지도자가 이렇게 필요한 시절이어서 이 책을 정중하게 추천합니다.

영국에서 제가 박사학위 논문을 쓰고 있던 30여 년 전 만나서 같은 사회복지분야의 공부를 해 나온 김 박사가 시대를 초월하는 큰 인물을 적시에 소개해주게 되어 참 기쁘고 뜻있는 일이라고 믿습니다.

김 교수는 한국전쟁의 처절한 싸움터에서 어린 시절 죽음을 초월한 고생을 겪고 지체장애를 훌륭히 이겨낸 삶의 승리자이고 제게는 참 좋은 후배이고 동역자입니다. 그래서 이 책이 소중한 것임을 압니다.

"살아남으려면 개혁하라"고 역설하던 루즈벨트의 음성을 우리는 오늘 다시 들어야 합니다. 현대사회는 현실에 안주하고 개혁할 의지를 잃은 것이 비극입니다. 정치인들이 특히 참신한 꿈을 국민에게 주지 못하고 있습니다. 그래서 루즈벨트 같은 거목이 그립습니다.

경제대공황이 세상을 태풍 속으로 몰아넣던 1935년 경제성장정책과 아울러 양 수레바퀴와도 같은 사회보장제도라는 꿈같은 정책을 강력히 추진하여 소외된 국민들의 참친구가 된 루즈벨트를 오늘 우리나라와 겨레가 재조명해 볼 필요가 있습니다.

2007년 가을

울산 함월산 빌라에서

솔잎 이윤구

* 전 대한적십자사 총재
전 인재대학교 총장

추천의 말씀

희망의 대통령 루즈벨트

이 시대 우리 국민들 가슴에 희망과 용기를 불어넣어 줄 새로운 리더십의 지도자가 절실히 요구되고 있습니다. 그리고 "웃음과 활력을 가져다 줄 대통령을 갖고 싶다." 이는 우리 모두의 한결같은 바람일 것입니다.

이런 생각을 할 때마다 루즈벨트의 '시카고의 밤' 이야기가 떠오릅니다. 루즈벨트 대통령이 따뜻한 벽난로 옆 책상에 앉아 라디오로 메시지를 전하는 날, 시카고의 밤거리는 한산했다고 합니다. 대통령의 감미로운 목소리를 듣기 위해 서둘러 집으로 발길을 재촉했기 때문이었습니다. 정말 부럽습니다.

루즈벨트 대통령은 두 다리를 전혀 못 쓰는 장애인인데도 사상 최악의 경제위기에 처한 미국을 구했습니다. 국민화합과 경제리더십의 상징인 루즈벨트 대통령이야말로 오늘날 우리 국민들이 간절히 바라는 지도자 모델이라는 생각이 듭니다.

바로 이런 때에 《희망의 대통령 루즈벨트》라는 책이 나온다는 소식을 듣고 귀가 번쩍 뜨였습니다. 최근 국내에서 링컨 대통령과 케네디 대통령에 대한 서적들이 나오면서, 왜 루즈벨트 대통령에 대한 책은 나오지 않을까 아쉽게 생각하고 있던 차에, 이 책이 발간된다니 더욱 반가웠습니다. 더구나 리더십을 연구해온 제가 이 책에 '격려사'까지 쓰는 영광을 갖게 되었으니 그 기쁨은 이루 말할 수 없습니다.

이 책을 보면 볼수록 우리나라 정치지도자들은 물론 국민들이 꼭 읽어야 할 필독서라는 생각이 듭니다. 무엇보다 지금 우리 대한민국이 처해 있는 상황과 국민들이 바라는 리더십의 지향점이 고스란히 담겨 있기 때문입니다.

이 책의 앞부분에서는 '인간 루즈벨트'를 다루고 있습니다. 지도자의 리더십을 평가하기 위해서는 인간 됨됨이부터 살펴보아야 한다는 점에서 인간 루즈벨트에 대한 고찰은 시의적절한 것 같습니다. 아울러 정계입문 과정과 사상을 소개하고, 특히 미국 역사상 가장 훌륭한 영부인 가운데 한 사람으로 꼽히는 엘레노 여사의 내조 부분은 참신합니다.

독실한 신앙인으로서의 인간 루즈벨트를 조명한 것은 저자인 김 박사님만의 독특한 접근방식이라는 생각이 듭니다. 우리는 전반부를 통하여 지도자의 품성과 아내의 내조, 그리고 종교적 신념이 얼마나 중요한지를 새삼 깨닫게 됩니다.

이어서 후반부에서 루즈벨트 대통령의 연설문을 소개한 것은 매우 유용하다고 봅니다. 요즘 정치지도자들의 말이 너무 거칠고 투박한 때에, 루즈벨트 대통령의 명연설을 다시 읽게 된다는 사실 자체가 감동적이기 때문입니다. 그는 암울한 시절에 언어적 메시지로써 국민들의 마음을 어루만져 주고 희망을 불어넣어 주었습니다. 1933년 3월 4일 첫 취임사에서 그는 "위대한 미국은 여태껏 견뎌냈듯이 앞으로도 견뎌낼 것이며, 다시 일어나 번창할 것"이라며 미국 국민들이 두 주먹을 불끈 쥐게 만들었습니다.

프레드 그린슈타인(F. Greenstein) 프린스턴대 교수는 루즈벨트 대통령을 '모차르트나 베토벤이 후세의 음악가들에게 그랬듯이 후임 대통령들이 흉내 낼 수 없는 영감을 불러일으킨 지도자'라고 극찬을 아끼지 않았습니다.

국가지도자의 감동적인 메시지가 더없이 아쉽게 느껴지는 때에, 루즈벨트 대통령이 첫 주지사 시절부터 워싱턴에 입성하는 전후, 그리고 4선 대통령의 길을 걸으면서 남긴 명연설의 자취는 꼼꼼히 따라갈 가치가 있습니다.

말미에서는 우리 국민들에게 친숙한 노변정담, 즉 '난롯가의 담화' 내용을 소개하고 있습니다. "존경하는 국민 여러분, 저는 오늘밤 여러분과 우리 모두의 이야기를 진솔하게 나누고자 합니다."로 시작하는 루즈벨트 대통령의 노변정담은 70여 년이 지난 지금 다시 들어도 감동을 주기에 충분합니다.

끝으로 이 책을 쓰기 위해 수많은 자료와 관련 서적을 섭렵한 편자 김 박사님의 열정에 새삼 경의를 표합니다. 부디 이 책이 많은 사람들에게 반향을 일으켰으면 좋겠습니다. 그래서 우리 정치지도자들과 국민들에게 조금이나마 희망과 용기를 심어줄 수 있다면 얼마나 좋을까? 하는 생각을 해봅니다.

최 진

* 대통령리더십연구소장
행정학 박사

머리글

이 책이 이렇게 출판되리라 생각하지 못했었습니다. 그저 혼자서 루르벨트의 장애를 극복한 집념, 그의 신앙, 올곧은 신념과 언변을 연설문 작성이라는 글쓰기를 통해서 정의로운 사회를 만들려고 혼신을 바쳤던 루즈벨트에 심취했을 뿐입니다.

근 4년을 이 작업에 매달렸었습니다. '누가 소위 이 포스트모던 시대에 1930년대 근대화 시대의 대통령 이야기에 관심을 가질까?' 하는 회의 때문에 몇 번이고 손을 놓았다가 다시 시작하곤 했습니다.

그러나 자유와 평등, 그리고 민주주의의 가치를 경제와 사회의 발전 틀에 담아 4대에 걸친 대통령 임기 동안 일관성 있게 추진한 개혁의 의지는 오늘의 우리에게도 큰 귀감이 된다는 확신이 있었습니다. 그는 미국의 경제를 세계 최강으로 탈바꿈시키면서도 사회의 취약 계층이 필요로 하는 사회안전망의 소중함을 간과하지 않았습니다.

다행히 지구문화사의 주병오 사장님은 이 책에 실린 인간 승리와 정의롭고 인간다운 국가를 만들려고 했던 루즈벨트 대통령의 치적은 출판되어야만 할 가치가 있다며 이 졸고를 받아주었습니다.

또한 한국 유일무이의 〈대통령 리더십연구소〉의 최진 박사님의 귀한 추천의 말씀은 나름대로 이 책이 오늘날 한국 사회에 시사하는 함의에 대한 객관적인 가치를 인정해주신 것 같습니다. 과분한 추천의 말씀에 진심으로 감사합니다.

또 한 분 추천사를 써주신 이윤구 총재님께 진심으로 감사드립니다. 이 분은 필자에게는 평생의 은사이십니다. 가까이 계실 때에나 멀리 계실 때에나 많은 것을 행동으로 가르쳐 주신 분입니다. 다른 무엇보다도 신앙을 실천하여 삶으로 엮어내는 것과, 탁월한 국제 감각을 이 분으로부터 직접 배웠습니다. 그런데도 필자에게는 어려운 어르신인데, 아주 흔쾌히 추천사를 써 주시어서 얼마나 큰 용기를 얻었는지 모릅니다.

우리는 선진국으로 향하는 갈림길에서 멈칫거리고 있습니다. 이러한 시점에서 '현대사의 2대 역경'이라고 할 수 있는 1930년대의 세계 경제대공황과 뒤이은 세계 제2차 대전에서 국가의 위기를 슬기롭게 극복하여 오늘날 초일류 국가의 영광스러운 미국을 만드는 데 초석을 다져놓은 루즈벨트 대통령의 통치력은 우리나라를 이끌어 갈 모든 정치세력 뿐만 아니라 모든 국민들에게 귀감이 되리라 생각하며, 이 책을 내놓습니다.

특히, 미국 정치의 도덕적 기류를 바꾸고자 했던 루즈벨트 대통령은 한국의 대통령을 비롯한 정치·사회 지도자들에게 귀감이 되리라 확신합니다.

2007년 늦은 가을에

한반도국제대학원대학교

교수 김 형 식

| 차례 | *Franklin D. Roosevelt*

프롤로그

인간 루즈벨트

대통령의 연설문

국민과의 담화

에필로그

회상의 글

1935년 선상 위에서의 집무 : 루즈벨트 대통령

프롤로그

희망의 대통령 루즈벨트

인간 루즈벨트

불굴의 의지

루즈벨트의 정치철학

인본주의 개혁성향

대통령의 사람들

1931년 뉴욕주지사 시절, '수질오염법안' 통과 서명

프롤로그

희망의 대통령 루즈벨트

프랭클린 D. 루즈벨트는 세계적인 지도자로서 손수 기념비적 세계기구인 유엔(UN)을 구상했고, 전후의 역사를, 개인과 자유와 존엄성을 바탕으로 한 새로운 국제질서의 방향을 제시한 대통령이다. 그는 미국뿐 아니라 세계경제가 전례없는 대공황 속에 허덕일 때 대통령이 되어, 가장 길고 처절했던 제2차 세계대전이 끝날 무렵까지 집권했다.

한 마디로 루즈벨트(Franklin Delano Roosevelt)는 미국 초유의 4선 대통령으로 12년 5주 동안의 집권을 통하여 정치, 경제, 사회, 외교적으로 미국 역사상 최대의 분기점을 이루어냈다.

그는 곤경에 처한 국민들로 하여금, 워싱턴 D.C.를 국민들이 감당할 수 없는 문제로부터 보호받을 수 있고, 긴박한 어려움이 있을 때에는 도움을 청할 수 있는 곳으로 생각하도록 하였다. 따라서 오늘날까지 그가 워싱턴, 제퍼슨, 링컨 등과 어깨를 나란히 할 수 있는 위대한 미국 대통령, 세계적인 지도자로서 추앙을 받는다는 것은 조금도 놀라운 일이 아니다.

누가 뭐래도 그는 위대한 대통령이었다. 그러나 루즈벨트가 미국의 위대한 대통령임에도 우리는 그에 대해서 아는 것이 별로 없다. 이 책은 반드시 정치적으로 위대했던 대통령으로서만 루즈벨트를 소개하려는 것은 아니다.

이 책을 대하는 독자들은 루즈벨트가 미국의 어느 대통령보다도 인간의 욕구와 고통, 고뇌에 대한 이해가 각별했고, 평범한 국민들에게 안정되고 인간다운 삶을 보장해 주어야 한다는 신념에 찬 정치 철학을 가지고 대통령직을 수행했으며, 미국은 물론 온 세계에 큰 족적을 남겼음을 알게 될 것이다.

그의 주변 사람들은 그가 타고난 재주와 성격을 최대한으로 활용하여 위대해진 인물이라고 평가한다. 그는 신체적 장애에 굴하지 않고 오직 자기가 선정한 목표달성을 위해서 최선을 다한 사람이다. 그는 한 마디로 '위대하게 태어나지 않았지만 위대해진 사람'이며, 항상 '자유', '공정', '품위'라는 어휘들이 우리가 지향하는 훌륭한 민주주의를 대변해야 한다고 생각한 대통령이었다.

대통령으로서 또는 인간으로서 루즈벨트를 평가할 수 있는 방법은 아마도 공직생활에서 무엇을 이야기했으며, 어떤 글을 썼느냐 하는 것으로 알아 볼 수 있을 것이다. 루즈벨트는 다른 어느 대통령, 아니 역사상 다른 어떤 정치가보다도 더 탁월하게 그의 리더십을 발휘했고, 정책을 수행하기 위하여 언변과 문자를 사용했다. 그는 한 마디로 '아이디어 맨'이었다.

사실 이 책의 상당 부분은 그가 사용한 여러 언어들, 그 뒤에 숨겨진 사상, 신앙 또는 어떻게 미국 민주주의에 대한 새로운 신념을 심어준 대통령이었는가 하는 것을 그가 남긴 수많은 연설문을 통해서 살펴볼 것이다. 그는 언어를 의사소통의 수단으로 사용하는 탁월한 재능을 가지고 있었으며, 또한 진실이란 현실이 아닌 언어의 산물이라는 신념을 갖고 있었다.

우리는 이제 이 책에서 현란한 언어로 표현된 루즈벨트의 인간성과 정치적 지도력을 만나게 된다. 그러나 사실상 언어는 그것을 구사하는 당사자와는 떼어 놓을 수 없는 것이기 때문에, 이 책에서는 루즈벨트의 인간됨, 리더십의 특성, 미국과 세계사에 남긴 그의 족적 등에 대한 이야기를 하게 된다. 그가 구사한 언어와 이야기는 필연적으로 그의 언어와 아이디어와 정책을 구상하는 데 일조했던 사람들에 대한 이야기도 포함된다.

이 책은 그러한 언어들이 글로 표현되고 말로 전달되었던 여러 상황과 대통령이 그러한 언어를 통해서 무엇을 성취하고자 했으며, 얼마나 성공을 거두었는가 하는 이야기도 포함한다. 이 책은 역사의 주석으로서 그러한 이야기가 중요하다는 관점에서 뿐 아니라 대통령으로서의 루즈벨트의 리더십을 이해하는 데도 도움이 될 것이다.

인간 루즈벨트

이 책은 루즈벨트를 대통령으로서 보다는 하나의 인간으로 소개한다. 그는 20세기의 인물 중 누구도 추종할 수 없는 불굴의 의지를 가졌던 위대한 사람임에 틀림없다. 그의 전 생애를 통하여 수많은 사람들이 깊은 영감을 받은 것은 말할 것도 없지만 15,000여 개의 기업이 파산을 하고, 많은 사람들이 일자리를 잃어 절망과 좌절 속에서 미국이 파산 지경에 이르렀을 때 그는 대통령으로 취임하던 첫날 이렇게 말했다.

우리가 두려워해야 할 것은 두려움, 그 자체밖에는 없습니다.

"우리가 두려워해야 할 것은 두려움, 그 자체밖에는 없습니다!"

그는 절대로 두려움에 굴복하지 말고 모든 역량을 발휘하여 적극적으로 위기에 대처해야 한다는 것을 언변과 행동으로 보여주었다. 그리고 제 2 차 세계대전이 치열하던 대통령에서 물러나는 마지막 날에도 **"강하고 활동적인 믿음을 가지고 앞으로 나가야 합니다."**라고 국민들을 격려했다. 그러나 그가 이렇게 강한 신념을 가지게 된 배경을 그의 신체장애와 신앙에 연관시키는 사람들은 그렇게 많지 않다.

강하고 활동적인 믿음을 가지고 앞으로 나가야 합니다.

실로 많은 사람들이 간과하는 것은, 루즈벨트가 이렇게 위대한 세계적인 지도자였던 이면에 그가 1921년 38세의 나이에 소아마비로 인하여 다른 사람의 도움 없이는 설 수도 걸을 수도 없는 장애인이었다는 사실이다. 그러나 루즈벨트는 집요한 노력과 투지로 장애를 딛고 일어나 미국을 경제대공황과 제 2 차 세계대전으로부터 구해냈다.

불굴의 의지

"우리가 두려워해야 할 것은 두려움, 그 자체밖에는 없다."는 명언도 투병이라는 인간적인 시련 중에 터득한 진리였다. 그는 투병으로 병마를 극복했지만 결국 소아마비로 장애인이 되었다. 그것이 오히려 그의 인생을, 특히 국민에 대한 생각을 완전히 바꿔 놓았다. 곤경에 처한 사람들일지라도 용기를 북돋아 주고 도움을 주면 회생할 수 있는 능력을 갖게 된다는 확신을 가지게 되었다. 인간이 자신의 문제를 해결할 수 있다는 그의 믿음과 확신은 그의 수많은 연설문을 통해서, '난롯가에서 행한 국민과의 담화'에서, 정적들과의 격렬한 충돌에서, 그리고 그가 추진하고 제정한 수많은 개혁적 입법에서 잘 나타난다.

"과연 루즈벨트는 자신의 신체장애에 어떻게 대처했을까" 하는 의구심을 가진 사람은 그리 많지 않다. 그리고 불행히도 이러한 주제를 직접적으로 다룬 문헌이나 자료도 많지 않으며, 루즈벨트 자신도 본인의 장애에 대하여 별로 언급하지 않았다. 그러나 어떻게 생각하면 자신이 장애인이라는 사실을 감추려고 애쓴 사람이 아니었다는 것이다.

오늘날에는 한국에서도 '장애인 대통령', '장애인 국회의원' 등이 화두로 등장하고 있지만 적어도 루즈벨트가 대통령으로 출마할 당시 미국인들은 루즈벨트 대통령 본인의 말처럼 '휠체어 장애인'을 대통령으로 뽑을 준비가 되어 있지 않은 사회였음이 분명하였다.

루즈벨트의 전기 작가이며, 자신 또한 소아마비 장애자인 휴 갤러가(Hugh Gallagher)는 '화려한 기만'이라는 표현으로 당시의 상황을 들려준다.

"대통령은 그가 연설할 연단까지 경호원과 그의 아들에게 부축되어 옮겨지도록 준비했습니다. 그들은 마치 대통령이 걷는 것처럼 보이도록 그 일을 해냈습니다. 연단에 도착하면 손수 부착된 강철보조기 고정쇠를 채우고 바닥에 고정된 강연 탁자의 특수 손잡이를 꽉 잡고 선 채로 감동스러운 연설을 했습니다."

자네도 그 병상에서 일어나 뜻깊은 삶을 살 수 있네.

그가 재향 군인병원을 순시할 때에는 휠체어에 그대로 앉아 있었는데[1)]말하자면 그의 휠체어는 젊은 미국부상병들에게 '자네도 그 병상에서 일어나 뜻깊은 삶을 살 수 있네'라는 메시지를 전하는 수단이 되었던 것이었습니다.

또한 당시 흑인 학생들로 이루어진 하워드 대학 졸업식 연설을 할 때도

---

1) 편자 주 : 당시 루즈벨트는 가능하면 국민들에게 자신이 휠체어에 앉아있는 모습을 보이지 않으려고 상당히 애를 썼다.

그는 휠체어에 그대로 앉아있음으로써 기본적으로 마틴 루터 킹 목사보다 이미 한 세대 전에 '자네들도 승리할 수 있네.(You shall overcome!)'라고 말하고 있었던 것입니다." 2)

자네들도 승리할 수 있네.

"연설이 끝나면 대통령 일행은 다시 기차로 돌아간다. 마지막 환호와 작별의 인사를 나누기 위하여 지역의 유지들과 정치인들이 자동차를 타고 대통령 행렬의 뒤에 합세한다.

이제 대통령은 그가 기차에서 내리고 탈 때에 사용하는 램프 앞에 차를 멈춘다. 그가 램프를 이용하여 기차 안으로 들어가려고 준비하기 시작하면 몇 년 동안 대통령을 수행하던 시끄러운 기자들을 포함해서 주변의 모든 사람들이 조용해진다. 친구들뿐만 아니라 정적들마저도 이 중증의 장애인이 램프의 손잡이를 그의 크고 강한 손으로 꽉 움켜지고 어깨와 팔뚝의 근육을 최대한으로 이용하며 아주 힘겹게 기차에 오르려고 애쓰는 것을 바라보면 모두 감동하고 숙연해지지 않을 수 없었다."

우리는 이 책을 대하면서 그가 국정을 수행하기 위하여, 선거 유세에서 수많은 연설을 할 때마다 '신체장애'하면 어쩐지 부끄럽고 슬프고 불쾌하게 생각하던 미국 국민들에게 그의 지도력을 발휘하기 위하여 위에서 언급한 '화려한 기만'을 펼쳐내는 용기와 투지, 그리고 비장애인에게는 너무나도 자연스럽고 일상적인 기차에 오르는 것마저도 그에게는 하나의 투쟁이었음을 염두에 두어야 할 것이다.

최근에 와서야 학자들은 장애의 어려움을 극복하려 했던 루즈벨트의 노력이 그의 정치적 사고와 인격의 형성에 지속적으로 많은 영향

---

2) Michael DeLand, 《The American Disability and Rehabilitation Movement: Substantial Progress, Compelling challenges》. 미국장애인협회 회장: 제 7회 장애인 재활국제 학술대회, 국제교육재활교류재단: 1999. 7월 2일.

을 미쳤을 것이라는 점에 주목하기 시작했다. 그의 부인 엘레노는 남편이자 대통령이었던 인간 루즈벨트에 대하여 이렇게 말한 적이 있다.

"장애를 극복하기 위한 고독한 싸움과 승리가 그에게 전에 없는 힘과 용기를 주었으며, 삶에 있어서 중요한 것이 무엇인지를 파악하고 끝없는 인내와 불굴의 의지라는 위대한 교훈을 주었을 것"이라고…….

루즈벨트를 상징하는 힘과 용기, 인내와 불굴의 의지, 그리고 끝없이 솟아나는 희망의 메시지는 실로 이 시대의 우리 모두에게 요구되는 덕목일 것이다.

루즈벨트의 정치철학

정치 세계에서는 '제 3의 길'이 근년에 와서 등장한 것처럼 생각하고 있지만, **"하늘 아래 새로운 것은 없다."**는 솔로몬의 말처럼 이미 루즈벨트는 그의 시대에서 '제3의 길'을 실험했었다. 그것은 바로 그의 정책이 극단의 자본주의와 사회주의의 중간노선에 서 있었음에서 잘 나타난다.[3)]

그는 만인 대 만인의 투쟁과 정글의 법칙이 찬양받고 있는 자본주의 이념의 혼란 속에서도 진정한 국민통합은 어디에서 오는가를 보여준 희망의 대통령이었다.

이 책은 루즈벨트가 살았던 시대의 역사서도, 그의 완전한 전기도 아니지만, 우리는 그의 수많은 연설문과 '난롯가의 담화'를 통하여 루

---

3) 《프랭클린 엘레노 루스벨트》, 사빈 포레로멘자 지음, 김병욱 옮김, 동아일보사, 2003.
《루즈벨트, 러셀 프리드만 지음》, 손풍삼 옮김, 고려원, 1992.

즈벨트의 생각이 어떻게 정책적으로 선포되고 실제로 수행됨으로써 절망에 빠졌던 국민들에게 희망을 주는 대통령이 되었나 하는 것을 발견하게 될 것이다. 그가 희망을 주고자 했던, 아니 희망이 절실하게 필요했던 미국 국민들은 그의 연설문 속에서 기회가 있을 때마다 수 없이 주역으로 등장한다.

그가 희망을 불어 넣으려 했던 '잊혀진 사람들'은 추상적으로 연설문을 장식하는 사람들이 아니라 실제 인물들이었다.

그들은 돈도, 권력도, 사회적 지위도 없는 사람들이었다. 그들은 노동현장에서 착취당하던 노무자이며, 높은 부채와 저소득을 감수해야만 하는 힘없는 농민이었으며, 날로 강해지는 독과점 세력에 대항해야 하는 소규모 사업가였으며, 물가상승과 낮은 임금 때문에 걱정하는 가정주부, 갈만한 교육시설이 없는 농촌의 청소년들이었으며, 아동, 노동자, 실업자, 가난한 노인, 그리고 장애인들이었다. 바로 이 '잊혀진 사람들' 이야말로 루즈벨트가 재임시 가장 지대한 관심을 보였던 대상자들이었다.

즉, 정부의 궁극적인 목표는 모든 국민들이 국가의 부(富)에 대한 혜택을 받을 수 있도록 하는 것이기 때문에, 부유층 사람들에게만 번영을 안겨주는 제도는 문제가 있다는 신념이었다. 이러한 신념을 기회가 있을 때마다 이야기함으로써, 그는 희망을 잃고 좌절한 국민들에게 용기와 희망을 갖게 했다.

루즈벨트를 어떠한 인물로 생각하느냐는 질문을 받는다면 우리는 서슴없이 '그는 진보적이며, 희망과 사회정의의 이념을 실현하고자 했던 상징적이고 용기있는 인물'이라고 대답할 수 있을 것이다.

아래의 연설문을 보자.

"이제 여러분의 기업이 소생하고, 주가가 상승하고 투자가 활성화되었다고 해서 과거의 쓰라린 경험을 간과하지 말기 바랍니다. 우리는 이제 절대로 다시는 거품처럼 흥청망청하고, 이기주의가 활개 치며, 소수의 개인과 기업에 의해서 타인의 재산이 운용되고, 산업생산과 분배를 재정적으로 통제할 수 있기 때문에 미국의 기업은 위대하다는 '망상의 시대'로 돌아가지 않도록 결연한 의지를 굳혀야 합니다.

동시에 '과거처럼 정부가 대기업 앞에서 고양이처럼 아양을 부리고, 경제적 부가 위에서 아래로 자동적으로 재분배된다는, 그리고 무엇보다도 공기업의 이윤 오·남용으로 인해서 미국 국민들의 복지가 위협받고 있는데도 정부는 가만히 손을 놓고 있어야 한다.'는 망상을 버려야 합니다."

위와 같은 루즈벨트의 결연한 의지와 정치철학은 간혹 오해를 불러일으키기도 하였다. 기자의 질문에 대한 응답을 들어보자.

"대통령 각하, 귀하는 공산주의자입니까?"

"아닙니다."

"그러면 자본주의자입니까?"

"그것도 아닙니다."

"그러면 사회주의자이신가요?"

도대체 왜 이런 질문에 대답을 해야 되는지 모르겠다는 표정으로

"아닙니다."

그 젊은 기자가 재차 질문했다.

"그렇다면 각하의 철학은 무엇입니까?"

"철학이라?" 대통령은 다소 혼란스러워 보였다.

"철학이라? 나는 기독교인이고 민주주의 신봉자입니다. 그게 다요!"

그가 미래를 내다보는 정책으로 얼마나 큰 이념적 진통을 겪어야 했는가는 그를 극진히 사랑했던 어머니를 회상하는 내용 중에도 잘 나타나 있다.

"그 당시 사람들이 우리를 사회주의자, 급진주의자라고 불러대던 기억이 나는군. 아들이 사회주의자가 되어버렸다고 생각하며, 우리 어머니가 얼마나 상심했었던가 하는 생각이 나는군."

그의 어머니에 대한 추억은 수년 후 그의 정책이 간혹 '사회주의적이다', '공산주의식이다' 하는 공격을 받을 때마다 그가 즐겨 회상하는 주제였다. 1911년에 사회주의라고 비난 받던 정책이 1928년에 와서는 완전한 미국주의(Americanism)가 되었다. 마찬가지로 소위 본질적으로 '공산주의와 급진주의'적이라고 지탄받던 정책이 1933년에는 뉴딜(New Deal)이 되었고, 심지어는 1944년 공화당의 정치적 이념의 발판이 되었다고 그는 술회한다.

뉴딜, 브레인 트러스트(Brain Trust) 등 그를 대표하는 정책은 경제학자나 사상가들의 좋은 생각을 실천에 옮길 수 있었던 지도자로서의 루즈벨트의 리더십을 말해준다.

편자는 루즈벨트의 생애에 관한 감동적 삶과 공적이 이 책으로 나타나기를 기대한다. 결국 루즈벨트의 생애를 통한 감명은 독자의 몫이다. '난롯가의 담화', 선거유세, 대통령 보좌관들의 연설문 작성, 브레인 트러스트(Brain Trust), 뉴딜 등 모두가 박진감 있고 감동을 준다.

바로 우리 시대가 갈구하는 인물이며 지도자의 모습이 이 책 속에 담겨있기를 바란다. 국민들에게 희망을 불어넣어 줌과 동시에 그들을 긴장시키기를 기대하는 것도 잊지 않는다.

이 책을 집필하는 데 도움이 되어 준 참고자료들은 필자의 유학시절 런던의 헌책방을 돌면서 수집했던 것들이다. 그때는 점심을 한 번 거르면서도 책을 사 모으는 것이 거의 집념이다시피 했었다.

1970년대 초였으니 한국의 국민소득은 채 200불이 못 되었고 유학생은 가난할 수밖에 없었다. 그런데 왜 영국에서 공부하며 미국의 대통령 루즈벨트에게 관심을 가지게 되었는가?

막연하지만 아마도 이런 생각을 했었던 것 같다. 우선은 1930년대 세계적인 경제공황기인 1935년에 사회보장법을 통과시켜 '사회보장제도'를 탄생시킴으로써 '미국 복지국가의 기반'을 만들었으며, 극심한 빈곤으로 인해 좌절해 있던 국민들에게 '새로운 정책'(New Deal)을 선포하여 희망을 준 대통령이 아니었던가?

우선 필자는 사회정책 전공자로서 그의 진보적인 사회개혁적 정책에 관심이 끌렸다. 그러나 인간 '루즈벨트', 또는 장애를 극복한 위대한 한 인간의 이야기 못지않게 하나님께서 루즈벨트 대통령을 통하여 미국의 위기에 개입했다는 확신이 있었다. 대통령은 사람들이 뽑기도 하지만 하늘이 점지한다는 말도 있다. 그는 진심으로 인간애가 풍부했던 사람이었지만 절박한 상황 속에서 국민들에게 희망을 줄 수 있었기 때문에 모든 미국 국민들로부터 사랑받았을 것이다.

그는 실로 모든 국민의 대통령으로서 인간을, 국민을 사랑한 대통령이었고 국민들은 그의 사랑에 환호하고 응답했으며, 그에 대한 존경과 사랑은 세대를 초월하고 있다. 그는 한 정당의, 일정 계층의 대통령이 아니라 모든 사람들에게 희망을 주는 대통령이었다. 필자는 우리 시대가 요구하는 대통령은 바로 국민에게 희망을 주는, 국민들이 환호하는 대통령이어야 한다고 생각한다.

두 번째 이유는 그가 39세의 젊은 나이에 소아마비로 신체장애를 갖게 되었음에도 불구하고 미국의 역사상 유일하게 1933년, 1936년, 1940년, 1944년 4선의 대통령이 되었고, 경제대공황과 제 2 차 세계대전이라는 위기 속에서도 좌절하지 않고 국민에게 희망을 주었던 위대한 대통령이었기 때문이다.

인간의 욕구, 삶의 시련에 대한 깊은 이해를 가지고 있던 루즈벨트는 미국의 '보통 사람들'에게 좋은 생활여건을 마련해 주어야 한다는 신념을 갖도록 하였다. 나는 미국 정치의 방향을 바꾸어 놓은 한 미국 대통령의 이야기를 함께 나누고 싶었다. 한 마디로 그는 자신의 재능과 퍼스낼리티를 최대한으로 활용할 줄 아는 사람이었다.

인본주의 개혁성향

아마도 루즈벨트를 이해함에 있어서 가장 많이 제기되는 의문점이 "과연 그의 인본주의적인 인간성, 개혁성향의 근원이 무엇인가?" 하는 것이다. 그러나 우리는 사회복지사이며 노동장관을 지낸 퍼킨스 여사의 자료를 통하여 루즈벨트는 이미 대통령이 되기 전에 자신의 장애를 극복하려는 인간적인 투쟁을 통해서, 우드로 윌슨(Woodrow Wilson) 대통령의 해군차관으로서, 뉴욕주지사로서, 이념적으로 또는 사상적으로 많은 훈련과정을 거쳤음을 알게 된다.

그러나 그가 정치입문 초기에서부터 인간의 희망과 공포, 그리고 염원을 깊게 이해했던 것은 아니다. 그가 개인적으로 극복해야 했던 신체장애의 문제를 통해서, 비로소 철학적이고 이론적인 인간에 대한 관심이 실제적인 것으로 탈바꿈하게 된다.

그의 수많은 연설과 정책 속에 흔들리지 않고 나타나는 확고한 정치적 신념은 나름대로의 값을 치르고 얻어낸 결과물인 것이다.

대통령의 사람들

이 책을 준비하면서 여러 자료의 도움을 받았는데, 그 중 많은 도움이 된 책이 프란시스 퍼킨스(Francis Perkins)의 **《내가 기억하는 루즈벨트》** 4)이다. 퍼킨스는 1920년대에 컬럼비아대학 석사과정으로 사회복지를 전공했고, 당시 여성의 근로시간을 54시간으로 줄이고자 하는 소비자연대의 대표로서 여러 사회개혁활동에 참여했었다. 퍼킨스는 젊은 시절 당시 상류사회의 여성으로서 가까이에서 루즈벨트와 사교적인 관계를 가질 수 있었고 나중에는 노동문제 담당 각료가 되기도 한다.

그 다음 자료는 사무엘 어빙 로즈만(Samuel Irving Roseman)의 **《대통령 보좌관》** 5)이다. 루즈벨트의 사망 후 약 1년간 로즈만은 트루만 대통령의 특별보좌관으로서 업무를 계속했으나 뉴욕으로 돌아가서 변호사 사무실을 개업했다. 그는 민주당이나 공화당의 지도자들이 공격할 수 없는 고결한 인품과 공정성, 명석한 두뇌의 소유자로 존경받았다. 루즈벨트 대통령 생존시 많은 사람들은 그가 집필한 연설문, 연설문의 배경, 어떤 보좌관들이 어떻게 연설문 집필에 조력했는가 등에 대한 관심이 대단했었다.

그의 생존시는 물론, 사망 후에도 여러 형태의 상당한 책과 기사들이 쏟아져 나와 일반 대중들의 루즈벨트 연설문에 대한 호기심을 충

---

4) Frances Perkins, 《The Roosevelt I knew》, london : Hamond, Hamond Co.Ltd, 1949. (미국 노동장관 1933~1945)

5) Samuel I. Roseman, 《Working with Roosevelt》, London : Rupert Hatt-Davis, Soho Square, 1952.

족시키려 했다. 아마도 로즈만은 과거의 잘못된 인식을 고쳐주고, 대통령의 연설문이 어떻게 준비되고 쓰였는가 하는 이해를 바르게 해주겠다는 일념으로 위의 책을 집필했던 것 같다.

그는 원래 워싱턴의 연방정부와는 아무런 관련이 없었다. 1933년 뉴욕주립 고등법원의 판사로 선출된 이후 거의 평생 이 자리를 유지했다. 그의 막중한 법정 업무와 뉴욕에서의 가정생활에도 불구하고 대통령과 협력할 사항이 있거나, 조언이나 친구가 되어주기 위해서 대통령이 찾기만 하면 불원천리 워싱턴으로 달려갔다.

1928년 루즈벨트와 막역한 관계를 맺기 시작한 로즈만은 넓은 영역에 관심을 갖게 되었으며, 역사가 만들어지는 과정에 참여할 수 있는 '특권'을 부여받았다는 신념으로 일했다고 회상한 적이 있다.

루즈벨트와 로즈만의 관계는 대통령이 사망할 때까지 지속되었고, 그의 저서에서는 이에 대한 기록을 아주 정확하고 공정하게, 그러나 어떤 면에서는 너무도 겸손한 자세로 기록하고 있다. 또한 로즈만은 자신에 관한 내용을 중요성이나 관련성을 고려하여 고의로 배제한 부분도 있는데, 그는 자신이 경제적으로 상당히 어려웠는데도 거의 10여년 동안 단 한 푼의 월급도 받지 않고 루즈벨트를 위해서 일한 것으로 알려져 있다.

1943년 로즈만은 심한 병을 앓게 되었고, 그로 인하여 시력을 상실하게 될 곤경에 처했다. 상당 기간 병원에서 치료를 받은 후 의사들은 로즈만이 뉴욕과 워싱턴을 왕래하는 힘든 생활을 계속할 수 없으니 둘 중의 하나를 선택하라고 권고했다. 루즈벨트 대통령은 그에게 백악관에 들어와서 전적으로 일해 줄 것을 간청했다. 로즈만은 그의 법관

업무에 최선을 다했으며, 그 경력을 평생 간직하고 싶었지만 대통령의 간청을 수락하는 데 추호도 주저하지 않았다.

전쟁 초기에 로즈만은 워싱턴에서 공식적으로 취하고 있는 친영국, 반나치 정서를 공고히 하는 데 해리 홉킨스(Harry Hopkins)와 동조했다. 루즈벨트의 지지자들 중에도 이러한 정서를 공고히 하는 데 동조했던 사람들은 아주 극소수였다. 루즈벨트 주변의 조언자들은 이 시점에서 포위당한 영국을 지지하는 것은 루즈벨트 자신이나 미국에게나 자살행위와 마찬가지라는 말로 그를 설득하려 했다. 그러나 결국 용기와 비전으로 그의 정책 구상을 밀고 나간 것이다.

종전이 될 무렵 루즈벨트는 로즈만을 유럽으로 파송하여 경제재건을 위한 계획을 세우고 무기대여법을 연장하도록 하였는데, 이것은 사실상 마샬 플랜(Marshall Plan)의 기초가 되었다. 로즈만은 그의 저서에서 대통령의 연설문이나 메시지 또는 언론, 컨퍼런스의 자료를 광범위하게 인용했다. 1928년 10월부터 임종까지 그가 사용했던 연설문, 기자회견 자료들은《The Public Papers and Addresses of Franklin D. Roosevelt》[6](전 13권)에 수록되어 있다. 보다 충실한 인용을 다하지는 못하지만 관심 있는 독자들은 이 문헌을 참고하면 될 것이다.

마지막으로 소개하고 싶은 자료는《**국민과 대통령 : 대통령과 국민의 대화**》[7]이다. 루즈벨트는 미국 초유의 4선 대통령으로 12년 5주 동안 재직하며, 그 당시 새롭게 등장하기 시작한 대중매체인 라디오를

6) 첫 5권은 Random House, 두 번째의 4권은 MacMillan, 마지막 4권은 Harper & Brothers에 의해서 출판되었음.

7) L.W Levine & C.R. Levine, 《The President and the People : America's Conversation with FDR》, Boston : Beacon Press, 2002

통하여 39번에 걸친 그 유명한 '난롯가의 담화' 방송을 했다.

그는 친근한 목소리로 국민의 가슴에 닿도록 복잡한 정치 · 경제 · 사회문제를 어떻게 문제를 풀어갈 것인지를 설명해 주었다.

그의 친근하고도 이해하기 쉬운 담화에 감동한 국민들이 대통령에게 보내온 서한은 1천 5백만여 통에, 이르며 모두 FDR 대통령 도서관에 보관되어 있다. **《국민과 대통령 : 국민의 대통령과의 대화》**는 이 '난롯가의 담화'에 관한 기록을 정리한 원서이다.

이 책 **《희망의 대통령 루즈벨트》**가 미국 민주주의 발달에도 과감한 사회개혁이 필요한 때가 있었으며, 그 이면에는 가장 인간적이면서도 탁월한 리더십의 대통령이 있었다는 사실을 일깨워 주기를 바란다.

한국 국민들이 **꿈을 이루어 주는 대통령**을 열망하는 시대에 독자들 앞에 감히 이 책을 내어 놓는다.

인간 루즈벨트

루즈벨트의 정치입문
노동자들에 대한 관심
해군차관으로 제1차 세계대전에 대비하다
다양한 친분 구축
정치성향 – 중도에서 약간 왼쪽으로
정치적 실험정신
품위 있는 삶의 질을 위하여
보통 사람들을 위한 정치
하나님의 역사
투병의 시련
하늘의 섭리
부인 엘레노의 내조
시련을 기회로
재활 프로그램
장애 극복의 귀감
신앙인 루즈벨트
루즈벨트의 종교관
원수를 위한 기도

'난롯가의 담화'를 하면서도 실제 연설에서처럼 세계지도를 가리키며 설명하는 대통령

인간 루즈벨트

루즈벨트의 정치입문

1910년 가을 어느 날 뉴욕시 그래머시 파크 월튼 브라운씨 댁에 젊은이들을 위한 티 파티가 있었다. 거기에 모였던 대부분의 젊은이들 중에는 키가 훤칠하고 깃을 날카롭게 바짝 세운 와이셔츠를 입은 청년 루즈벨트도 있었다. 그러나 특별하게 관심을 끌 만한 청년이 아니었다.

마침 그때 루즈벨트는 다저스 카운티 선거에서 승리하여 정치에 막 입문한 때였는데 루즈벨트 자신은 물론, 그의 지지자들이나 어느 누구도 그 일을 대단하게 여기지 않았다. 공화당 지지자들과 농부들은 단순히 이미 정치계에 잘 알려진 '루즈벨트'라는 이름 때문에 그를 뽑아주었을 뿐이다. 그 당시는 시어도어 루즈벨트의 시대였고 사람들은 모두 '루즈벨트'라는 이름에 매료되어 있던 때였다.

브라운 부인이 개최한 평범한 티 파티는 그저 평범한 파티로 끝날 뻔했는데 한 가지 사건이 있었다. 담소를 나누던 중 누군가가 시어도어 루즈벨트의 '진보적 사상'을 멸시하는 얘기를 했다. 이때 청년 루즈벨트는 벌떡 일어나서 시어도어 루즈벨트 대통령을 적극적으로 옹호했다. 그리고는 대통령과 자기는 혈연관계가 아니며 씨족관계로 성씨만 같을 뿐이라고 강조하는 것도 빼놓지 않았다.

그 당시 많은 젊은이들은 시어도어 루즈벨트 대통령을 추앙했다. 그는 참으로 활력 있고 가르침을 많이 주는 대통령이었다. 그는 국민들에게 필히 재콥 리스(J. Riis)의 《타인의 삶》이라는 책을 읽도록 권했다. 많은 젊은이들이 그 책을 읽었고, 아마도 1905년 그의 대통령 취임사를 듣는 순간 '사회정의추구를 천직으로 삼겠다!'고 작정한 젊은이들도 많았을 것이다. 그래서 그날 파티에 참석했던 사람들은 시어도어 루즈벨트를 존경한다는 이 청년을 쉽게 기억에서 지울 수 없었을 것이다.

사회정의추구를 천직으로 삼겠다.

그 당시는 사회적으로 후일 '잭슨—빅매너스 입법'이라고 알려진 여성 노동자들의 54시간제 투쟁이 소비자연합회에 의해서 활발히 추진되고 있었으며, 퀘이커 교도들이 말하듯 사회정의의 문제에 대한 관심이 높아지고 있었다. 또한 사회정의는 추상적인 것이 아니라 실현될 수 있는 실제적인 것이라는 신념이 전반적인 사회적 분위기였다.

진보적인 생각을 가진 사람들이라면 누구나 그 당시의 긴 노동시간, 저임금, 불량주택, 아동노동, 그리고 불결한 환경개선 등의 문제를 국가의 입법개정으로 해결할 수 있다는 신념을 가지고 적극적으로 사회개혁운동에 참여하고 있었다.

이 시대는 한 마디로 혼돈의 시대였다. 인간의 권리와 존엄성이라는 고리타분한 개념은 대기업과 대량생산의 확신과 욕구에 밀려나고 있었다. 미국인들의 사고는 혼란스러웠으나 적어도 정서만은 사회개혁을 부르짖는 시어도어 루즈벨트의 역동적인 리더십에 완전히 매료되어 있었고, 그 후 국제적인 분위기도 영국에서는 로이드 조지에 의하여, 미국에서는 우드로 윌슨에 의하여 사회정의와 사회개혁의 깃발을 높이 들게 되었다.

이러한 시대적 분위기 속에 루즈벨트는 정계에 등장했다.

당시 프랭클린 루즈벨트는 뉴욕주 상원의원이었고 민주당 주지사였으며, 양·하원 모두 민주당이 집권하던 시대였다. 그때는 어느 누구도 이 젊은 주상원의원이 미합중국의 대통령이 될 것이라고 생각하지 않았다. 시어도어 루즈벨트가 사회문제에 관심을 갖고 있기는 했지만 그 당시만 해도 루즈벨트는 큰 관심이 없었다. 적어도 그의 대화나 행동을 통해서 그러한 관심이 표현되지 않았다.

반면에 그가 아주 훌륭한 상원이었던 점에는 반론의 여지가 없다. 훤칠한 키에, 활동적이고 확실한데다, 분주하게 활보하며 여러 위원회의에 참석하고, 언제나 말을 아끼며 애써 심각해 보이는 표정을 짓곤 했었다. 그 자신은 잘 몰랐었겠지만 남들이 보면 '오만하다'는 오해를 받을 만큼 고개를 치켜들고 거만한 표정을 지으며 돌아다녔다. 그래서 그의 치켜세운 빳빳한 와이셔츠 깃과 훤칠한 키, 그리고 그의 거만한 표정은 사람을 깔보는 듯한 인상까지 풍겼다.

그런데 많은 사람들은 그의 젊은 시절, 이 거만한 표정은 훗날 아주 정반대의 효과를 가지게 되었다고 말한다. 즉 대통령으로 당선되던 1933년, 그리고 그 후 전 생애를 통해서 젊은 시절의 거만한 모습은 도전과 용기와 희망의 상징으로 국민들에게 부각되었으며, 국민들은 이 모습을 열렬히 환영했다. 어쨌든 젊은 시절의 정치가 루즈벨트는 동료들로부터 '안하무인격'인 사람이라는 비난을 받았고, 의회의 논쟁에서도 양보할 줄 모르는 고집불통의 사람이었음이 틀림없다.

루즈벨트의 이러한 성격이 그가 부유한 가정에서 태어났거나 하버드대학에서 공부를 했기 때문만은 아니다. 그는 본래 사람들을 별로 좋아하지 않았고, 겸손의 미덕이 부족했으며 다소 독선적이었다. 보통 사람들이 귀하게 여기는 희망과 공포, 그리고 염원이라는 것을 전혀 이해하지 못하는 사람이었기 때문이었을 것이다.

이 모든 것이 그에게는 큰 장애물이었다. 그러나 '세월이 약'이라는 말처럼 삶의 경험과 시련, 그리고 태생적인 잠재능력의 개발로 인하여 젊은 날의 오점을 모두 씻어 내게 되었다. 그렇다고 해서 그가 자신의 젊은 날을 완전히 망각했던 것은 아니다.

훗날 그가 대통령이 되어 친한 친구들과 이야기를 나눌 때에는 거짓 없이 **"내가 처음 정계에 진출했을 때, 나는 정말 형편없는 얼간이였어!"** 라고 말한 적이 있다. 그러나 수많은 미국인들은 1945년에 그가 세상을 떠날 때까지 고집불통이 아닌 호탕하게 웃을 줄 아는 대통령으로 그를 기억한다. 당대의 많은 탁월한 정치가들은-대부분이 민주당이었고- 겉으로 보기에는 따뜻하고 인정이 많은 사람들 같았지만 그들의 정치 행적에서 풍기는 인상과 일치하지 못했다. 그러나 이렇게 파렴치한 정치가들에 비해 루즈벨트는 그나마 아주 평범하지만 존경할 만하고 지성적이며 올바른 사고를 가진 젊은이였음이 분명하다.

루즈벨트는 1912년 볼티모어에서 있었던 민주당 전당대회에서도 큰 활약을 했다. 그때도 그는 변함없이 활력이 넘쳐났고 높은 이상을 가진 듯했으며, 치켜세운 와이셔츠 깃 사이로 흘러나오는 거만한 모습에는 변함이 없었다. 그때 그의 직함은 '윌슨 대통령 후보지명전 뉴욕주 위원회'의 명단에 올라 있었다. 윌슨이 먼저 루즈벨트에게 반한 것인지, 루즈벨트가 윌슨에게 반한 것인지는 확실하지 않다.

그러나 루즈벨트는 인간 윌슨과 그의 사상에 심취되어 있었기 때문에 민주당과 사회의 요구에 부응하기 위하여 나름대로 자신의 입장을 정리하고 있는 중이었다. 루즈벨트는 윌슨의 탁월한 지성과 '새로운 자유 구현'을 위한 그의 철저한 헌신이 그에게 상당히 깊은 인상을 주었다. 루즈벨트가 윌슨으로부터 받은 영향이 얼마나 큰 것이었나 하는 것은 1942년 그의 회고록에 잘 나타나 있다.

"지금 생각해 보면 윌슨은 참으로 유럽 문제 이해에 관한 한 타의 추종을 불허했던 것 같아요. 그 사람은 현대인의 도덕적 동기가 무엇인지를 잘 이해했지요. 미국인이면 다 알다시피 윌슨 대통령은 골수 장로교인이었고, 모든 인간은 본질적으로 죄인일 수밖에 없다는 생각이 강했지요. 그는 또한, 서양인들은 마치 하나님의 은총으로 서양문명의 품위를 유지하는 사람들인데, 만일 황금률[1]을 지키지 않는다면 현대인은 그들의 본질적인 죄악으로 인해서 스스로를 파괴하게 될 것이라는 생각을 하고 있었지요."

윌슨과의 만남은 루즈벨트에게 새로운 인생의 시작을 알렸다. 감성적인 차원이 아니고 지성적인 면을 바탕으로 하여 신념을 갖도록 하게 한 사람들과의 만남에서 윌슨은 루즈벨트가 만난 최초의 인물이었다. 대개의 미국인들이 그러했듯이 루즈벨트 부친의 태도는 전통에, 그의 모친은 애정에, 그는 인습에 기반을 두고 있었다. 그런데 윌슨에게는 무엇인가 다른 점이 있었다.

그의 태도는 그의 지적인 면에서만 탁월한 것이 아니라 그의 정치적 프로그램 속에 보통 사람들의 경제와 문화적 열망을 담을 수 있는 여지가 있는 새로운 이상주의와 인본주의 사상이 강하게 흐르고 있었던 것이다.

---

1) "무엇이든지 남에게 대접을 받고자 하는 대로 너희도 남을 대접하라."

사회정의구현을 위한 미국인들의 관심

사회정의 구현을 위한 미국인들의 관심은 참으로 진지했다. 노동시간의 단축과 임금인상, 빈민굴의 제거, 위생, 화재예방, 품위있는 임대주택 등을 필두로 정치인 중에는 아동노동 금지와 위험한 화학약품이 산업체에 사용되는 것을 예방하는 입법안을 추진하는 이도 생겨났다.

시어도어 루즈벨트의 진보세력, 민주당의 윌슨파 또는 위스콘신의 공화당, 그리고 뉴욕주 민주당은 연구조사에 의해 문제가 있는 것으로 드러났고, 개혁의 요구가 빗발치는 부분에 대하여 사회정의가 구현되도록 입법을 통과시키겠다는 공약을 했다.

정치적 신념이 문학적 · 문화적 움직임을 능가하지는 못했으나 어쨌든 변화의 바람은 일기 시작했다. 당시 사회정의의 목표를 달성하는 사회입법의 제정에 앞장섰던 정치 지도자들은 공장심사위원회의 회원으로 활약하면서 나름대로의 귀중한 현장실습을 한 터였다. 그들은 실제로 열악한 공장생산 환경을 목격했고, 그 결과로 인간에게 해를 끼치는 환경을 개선하기 위한 정치적 · 입법적 방법을 열렬히 지지하는 후원자들이 되었다.

윌슨 대통령이 루즈벨트를 워싱턴으로 부른 것은 1913년이었기 때문에 다른 정치가들과 달리 현장경험이 없이 정계에 나서게 되었다. 어쨌든 윌슨학파는 사회정의를 정치활동의 한 측면으로 포용했고, 루즈벨트도 이러한 이념에 적극 동조했다. 당시의 국방장관이었던 베이커는 지적으로나 정치적인 면에서 젊은 루즈벨트에게 적지 않은 영향을 주었다.

베이커는 전국소비자연합회 의장이었으며, 사회정의의 윤리적인 문제를 입법으로 현실화하는 과업에 큰 공을 세운 장본인이었다. 마침 윌슨 대통령의 부인 마가렛은 전문 사회사업가였으며, 윌슨 가정과 결혼으로 인연을 맺은 프란시스 세이어도 역시 사회문제에 지대한 관심이 있었다.

그 당시만 해도 사회문제 해결을 위한 포괄적인 입법체제가 갖추어져 있던 것은 아니었다. 그러나 점차 윤리적 차원의 분위기가 조성되기 시작했고, 루즈벨트가 윌슨 행정부에서 만난 동료들은 그로 하여금 새로운 판단의 기준을 만들도록 독려했다. 그 중에서도 가장 중요한 것은 빈곤이 퇴치될 수 있는 일임에도 불구하고 풍요 속에 빈곤을 방치해 둔다면, 우선은 기독교적인 민주사회에서 도덕적으로 용납할 수 없는 것이기도 하지만, 결국은 사회를 파괴하고 소모적으로 만들며 국민들의 의욕을 상실하게 한다는 것이었다.

풍요 속의 빈곤은 방치될 수 없다.

빈곤에 대한 새로운 인식이 등장하면서부터 가난한 사람들도 '언제나 우리 곁에 존재하는 별볼일 없는 나쁜 습성을 가진 계층이 아니라 희망과 두려움, 도덕성을 가지고 있는 사람들로서 미국사회를 이끌어 가는 구성요소'로서 인정하게 되었다.

노동자들에 관한 관심

뉴욕으로 온 지 채 일 년이 되기도 전에 루즈벨트는 벌써 이러한 아이디어에 전염이라도 된 듯 성장하고 발전하는 능력을 보여 주었다. 그의 행정업무는 노동조합과 직접적인 관계를 맺게 되었으며, 아마도 처음으로 노동지도자들과 개인적으로 친분을 맺는 계기도 만들게 되었을 것이다. 그가 만난 노동지도자들은 주로 해군의 조선소에서 근무하는 노동자들로 노동조건 향상에 관여하는 사람들이었다.

루즈벨트는 그들을 좋아했고 신뢰했다. 또한 그들의 신뢰를 받는 것이 어렵지 않았고 불쾌하지도 않았다. 더구나 그의 부인 엘레노도 소비자연합에 가입해서 교육과 설득, 그리고 입법을 통하여 산업개혁을 추진하는 활동에 다소 기여하게 되었다. 윤리적 원칙과 인간적 동정심이 루즈벨트로 하여금 그러한 흐름에 동조하게 하였다.

해군차관으로 제1차 세계대전에 대비하다

윌슨 대통령은 다니엘스 국무장관의 전폭적인 지지에 힘입어 루즈벨트를 해군차관에 임명했다. 풍문에 의하면 대통령은 보람 있고, 경제적으로 혜택이 더 큰 두 자리를 제안했었다고 한다. 그러나 루즈벨트는 바다를 좋아했기 때문에 주저하지 않고 해군차관직을 선택했다고 회고한다. **"나는 해군차관직 외에 다른 어떤 공직에도 관심이 없습니다."** 라는 것이 그의 대답이었다.

루즈벨트가 워싱턴에 도착한 것은 1913년 3월이었다. 그러니까 제1차 세계대전이 일어나기 1년 전이었지만 루즈벨트는 유럽에 전운이 감도는 것을 느낄 수 있었다. 그는 해군 내의 민간 직원들로부터 조선소와 항구를 철저히 점검하면서 최악의 상황에 대비하기 시작했다.

전쟁이 일어나게 될 경우에 필요하게 될 군수용품의 양을 측정하게 하였으며, 공작창의 생산능력을 통계자료로 정리하고 필요한 군수품은 계약을 해서 주문하도록 했다. 그는 번거로운 사무 절차와 중간 상인을 배제하여 신속하게 군수품이 해군공작창에 조달되도록 했다.

그런데 루즈벨트가 너무 일을 잘해서 문제의 소지가 생기기까지 하였다. 하루는 윌슨 대통령이 주제하는 군 수뇌회의에서 육군참모총장이 **"자네가 공급시장을 완전히 장악해 버리고 말았네, 미안하네만 군수용품**

을 육군과 좀 나누어 써야 되겠네!" 하고 말하는 것이었다.

미국이 전쟁에 개입할 무렵, 루즈벨트는 해군공작창과 항만이 기계처럼 돌아가도록 해놓았다. 그리고 해군들로 하여금 불평불만이 없도록 해주었다. 전쟁이 계속되는 동안 루즈벨트는 다른 영역에도 관심을 돌렸다. 그것은 해군 근무자들을 위한 주택사업이었다. 특히 그는 110피트짜리 추격용 잠수함을 더 늘려야 한다고 주장했으며, 결국 북해에서 독일의 U보트를 효과적으로 견제하는 데 큰 공을 세우게 되었다.

다양한 친분 구축

워싱턴에서 보내게 된 첫 몇 년 동안 수도권 내에서 친구들을 아주 골고루 사귀었다. 그의 집은 항상 밤늦도록 불이 밝혀져 있었으며, 많은 사람들이 드나들었다. 미국정부의 관료들뿐만 아니라 외국 공관의 직원들과도 가깝게 지냈다. 그는 워싱턴에 있었기 때문에 윌슨 대통령이 국제연맹(League of Nations, 1919~1946)을 구상하고 실천에 옮기는 것을 목격할 수 있었다. 그리고 국제연맹이 그 본래의 목적을 달성하지 못하고 실패하는 것을 본 경험이 금후에 그가 담당하게 될 외교정책에 관한 생각과 행동의 틀을 만들어 주는 계기가 되었다. 훗날 루즈벨트가 국제연합(UN)의 창설을 주도한 것은 우연이 아님이 분명하다.

제 1 차 세계대전이 끝나고 두 달 후인 1919년, 루즈벨트는 부인과 함께 유럽 여행길에 올랐다. 이 배에는 베르사유 평화회담 준비위원들도 동행하고 있었다. 루즈벨트의 임무는 유럽에 산재해 있는 해군기지와 병참을 관리하는 것이었다. 유럽에 관한 한 그에게는 낯선 것이 별로 없었다.

그 전에도 유럽을 방문했지만 1918년 7월에 유럽을 방문했었고, 그 때 그는 벨기에의 알버트 황제나 영국의 수상 로이드 조지 등을 만났었다. 6개월 만에 유럽을 다시 방문하면서 루즈벨트는 베르사유는 물론 온 유럽이 윌슨 대통령을 해방자로 환호하며, 방문을 열렬히 환영하고 있음을 알 수 있었다. 루즈벨트가 가는 곳마다 속박 없는 자유로운 나라에서 강자들이 약자를 보호해야 된다는 신념이 넘쳐나고 있음을 목격했다.

윌슨 내각의 차관으로 일하면서 루즈벨트는 대통령이 정치인들과 개인적으로 자주 충돌하며 그들로부터 거리가 멀어지고 소외당하고 있다는 것을 느낄 수 있었다. 루즈벨트는 그의 정치인 동료들과도 공식적이고 전문적인 불가분의 관계를 청산했다.

그는 쓸데없는 고집을 부리지 않았고 함께 웃고 농담도 주고받으며, 정치인들과 이웃들 모두에게 가능한 한 자연스럽게 대했다. 나중에 그는 이렇게 털어 놓은 적이 있다.

> **"정치가로서 정당하지 못한 일을 지지해 주거나 무엇을 약속해 주기보다는 그들의 문제를 진심으로 이해해 주는 것이 더 중요했다."라고…….**

정치가로서 정당하지 못한 일을 지지해 주거나 무엇을 약속해 주기보다는 그들의 문제를 진심으로 이해해 주는 것이 더 중요하다.

공약을 남발하기보다는 진정한 우애를 표시하고 유권자들과 편안한 관계를 가질 수 있는 정치적 지도자야말로 모든 사람들이 바라는 이미지라고 믿었다. 그리고 그는 이런 일들을 아주 잘 해내며 초보 정치인으로서의 학습을 잘 수행해 나갔다.

적어도 그는 이 시절에 학습과정을 잘 거쳤노라고 생각했다. 그는 정치인으로서의 삶을 즐겼다. 아는 사람도 많았고, 그들과 잘 어울렸으며 또한 열심히 일했다.

이제는 머리를 꼿꼿이 드는 거만한 모습도, 옛날의 오만한 모습도 없어지고 훨씬 더 쾌활해졌다. 그리고 그는 많이 웃었다.

그는 국가행정의 중책에 대해서도 배웠다. 대개 차관들은 예산집행, 공무원 관리, 공급물품 구매, 정책 수행의 적법성, 예산 등등 잡다하지만 중요한 업무를 담당했다. 그리고 **'집행되어야 할 정책은 반드시 집행되도록 한다.'**는 것이 그의 신념이자 정책이었다. 나중에 대통령이 된 후에도 이와 같은 신념으로 임무수행에 임했다.

집행되어야 할 정책은 반드시 집행되도록 한다.

> **"그런데 무엇을 좀 해보려면 공무원들, 변호사들, 또는 국회위원회들이 나타나서 여러 가지 이유를 대면서 도저히 안 된다는 거야."** 하는 불평도 토로했다.

그의 해군차관 경력은 차후에 뉴욕주지사로서, 대통령으로 일할 때 큰 도움을 주었다. 그는 항상 정부를 하나의 시스템으로 생각했으며, 어느 누구의 추종도 불허할 만큼 정부의 구조와 업무수행의 검토나 균형유지의 필요성을 잘 알고 있었다. 루즈벨트의 행정적 또는 정치적 역량에 대해서는 반복해서 언급하겠지만, 정치 초년생으로서의 루즈벨트가 남긴 가장 인상적인 면은 그가 비로소, 그리고 진심으로 사람들을 좋아하기 시작했다는 것이다.

더 정확히 말해서 그의 사람 사귐은 결코 선별적이거나 차별적인 것이 아닌, 모두를 포용했고 배려와 관용으로 가득 차 있었으며, 새로운 사람들을 만날 때마다 새로운 것을 배우려는 자세가 역력했다. 당시 루즈벨트를 아끼던 국무장관인 뉴튼 베이커는 이런 염려까지 했다.

배려와 관용의 신사 루즈벨트

> **"루즈벨트는 젊고 아주 장래가 촉망돼. 그러나 저렇게 끝없이 수도 없이 사람들을 만나다가는 아예 지쳐버릴까 걱정되는군."**

그러나 분명히 루즈벨트는 사람들을 만나서 대화를 통하여 나름대로 새로운 아이디어를 얻었으며, 자극을 받아 자신을 교육시켰다.

정치성향 – 중도에서 약간 왼쪽으로

간혹 사람들은 루즈벨트의 정치성향에 대하여 관심을 갖는다. 그러나 그의 곁에서 오랫동안 그를 관찰한 사람이라면 그가 절대로 경제적·정치적으로 급진적인 사람이 아니었다는 것을 알게 된다. 적어도 상식적인 차원에서 급진주의자라면, 가장 훌륭한 경제제도는 생산수단의 사유화를 완전히 폐지하여 공영화하는 제도를 신봉해야 될 것이다. 그러나 루즈벨트는 미국 경제에 관한 한 현상유지를 아주 지극히 당연한 것으로 생각했다.

미국 경제제도는 있는 그대로의 마치 훈훈한 가정과도 같이 그의 삶의 일부였다. 그리고 미국의 경제제도는 가능한 한 인간중심적이어야 하며, 공정하고 정직해야 하며, 국민들이 빈곤과 무관심으로 인해 피해를 받지 않도록, 필요하다면 개선을 해서라도 나눔의 경제가 이루어져야 한다는 생각을 가지고 있었다.

인간중심적 경제제도

루즈벨트는 기업의 운영이란 예술과도 같으며, 도덕적 원칙에 기반을 두고 운영하여야 된다고 생각했다. '기업은 부분적으로는 지역 복지에 얼마나 기여했는가?'로 그 성공 여부를 가려야 한다고 생각했다. 기업의 지상과제는 오로지 이윤의 추구, 이윤의 극대화에 있다는 것을 인정하지 않았다. 기업의 운영자들이 충분한 이윤을 내어 투자한 대가만큼 잘 살기도 하고, 여분의 이익을 보다 생산적인 기업을 만들기 위해 투자도 해야 한다고 생각했다.

'기업은 부분적으로 지역 복지에 얼마나 기여했는가?'로 성공 여부를 가려야 한다.

주식 투자자들도 경제제도 내에서 필요한 요소이며, 경제활동에 기여한 대가로 적절한 이익을 얻는 것은 용납할 수 있지만, 동시에 노동자들에게 높은 임금을 보장하고, 지역사회도 지속적인 일자리 보장과 물가안정으로 혜택을 받아야 한다고 생각했다.

한편, 현재 돈을 잘 벌고 있음에도 불구하고 더 많이 벌려고 부당하게 획책을 꾸미고, 자신에게 희생을 강요하고, 급기야는 정신적 피해까지 입게 되는 것을 이해하지 못한다고 했다. 이러한 생각 때문에 다소 공격적이고 야심적인 미국 대기업과의 관계가 석연치 않은 점이 있었던 것도 사실이다. 그러나 기업활동으로 돈을 벌고 동시에 국가의 복지도 함께 생각하는 기업인들과는 아주 원만한 관계를 유지할 수 있었다. 그러한 기업인들은 그를 좋아했고 그의 목표를 이해했다. 그 대표적인 기업가로는 제너럴 일렉트릭(GE : General Electric)의 제라드 스업, IBM의 토마스 J. 윗슨, 브라더스 컴퍼니의 어니스트 드래이퍼 등이 있다.

이들은 노동조합 운동이 표방하는 노동자의 권리와 고용주의 책임이라는 구체적인 개념을 완전히 수용하지는 못했지만, 적어도 기업인의 인간적인 면모는 갖추고 있었다. 대통령과 원만한 관계를 유지했던 기업인으로서는 그 밖에도 월터 크라이슬러도 포함되어 있었다.—얼마나 그들이 서로의 생각을 잘 이해했는지 구체적으로 말하기는 어렵지만— 루즈벨트는 평생 기업가로서 세금을 내며 기업을 운영해 본 적이 없다. 따라서 많은 기업가들은 그가 기업의 생리를 제대로 이해하지는 못할 것이라고 단정했다. 사실 이러한 생각의 차이만큼 그들과 대통령 간의 동지애도 제한될 수밖에 없었다.

정치적 실험정신

루즈벨트는 대단한 실험정신을 가지고 있었다. 만일 필요하다면 생산 수단의 공영화에 대하여 이론적으로나 이념적으로 반대하지는 않았다. 그러나 공영화가 너무 많아지면 행정관리 차원의 문제가 아주 복잡해질 것이라는 생각은 분명했다. 그럼에도 불구하고 몇 가지 중요한 산업체는 국가에 의한 경영이 필요하다는 점을 인정했다.

예를 들면 국가가 직접 나서서 테네시 · 미주리 계곡을 개발하지 않으면 절대로 저렴한 전기를 국민들에게 공급할 수도 없고, 국민들의 생활수준 향상과 산업발전도 기대할 수 없다는 것이 그의 인식이었다.

전쟁수행에 필요한 생산 업무는 그 비중이 막대하기 때문에 국가가 개입해야 한다는 것과 마찬가지로 평화시에도 막대한 자본투자가 필요하거나 실험적 요소의 중압 때문에라도 때로는 정부가 앞장서야 한다고 생각했다. 또한 분야에 따라서는 거의 영구적으로 정부의 관리를 필요로 하는 분야도 있을 것이라는 점을 주장했다. 그런데도 철도나 광산 등을 국가가 인수해야 한다는 빈번한 제안을 거절했는데, 그 이유는 반드시 그럴만한 필요도 없거니와 필요한 서비스의 공급을 불편하게 한다는 것이었다.

나는 기독교인이며 민주당원입니다.

'나는 기독교인이며 민주당원입니다.'라는 어휘가 루즈벨트의 정치 · 경제적 급진성이 어느 정도였는지를 잘 설명해 준다. 그는 **"네 이웃을 네 몸과 같이 사랑하라."**라는 황금률을 비롯한 기독교의 가르침과 민주당의 정치이념에 원칙을 부여한 미국의 헌법정신에 위배되지 않는 것이라면 어떠한 실험이라도 개의치 않고 받아들였다. 결국 대통령을 접견했던 내용은 너무 평범한 것 같아서 기사화되지 않았다. 반대로 공산주의나 자본주의에 대해 분명한 입장을 피력했다면 신문의 헤드라인을 장식했을 것이다.

사회개혁도 미국의 헌법 정신에 위배되지 않는 범위 내에서 하여야 합니다.

루즈벨트 주변 사람 중에는 어느 누구도 그가 급진적으로 미국의 사회나 제도를 개혁시키겠다고 하는 것을 들어본 적이 없었을 것이다. 그가 항상 강조했던 것은 미국 헌법에 명시된 대로 의회민주주의와 주 연방제도뿐이었다. 대통령 초임시절에도, 그리고 임기가 끝날 무렵에도 그는 주 정부제도와 행정제도가 강화되어야 하며, 영역에 따라서는 연방의 기능을 강화하는 입법제정과 행정제도가 필요하다는 일관된 생각을 가지고 있었다. 즉, 주 정부의 독자적인 정책으로 달성할 수 없는 과제의 성취를 위해서는 연방정부의 개입이 허용되어야 한다는 생각이다.

루즈벨트는 대통령 집무실의 리더십이 중요하다고 생각했으며, 그 리더십은 대통령이 사용할 수 있는 행정부가 총괄하는 방대한 양의 정보 분석을 바탕으로 해야 한다고 생각했다. 그는 또한 동시에 의회의 중요성을 인정했으며, 의회제도의 장점을 최대한으로 유지해야 됨을 인식했다. 바로 이러한 이유 때문에 유권자들은 단순히 지역구만을 대표할 뿐만 아니라 지역구민들의 이익을 위하여 건설적이고 합리적으로 의회활동을 할 수 있는 사람을 진출시키도록 신중히 생각해 주기를 바랐다.

품위있는 삶의 질을 위하여

처음 대통령이 되어 워싱턴에 진출했을 때, 그는 여전히 대법원을 어떻게 개혁하고 변화시켜서 수정해야 할 것인지에 대한 구체적인 안이 없었다. 그는 단순히 의회가 가지고 있는 입법제정 기능을 대법원이 신중하게 받아들여 사법부가 입법활동에 대해서 필요 이상으로 간여하지 않기를 기대했다. 법사위원회가 그 본래의 기능을 잘 수행하기만 한다면 국가의 이익을 목표로 하는 의회의 입법활동은 지나치도록 추상적이고 사소한 헌법의 해석 등으로 인해 방해받지 말아야 한다고 생각했다.

루즈벨트는 경제이론을 섭렵했던 사람도 아니다. 부강한 국가에 대한 개념도 그가 청년기에 익숙했던 대로 농업, 교통, 공공 서비스 등으로만 이해했다. 물론 시대의 변천에 따라 경제제도에도 상당한 변화가 있었으며, 농업에서 산업발전으로 경제활동의 핵심이 바뀌었고 유통산업의 중요성이 부각되었으며, 금융업이 중요해졌다는 것도 알게 되었다.

경제활동에 있어서 '명예로운' 방법의 중요성도 인식하게 되어 필요하다면 법적으로라도 이것을 보장해야 된다고 믿었다.―여기에서 '명예로운' 방법이란 최상의 노동조건과 임금제도, 그리고 신뢰할 수 있고 호의적인 노 · 사 관계를 포함한다.― 그럼에도 불구하고 미국 경제의 대대적인 또는 급진적인 개혁안을 가지고 있었던 것은 아니었다.

그의 주변에는 개혁적인 생각을 가지고 있던 조언자들도 있었지만 가볍게 받아들이고 그들의 생각을 당시 고생하는 미국 국민들의 고통을 덜어 주는 프로젝트에 활용했다. 이것은 그가 얼마나 구체적인 상황에 관심을 가지고 있는 실질적인 사람인가를 단적으로 보여 준다.

산림산업을 활성화하여 목재 생산을 위해서 뿐만 아니라 토양의 질을 개선하고 물 공급을 원활히 하려고 한 일, 전국의 요지에 댐을 건설하여 관계시설을 개선하고 미국 전역에 전기 공급을 염가로 제공하고자 시도한 일, 농촌과 도시를 연결하는 미국 전 지역의 도로망 건설 계획, 언제 어느 지역에서나 이용자에게 접근 가능한 전국 규모의 소규모 병원 건설 등의 아이디어가 그의 생각이 어디에 있었는지를 말해 준다.

지구상의 모든 인류가 품위있는 삶을 영위하기를

루즈벨트가 이렇게 여러 가지 구상을 한 것은 한 마디로 지구상의 모든 인류가 그 세대에 좀 더 품위있는 삶을 살았으면 하는 염원 때문이었다. 그는 자주 '품위있는'이라는 표현을 사용했는데 그것은 '적당하고', '적절한', 그리고 '이성적'인 삶의 모습을 의미하는 것이었다. 만일에 이러한 용어와 관련된 아이디어들을 합해서 해학적으로 '루즈벨트 혁명'이라고 한다면 큰 무리가 없을 것이다. 사실 루즈벨트는 경제적·정치적 혁명을 시도하지는 않았지만 '품위있는 삶의 질'을 보장하기 위한 사회혁명을 시도한 것은 부인할 여지가 없다.

보통 사람들을 위한 정치

급진적인 정치·경제 개혁주의자들은 개혁을 서두르지 않는 루즈벨트에 대해서 불만도 많았다. 그러나 그에게 있어서 개혁이란 목적 달성을 위한 수단일 뿐이었다. 어떤 때는 독점기업에 대해서 너무 관대한 것처럼 보였지만 최소한 도덕적으로나 사회적으로 큰 문제가 없다면 크게 개의치 않았다.

그가 효율성에 대하여 관심을 가졌던 것도 보다 많은 사람들에게 양질의 생활을 보장해 줄 수 있다는 이유 때문이었다. 어떤 사람들은 기업이 대형화하는 것에 대해 경계하였으나 그는 걱정하지 않았다. 그는 인간이 관련되어 있는 모든 제도권, 즉 학교, 가족, 기업과 산업,

정부, 심지어는 교회에 대해서도 도덕성과 사회적 책임을 강조했다.

모든 제도는 '보통 사람들'의 삶을 구성하는 국민 개개인에 대한 도덕적 책임의 중요성을 망각하지 않도록 주의를 환기시켰다. 여기서 '보통 사람들'은 부자와 빈민 모두를 포함한다. 루즈벨트가 진심으로 관심을 가졌던 것은 국민들의 삶의 질 향상이었다. 만일 경제개혁이 필요하다면 개혁을 단행하겠지만 그것을 구체적 과제와 연결시켰다. 그가 언젠가 자신이 "**중도에서 약간 왼쪽으로 치우쳐 있다.**"고 말한 적이 있는데, 아마도 그것은 그의 정치적 · 경제적 문제에 대한 그의 느낌을 표현한 것일는지도 모른다. 그는 이미 그의 시대에서 '제3의 길'을 실험했다. 그것은 그의 정책이 극단의 자본주의와 사회주의의 중간에 서 있었음을 잘 나타낸다.[2)]

나의 정치성향은 중도에서 약간 왼쪽으로 기울었다.

하나님의 역사

1920년 샌프란시스코에서 민주당 전당대회가 열렸다. 훤칠한 키에 건강하고 잘생긴 루즈벨트는 전당대회의 스타였다. 그는 마치 운동선수가 장애물 경기를 하듯 걸상을 뛰어넘으면서 재빨리 단상에 뛰어오르곤 했다. 오하이오주의 콕스 의원이 당수로 지명되었으며, 이제 겨우 38세의 약관인 루즈벨트가 그의 러닝메이트로 선정되었다는 말이 돌았다.

루즈벨트가 주 상원의원으로 당선된 것은 어쩌면 우발적인 사건이었으며, 한 마디로 위험한 모험이었다. 윌슨 행정부에서 요직을 맡았

---

2) 《프랭클린 엘레노 루즈벨트》, 사빈 포레로 멘도자 지음, 김병욱 옮김, 동아일보사, 2003.

던 것은 상당한 명성을 가져다주었으나 정치적으로 표를 얻는 데에는 큰 도움을 주지 못했던 것 같다. 어쨌든 루즈벨트는 후보지명을 받았으며 이것은 또 하나의 교육과정을 의미했다.

그는 최선을 다하여 그가 가지고 있는 모든 재능이 바닥나도록 열심히 선거운동을 했다. 그는 전 뉴욕주를 동·서·남·북으로 누비고 다니며 하루도 빠지지 않고 크고 작은 지역에서 연설을 했으며 끊임없이 사람들을 접견했다. 가는 곳마다 민주당 지도자들과 평당원을 만났고 새 친구를 사귀었으며, 옛날 친구들에게는 "**우리 집에 한번 들르라.**"는 정다운 인사를 빼놓지 않았다. 그래서 나중에는 알바니에 있던 주지사 저택과 그가 대통령이 된 다음 백악관은 마치 여인숙을 방불케 했다.

그는 또한 사람을 잘 판단해서 진실한 사람과 가식적인 사람을 잘 구별했다. 그리고 그는 유권자들에게 새로운 정책과 쟁점을 제시하는 기법도 터득했다.

선거는 공화당의 승리로 끝나, 워렌 하딩을 백악관으로 보낸 대신 루즈벨트는 귀한 경험을 대가로 얻었고, 10년 만에 처음으로 사생활로 돌아갔다. 뉴욕으로 돌아와서 변호사 업무를 시작했고, 이제 그의 정치적 관심사는 알 스미스 뉴욕주지사의 행보에 국한되었다.

루즈벨트의 부인 엘레노도 워싱턴에 있는 동안 소홀히 했던 사람들과의 관계를 새롭게 했다. 특히 소비자연합과 여성노조연합에 합세하면서 정치를 포함한 여러 분야에 활동적인 사람들을 많이 만났다.

이즈음 루즈벨트는 미국 건설조합의 고문변호사로 일하면서 노동문제에 대한 것을 많이 접하게 되었다. 이 조합은 저가주택 건설에 관심이 있었으며, 여러 가지 규제와 특히 노동자들의 저임금 문제에 대하여 루즈벨트의 눈을 뜨게 하였다. 동시에 노동조합의 지도자들을 알게 되었고 우드로 윌슨 재단의 기금 모금운동에 개입하기도 했다.

투병의 시련

그 때 비극이 들이닥쳤다.

1921년 8월 온 가족이 여름휴가를 즐기기 위하여 뉴 브런스윅의 캄포벨로에 있을 때 그는 소아마비를 앓게 되었다. 자칫하면 생명을 잃을 수도 있었으나, 강인한 투병의지로 고비를 넘기고 서서히 회복되기 시작했다. 그가 병상에서 투쟁하는 동안 현명한 부인 엘레노와 루이스 하우[3])의 도움을 받았다.

죽음의 위기를 극복한 후 계속되는 투병과 회복기간은 그에게 실로 하나님이 주신 시련이요, 값진 배움의 기회를 마련해 주었다. 루즈벨트와 부인 엘레노는 이 역경의 날들을 '제 2의 인생을 위한 건설적 계기'로 삼았다. 루즈벨트는 소아마비를 극복하기 위한 투병기간을 통하여 깊은 영적 변화를 체험한다. 그의 고통과 시련이 그가 상표처럼 지니고 다니던 인간적 오만함을 걸러내 주기도 했다.

이제 루즈벨트는 완전히 온화하고 겸손하며 깊은 철학을 겸비한 사람으로 다시 태어났다. 몸소 고통을 체험했기 때문에 이제는 고통 속에 있는 사람들을 더욱 잘 이해하게 되었다. 수년이 지난 후에도 자신의 투병에 대해서는 일체, 아니 거의 절대로 언급을 하지 않았지만,

3) 편자 주 : 루이스 하우는 루즈벨트가 해군차관이었을 시절의 보좌역이었으며, 오직 루즈벨트의 인간적·정치적 성공을 위해 평생을 헌신한 사람이다.

우리가 두려워해야 할 것은 두려움 그 자체일 뿐입니다.

용기와 격려를 해준다면 어려움에 처한 사람들도 다시 회생할 역량이 있다는 확신을 가지게 되었다. 그리고 그 때부터 '우리가 두려워해야 할 것은 두려움 그 자체일 뿐'이라는 신념을 피력하기 시작했다.

하늘의 섭리

그는 절대로 자신의 불행에 대하여 불평하지 않았다. 그리고 간혹 그의 신앙심이 더욱 돈독해졌다는 것을 숨기려고 하지도 않았다. 완전히 마비되고 절망하여 죽었어야 하겠지만 하나님의 섭리로 살아났다는 믿음을 가지고 있었다.

아마도 이즈음에 그는 신앙의 영적인 법칙과 인간은 연약하지만 위대한 하나님의 능력을 은총으로 받을 수 있다는 것을 깨닫게 된 것 같다. 신앙의 새로운 발견은 고통을 이겨내야 할 때마다 그에게 새로운 내적 힘을 주었다.

투병기간 동안 그는 거의 외출을 하지 않았다. 그러나 가끔 그를 만난 사람들은 그의 성숙함에 깊은 인상을 받았다고 한다. 그는 장애인이 되어 신체적으로는 약해 보였지만, 아직도 젊어서 다른 어느 때보다도 삶에 대한 의지와 의욕이 철철 넘쳐 나고 있었다. 과거의 호탕한 모습은 볼 수 없었지만 더욱 신중해졌으며, 이제는 정치도 좋은 삶을 위한 수단이 되어야 한다는 생각을 굳히기 시작했다.

그는 타인들, 특히 열악한 처지에 있는 사람들과 인간의 허약함에 대해 진솔한 관심을 갖게 되었다. 그는 동시에 우매한 사람들, 또는 잘못을 저지른 사람들에게도 무한히 관대한 사람이었다. 고통스러운 삶의 체험을 통해서만 얻을 수 있는 생명력이 루즈벨트에게 싹트고 있었다.

부인 엘레노의 내조

루즈벨트의 투병기간 동안 그의 부인 엘레노는 아주 탁월한 섬세함으로 그를 보살폈다. 엘레노는 평소에도 관찰력이 뛰어난 여성이었다. 그러나 남편의 투병기간에 듣고 본 것을 세세히 그에게 전할 수 있도록 관찰능력을 더욱 발휘함으로써, 침대에 누워 있었지만 세상 사람들과 접촉하기를 열망했던 루즈벨트에게 큰 도움이 되었다.

루즈벨트에게 가장 도움이 되는 친구들이란 듣고 본 것을 진실로, 현장감 있게 이야기할 수 있는 사람들이었다. 그의 동정심과 상상력은 이러한 보고에 의해서만 가능했다. 부인 엘레노는 남편이 투병하는 동안에 그를 강하게 만들 수 있는 모든 것은 오직 마음을 통해서만 가능하다는 것을 알았다.

그녀는 아주 주도면밀하게 루즈벨트의 마음에 있는 것을 서로 나눌 수 있는 사람들을 만나도록 주선했다. 그래서 사려 깊고, 경험이 풍부하며, 루즈벨트의 생각에 대하여 의견을 낼 수 있는 사람들이 드나들도록 하여 그로 하여금 자극적인 새 아이디어를 갖도록 하였다. 특히 그녀는 여성노조운동에서 만난 두 친구 로즈 슈나이더만과 M. 슈발츠를 루즈벨트에게 소개했다.

이 두 노동운동 지도자들은 루즈벨트가 다른 방법으로는 도저히 터득할 수 없었던 새로운 것을 깨닫도록 해주었다. 이 두 여성은 노동조합운동의 이론과 역사를 소상하게 알고 있었으며, 오직 투쟁만을 위한 아마추어 수준의 노동운동가들이 아니었다.

M. 슈발츠는 아일랜드계 영국인으로서 어린 시절부터 영국노조의 회원이었다. 본래는 인쇄공이었으나 미국에 오기 전에 이미 영국에서 노

동운동에 전력이 있는, 영국 노동운동의 정신적 고결함에 심취되어 있던 여성이었다. 아주 재미있고, 재치있게 이야기를 잘했다. 그녀가 설명하는 노동조합원들의 회의 장면은 실감 났으며 현실적이고 유머러스하기까지 했다. 그리고 남성 노동자들을 잘 이해했다. 절대로 그들을 천사와 같다고는 하지 않았지만 살아보려고 애쓰는, 열심히 일하는 평범한 사람들이라고 했다. 그녀와 그 노동자들에게는 한 가지 공통점이 있었는데 그것은 이상(理想)이었다.

로즈 슈나이더만도 마찬가지였다. 그녀도 아주 어린 소녀 시절부터 뉴욕의 봉제공장에서 재봉틀 일을 했다. 가난한 집에 태어났지만 마침 시에서 제공하는 무상교육의 혜택을 받았다. 봉제노조원들이 주관하던 학급에서 노동조합 이론을 배운 적도 있다. 그녀는 노동자들을 위한 건강·레크레이션 센터를 만드는 일에 주력했었다. 빨간 머리의 그녀는 1911년에 카네기 홀의 노동자 대회에서 열정적인 강연을 한 적도 있었다.

루즈벨트가 사회문제에 대한 이해를 넓히는 독특한 방법은 각계각층의 사람들로 하여금 그들이 보고, 느끼고, 살아온 것에 대하여 편안하게 이야기하게 하는 재능에 있었다. 그는 이 두 여인으로부터 노동조합운동에 관한 많은 것을 빠르게 배웠다. 그리고 그들의 이야기 속에서 새로운 빛을 보았다. 그는 노동운동에 대하여 문외한은 아니었지만 그렇게 세세한 부분에 대해서는 미처 알지 못했었다.

그는 영국이나 미국의 노동착취현장을 직접 체험하거나 목격한 적도 없었고, 전문적으로 공부를 한 적은 더더구나 없었다. 그는 실제로 노동운동에 관한 단 한 권의 책도 읽어본 적이 없었지만 점차 왜 노동운동 지도자들이 때로는 거칠고, 거칠게 보여야만 하는지를 이해하게 되었다.

물리적 투쟁이 불가피할 때는 경찰을 앞세워서 노동운동을 와해시킨다는 것도 알게 되었다. 그래서 불가피하게도 노동운동이 체계를 갖추어 고용주들과 대등한 협상을 이끌어 낼 수 있는 단계에 이르기까지는 '악은 악'으로 갚을 수밖에 없는 필요악 때문에 폭력적인 요소가 등장할 수밖에 없다는 것도 이해하게 된 것이다.

그는 투병 중에 노동운동의 지도자들을 몇 사람 더 만나기도 했지만 구체적인 협상사안이 없었으므로 대화는 좀 김이 빠지는 듯했다. 슈나이더만이나 슈발츠처럼 이론에도 밝지 못한 사람들이 대부분이었다. 그러나 병상에서 받았던 노동교육 덕택으로 후에 사람들로부터

"말씀하시는 것을 보니 직접 노동 캠페인을 조직하고 투쟁에 참여해 본 사람 같습니다."라는 말을 들을 정도가 되었다.

시련을 기회로

그의 투병은 비록 침상에 누워있기는 했지만 건설적인 기간이었다. 건강도 점차 좋아졌고 가족들에게 책 읽어주기를 즐겼다.

그는 언젠가 "나 혼자 읽는 것보다 큰 소리로 다른 사람에게 읽어주는 것을 좋아한다."라고 말한 적이 있었다. 이 말은 바로 그가 실제로 경험하면서 배울 수 있는 능력을 가지고 있음을 잘 설명해 준다. 다른 사람에게 읽어줌으로써 숙독하는 것보다도 작가의 생각을 더 잘 이해할 수 있었던 것이다.

루즈벨트에게는 다른 사람에게서 찾아볼 수 없는 아주 특이한 '인간적이고 사교적'인 면이 있는데, 반드시 재미나 레크레이션의 차원에서

뿐만 아니라 지적인 탐구 면에서도 역력히 나타났다. 그는 정치사, 위대한 정치인들의 자서전, 여행서적 등 광범위한 독서를 했다. 해군의 역사와 기술적인 면에 관한 것은 그의 독서목록에서 빠지지 않았다. 그런 가운데에 일반적인 문학서적 읽기도 소홀히 하지 않았다.

그의 독서목록 속에는 몇몇 농업학술지도 포함되어 있었다. 그는 근대농업의 발전, 특히 동부지역의 특성인 소규모 농장에 근대농업기술이 적용되는 것에 대해 지대한 관심이 있었다. 나중에는 탐정소설을 읽기도 했지만 끝내기보다는 잠에 빠지는 것이 보통이었고 아마도 시와 철학 서적은 그렇게 많이 섭렵하지 않은 것 같다.

투병 중에 루즈벨트가 읽었던 책들은 당시 미국인들로 하여금 많은 생각을 하게 한 문학 서적이 포함되어 있었다. 압튼 싱클레어의 《정글》, 메리 반 볼스트의 《공장소녀의 경험》, 제이콥 리스의 《타인의 삶》, 빈민들의 현실을 연민의 정과 열정으로 그려낸 슬로안과 조지 벨로우스의 작품은 물론, 링컨 스테판스, 레이 베이커의 작품을 통하여 미국인들을 경악하게 했던 말할 수 없는 고통과 사회 부조리와 무관심 속에 허덕이는 대다수 미국인의 삶을 만나기도 했다.

그는 문학작품 속에 나타나는 비인간적인 참상과 노동환경에 민감한 반응을 보였으며, 이러한 문화적 흐름은 당시 미국의 정치계에도 영향을 끼쳐서 루즈벨트도 이러한 정치와 사회의 분위기에 간접적으로나마 영향을 받았다.

루즈벨트가 이러한 문학세계에 접하게 된 것은 우연한 일이 아니며 1890년대 말에서 1900년대 초는 문학과 시, 드라마, 그리고 도형예술을 통해서 사회현상이 등장하기 시작했던 시기로서 빈민굴, 정미소, 공장의 참혹함과 재해에 대한 공포, 저임금과 긴 노동시간에 관한 소재가 마치 그리스 비극처럼 예술적 효과를 높이던 때이다.

루즈벨트는 그가 방문했거나 살아본 적이 있는 지역사회의 역사와 사회생활에 대단한 관심을 보였다. 그리고 병상에 있는 동안 그의 고향인 하이드 파크의 이웃들과 더 가깝게 지내는 계기가 되었다. 건강이 회복됨에 따라 자주 드라이브를 나갔고, 울타리 너머 이웃들과 담소를 나누고, 궁금증을 푸는 기회를 만들었다.

그는 허드슨벨리 태생으로서 폴란드인들의 정착과 관련된 많은 일화와 어떻게 영국 사람들이 이 지역에 정착했는지를 소상히 알고 있었다. 그의 어머니가 여름휴양지로 사용하던 캄포벨로에 드나들면서 인근의 역사에 대한 흥미를 갖게 되었다.

루즈벨트가 병상에서 독서에 열중하는 동안 그의 부인 엘레노는 나름대로 정치적·사교적 관계망을 확장시켜 나갔고 뉴욕주 민주당의 정치활동을 꼼꼼하게 챙겼다. 그리고 지역활동에도 자주 참가했다. 엘레노는 광범위한 정치활동을 지속했을 뿐만 아니라 남편 루즈벨트로 하여금 정치활동에 관심을 유지하도록 내조했다.

아무리 정치에 관심이 있는 사람이라도 병상에 누워서 너무 오래 손을 떼고 있으면 감각이 무뎌질 것이고, 사람들의 기억 속에서 사라질 것을 잘 알고 있었기 때문에 어떻게 해서든지 루즈벨트의 명성과 이름이 민주당 내에서 떨어지지 않게 했다.

루즈벨트는 그 덕택에 건강이 회복됨과 동시에 큰 어려움 없이 여러 주를 대표하는 후보들의 연설 내용, 공화당과 민주당의 태도 등 돌아가는 정치상황을 파악할 수 있었다.

병상의 루즈벨트를 보좌하던 루이스 하우 역시 단 한 번도 그의 마음속에서 '정치'라는 것을 잊어본 적이 없을 것이다. 그가 루즈벨트를 그렇게 지극정성으로 보좌했던 것도 언젠가는 위대한 정치가가 될 것이라는 나름대로의 신념 때문이었다. 하우는 여러 가지 정치적인 움직임을 루즈벨트로 하여금 알게 하였고, 이와 관련된 정치인들을 초청해서 루즈벨트와 만나게 하였다.

재활 프로그램

루즈벨트가 치료를 목적으로 마련한 웜 스프링스의 집을 드나든 것도 그의 시야를 넓히는 데 도움을 주었다. 그 당시만 해도 수(水)치료는 아주 초기 단계였고, 질병으로 몸이 쇠약해지면 웜 스프링스에 가서 온천욕을 하는 것이 아주 오래된 전통이었다.

어떤 사람이 웜 스프링스에서 온천을 하고 수영도 하여 건강을 회복했다는 소문을 들은 적이 있었고, 루즈벨트는 자신도 한번 그렇게 해보아야 하겠다는 생각을 하게 되었다. 의사들도 좋은 생각이라고 했으므로 루즈벨트는 그의 쇠약해진 두 다리의 '재활'을 위한 프로그램을 실천에 옮기기 시작했다.

처음 이 지역에 집을 장만했을 때에는 전혀 아는 것이 없었지만 곧바로 이 지역과 주민들에 대해서 관심을 갖기 시작했다. 그는 생전 처음으로 많은 사람들이 여러 유형의 신체장애와 마비로 고생하고 있다는 사실에도 눈을 뜨게 되었고, 그들을 위해서 무엇인가 해야 한다는 생각을 하게 되었다.

그는 어떻게 하면 '웜 스프링스를 마비증세로 고생하는 사람들을 돕기 위한 치료센터로 만들 수 있을까' 하고 고심하기 시작했다[4].

그 당시 그곳은 부유층만을 위한 장소라는 인식이 팽배했다. 그의 생각은 수(水)치료센터를 단순하고 저렴한, 환자들 스스로 무엇인가를 할 수 있는 곳으로 만들고자 했으므로 생활양식도 호텔보다는 캠프장에 가깝도록 구상했다.

루즈벨트는 자신의 자금을 투입하는 한편, 친구들에게도 투자를 하도록 해서 그곳을 아주 실용적이고, 현대적이며, 과학적인 치료센터로 만들었다. 그는 또한 장래에 이 시설을 수많은 마비환자만을 위해서뿐만 아니라 전국 각처의 질병으로 고생하는 사람들이 사용할 수 있도록 의료와 간호시설을 갖출 수 있는 기금이 조성되기를 희망했다.

그는 다른 무엇보다도 마비의 원인에 관한 연구와 아울러 조기예방과 치료를 할 수 있는 의학연구를 시작했으면 좋겠다는 생각을 했다. 그 후 웜 스프링스의 시설이 보다 더 개선된 뒤에 루즈벨트가 다른 환자들과 친숙하게 잘 어울리는 것을 간혹 볼 수 있었고 이것은 많은 사람들에게 감동을 주었다.

장애 극복의 귀감

한 마디로 그는 다른 환자들과 잘 어울렸고, 맏형처럼 항상 크게 미소 짓고, 격려하며, 치료에 응하도록 했다. **"한번 해보세요, 나도 해보았습니다."** 하는 것이 그의 태도였다. 그가 아주 심한 장애를 극복하고

---

4) 대통령 첫 임기 중 두 번째 해인 1934년 소아마비를 근절하겠다는 그의 뜻을 살려 그의 지지자들이 보내오는 성금을 기반으로 하여 March of Dimes(10전의 행렬)라는 자선단체 창립. 매년 그의 생일인 1월 30일은 이 재단을 위한 기금모금 행사가 있었고, 그 후 20년이 지난 1954년 솔크 박사에 의하여 소아마비 예방접종이 개발되었는데, 이를 위해 지원된 총 연구비는 4천5백만 달러였다. 강영우 저 《도전과 기회 : 3C 혁명》 생명의 말씀사, 2004. pp.154～155 참조.

역사에 길이 남게 될 인물이 되었다는 것은 이미 이때에 보여준 것이다.

수많은 가정에서 화상, 절단, 질병, 또는 악운을 만난 모든 사람들이 **"루즈벨트도 해냈는데, 나도 감당할 수 있어."** 하고 과감하게 이야기할 것이 분명했던 것이다.

루즈벨트는 또한 본능적으로 자신의 정신적인 강인함을 남들과 잘 나누는 자질을 가지고 있었다. 그가 제 2 차 세계대전 중에도 부상을 당해서 평생을 장애인으로 보내야 하는 부상병들을 찾아 위로하고자 무진 애를 쓴 것은 잘 알려진 이야기이다. 자신도 힘이 약해지고 임종이 임박한 것을 알면서도, 부상병들이 입원해 있는 병동 방문을 소홀히 하지 않았다. **"용기를 내. 틀림없이 건강해질 테니!"** 하는 격려의 말은 부상병들에게 무한한 사기를 불어넣어 주었을 것이다.

웜 스프링스에 있는 동안의 일상적인 온천욕과 수영은 그의 근육을 강하게 만들었다. 그는 다리에 다소 힘을 얻게 되었으며, 손 작동으로만 운전할 수 있는 승용차를 운전할 수 있게 되었다. 1928년에 그는 보조기와 두 개의 지팡이에 의지하여 걸을 수 있게 되었다.

소아마비에서 회복되는 긴 투병기간 동안 단 한 차례 아주 중요한 정치적 연설을 한 적이 있었다. 그것은 1924년의 일로, 그는 메디슨 스퀘어 가든의 대통령 후보지명 민주당 전당대회에서 알프레드 스미스를 지지하기 위하여 연설했다. 민주당은 존. W. 데이비스를 지명하기는 했지만…….

이 유명한 연설에서 루즈벨트는 스미스를 '행복한 투사'라고 소개했다. 1920년 샌프란시스코 전당대회에서 모습을 보였던 루즈벨트의 강하고, 밝으며, 성공적인 모습을 기억하는 사람들에게 메디슨 스퀘어 가든에서 그를 다시 보게 되는 것은 실로 감동스러운 것이었다.

그는 마르고 핏기마저 없어 보였다. 단상에서도 목발에 의지하여 겨우 일어설 정도로 힘들어했다. 그리고는 연사의 좌석에 닿을 때에야 비로소 모든 사람들에게 안도의 미소를 보냈다. 그는 이 순간에도 자신의 승리를 모든 사람과 나누는 듯했다.

루즈벨트의 '행복한 투사'라는 연설은 모든 사람의 심금을 울렸다. 연설에 대한 답례박수는 그가 지지하는 후보에 대한 인정도 되겠지만 오히려 오랜 투병생활을 승리로 이끈 루즈벨트에 대한 경의의 표시이도 했다.

투병 7년째가 되는 1928년쯤 그는 몸을 좀 더 자유롭게 움직일 수 있었다. 그는 민주당 전당대회가 열리고 있는 텍사스주 휴스톤까지도 갈 수 있을 정도로 자신감이 있었다. 그 여정은 실로 감격스러운 것이었고, 친구들은 이때 새로운 루즈벨트를 발견했다고 한다. 언젠가 그는 다시 활동적인 정치무대로 복귀할 것이라는 말을 듣기도 했다.

신앙인 루즈벨트

1933년 3월 4일 토요일 루즈벨트는 미국의 대통령으로 취임했다. 취임식이 있던 날 아침, 성 요한 교회에서 조촐한 예배가 있었다. 나중에 알려진 일이지만 이 예배는 취임식의 프로그램에 들어있는 것이 아니고 루즈벨트가 갑자기 결정한 것이었다. 취임식 전날 오후 대통령 비서관으로부터 전화를 받았다. "**취임식 날 오전 10시에 대통령께서 모든 각료들과 성 요한 교회에서 예배를 드리고자 한다.**"라는…….

새 내각 각료의 부부들과 그때 동석할 수 있는 자녀들만이 그 예배에 참석할 수 있었다. 기도문과 루즈벨트가 선택한 찬송과 시편낭독으로 이루어진 이 예배는 아주 평범한 것이었으나 기억에 남는 예배가 되었다. 이때는 참으로 어려운 시기였다. 은행들이 줄줄이 파산하고 국가경제는 거의 정지 상태였다. 루즈벨트는 이런 나라를 맡아서 끌고 나가야만 했다.

만약 간곡히 기도할 사연이 있다면 바로 이날 그 기도가 필요했다. 그는 기도하고 싶었고, 모든 국민이 그를 위해서 기도해 주기를 바랐다. 이 당시가 루즈벨트가 처음으로 중보기도의 중요성을 절감했던 때인 것 같았고, 누군가 그를 위해 기도해 주는 것을 고맙게 생각하고 있었다. 그가 간절히 기도하기를 원했다는 것은 극비사항이었으며, 대통령이 취임식 전에 기도하러 교회에 갔었다는 사실이 알려진 것은 훨씬 나중의 일이다.

예배는 인상적이었다. 대통령의 초등학교 시절 친구인 피바디 목사가 **"당신의 종 프랭클린이 이제 미국의 대통령이 되려고 합니다."** 하고 은총과 도움의 기도문을 읽어내려 갈 때 거기에 있던 모든 사람들은 모두 진지하게 기도에 동참하고 있는 듯했다.

모인 사람들은 가톨릭, 개신교, 유태인 신자들로 뒤섞여 있었지만 어느 누구도 개의치 않았다. 대통령 취임기념식의 기회가 있을 때마다 그는 교회에 가서 취임식 전날의 기도를 반복했다. 대통령은 특히 이 예배를 통해서 은혜를 받고 특별한 힘을 얻는 듯했다. 그리고 이 예배에 참석하는 사람들의 숫자는 늘어났으나 그들에게는 각별한 친교가 있는 듯했다. 사진을 찍는 일도 없었고, 신문에 게재되는 일도 없었다.

마지막 취임식이 있던 1945년은 전쟁 중이어서 대통령이 공공건물에 가는 것을 비밀경호원들이 허락하지 않았기 때문에 성 요한 교회가 아닌 백악관에서 예배가 있었다. 별다른 문제는 없었으나 교회에서처럼 성스럽지도 않았고 친밀감도 약했다.

의전대로 먼저 떠나지 않고 마지막까지 남아서 참석했던 모두에게 하나하나 작별인사를 해주었다. 그의 곁에 서 있던 부인과 비밀경호원들에게 **"나 여기 남아서 참석한 사람들과 이야기 좀 나누겠네."** 하고 말했다.

대통령은 의자에 앉아서 한 사람 한 사람 악수를 하고 말을 건네었다. 그러나 이것은 쉬운 일이 아니었다. 반면 생각하기에 따라서는 기나긴 전쟁기간에 사람들과 가까운 접촉을 할 수 없었던 대통령에게는 신선한 기분전환이 되었을 수도 있었다. 악수를 하고 이야기를 나눈 사람들은 모두 평소에 대통령을 끔찍이 생각하는 사람들이었다. 그러나 그들 중 아무도 다음날 대통령이 먼 길을 떠나게 될 것이라는 것을 알 리 없었다. 각료들은 중대한 국가의 일로 대통령이 어디로 가게 될 것이라는 것은 어렴풋이 알 정도였다.

"대통령께서 떠나시게 된다니 애석하군요. 하시는 일들이 잘 되기를 바랍니다." 하고 인사를 하는 이도 있었다. 그는 곁에 있는 사람들에게 들릴까 말까 한 낮은 음성으로 응답했다.

"꼭 저를 위해서, 그리고 이 나라를 위해서 기도해 주십시오."

저를 위해서 이 나라를 위해서 기도해 주십시오.

아마도 그는 자신을 위한 중보기도에 대해 진심으로 감사해 했었을 것이다. 실제로 많은 사람들로부터 서신으로, 전보로 격려의 글을 받았고 그것에 대해 감사한 생각을 가지고 있었다.

루즈벨트의 신앙적인 면모가 가장 잘 나타났던 부분은 아마도 사람들을 대하는 그의 태도였을 것이다. 그가 뉴욕 주지사로 재임하던 시절, 면식이 없는 많은 사람들이 관저에 초대되곤 했었다. 그는 과도한 업무로 지쳐 있었지만, 멀리서 그를 찾아온 사람들은 주지사에게 인사도 하고 담소하기를 원한다는 것을 알고 있었다. 부인 엘레노는 한 사람 한 사람을 주지사에게 안내하여 곁에 앉아서 잠시 동안 친밀한 대화를 나누게 했다.

그들은 주지사가 특별히 관심을 가져야 할 사람들도 아니고 이야깃거리도 흥미롭지 않았지만, 루즈벨트는 관심을 보이려고 상당한 노력을 했다. 그가 이렇게 노력을 한 것은 어떤 정치적인 제스추어나 정략적인 차원에서가 아니라 그를 만나러 온 사람들은 그의 이해와 지원을 필요로 하고 있다는 것을 알았기 때문이다.

루즈벨트의 종교관

한 마디로 루즈벨트는 진실한, 그리고 아주 평범한 기독교 신자였고 이러한 모습이 사람들을 대할 때 가장 잘 나타났다. 그의 신앙에는 어떤 갈등이나 의심도 없었고 오지 믿음의 확신만이 있었을 뿐이다. 성경에 대한 비판이나 과학적 발견을 전통적인 기독교의 가르침에 적용시키는 등에 관한 주제에는 전혀 관심이 없었고, 그저 종교가 무엇인지 알았고 그것을 생활 속에 실천하고자 했다.

그에게 있어서 종교란 윤리강령의 수준을 초과하는 것이었다. 그것은 하나님과 인간의 일정한 관계를 의미했으며, 그는 그것이 자신의 삶과 현실 속에서 구현되고 있음을 알았다.

그의 종교관은 너무나 확고했기 때문에 천주교, 신교, 심지어는 유태인들과도 어려움 없이 어울릴 수 있었고, 이해할 수 있었다. 종교의 지적 논쟁이나 교리에 해박했던 것은 아니지만, 진실한 믿음이 한 인간의 태도, 가치관, 도덕성, 그리고 심지어는 열망에 큰 영향을 미친다는 것을 잘 알고 있었다.

얄타회담을 끝내고 미국으로 돌아오던 선상에서 그의 비서관이었던 왓슨 장군이 병으로 쓰러지자 조금도 지체하지 않고 동승했던 천주교 신부에게 그를 천주교 신자로 받아주도록 주선하는 역할을 담당했다. 대통령은 왓슨이 오랫동안 천주교에 귀의하고자 했던 것을 잘 알고 있었고, 왓슨 부인은 이미 천주교 신자였기 때문에 이렇게 하는 것이 너무나 자연스러울 뿐이었다. 대통령은 신학적 문제에 대한 토론을 할 생각은 없었고 '**그저 그렇게 해주는 것이 최상이라고 생각했다.**'고 한다.

루즈벨트는 스탈린이 젊은 시절에 목회자가 되겠다는 생각으로 혁명군에 가담하기 전 몇 년 동안 신학교에 다녔다는 것을 매우 흥미롭게 생각했다. '적어도 스탈린이 신학생이었다는 사실이 어떤 면에서든 영향을 미쳤을 것이 아닌가' 하고 생각하곤 했다. 아마도 '그래서 가끔 그에게서 동정적인 태도를 발견하는 것이 아닌가' 하고 루즈벨트는 생각했다.

종교가 인간에게 필요하다는 생각은 그를 떠난 적이 없었다. 1941년 8월 프린스 오브 웨일즈 선상에서 영국과 미국이 채택한 '대서양 헌장'에 명시된 네 가지 자유 중 아무런 속박 없이 하나님을 예배할 수 있는 '종교의 자유'는 루즈벨트 자신의 종교에 대한 평소의 신념을 반영한 것이다. '자유'라는 미명 하에 의도적으로 예배행위를 거부하거나 하나님을 섬기지 못하도록 선동하리라는 생각은 전혀 하지를 못했다. 적어도 루즈벨트에 관한 한 인간과 하나님은 자연적인 관계였다.

그가 자연법에 관한 것을 깊이 알고 있었을 리는 없지만 그의 사유 속에는 이와 같은 생각이 깊게 자리 잡고 있었다. 어떤 정치적 압력이나 천주교단의 압력에 의해서가 아니라 바로 그의 이러한 생각이 루즈벨트로 하여금 워싱턴 주재 소련대사(Maxim Litvinoff)와의 협상에서 미국이 1933년 당시의 소련정부를 인정해 주는 조건으로서 종교의 자유를 받아들이도록 하였다.

소련정부를 인정해주는 조건으로 종교의 자유를 받아들이라.

루즈벨트가 종교에 대해서 얼마나 단순하게 생각하고 있었는가는 이러한 조건을 제시하는 과정에 잘 나타나 있다. 루즈벨트가 종교의 자유를 조건으로 제시하자, 리트비노프는,

"현재 소련에는 필요 이상으로 종교의 자유가 주어지고 있으며, 이제 어느 누구도 교회에 나간다고 해서 처벌을 받지 않는다. 다만 권장하지 않을 뿐"이라고 대답했다.

루즈벨트는 이렇게 대답했다고 한다.

"여보게 맥스, 자네는 내가 종교를 어떤 의미로 이야기하는지 잘 알지 않는가? 그리고 종교가 인간에게 무엇을 의미하는지도 잘 알 것이고, 또 종교가 있는 사람과 없는 사람의 차이도 잘 알걸세. 자네는 신앙심이 돈독한 부모 밑에서 성장한 것으로 알고 있는데……. 이렇게 생각해 보세. 인간은 언젠가는 죽게 마련이야. 그때에 자네에게 기도하는 것을 가르쳐 주신 신앙심 깊은 부모님을 생각하게 될 걸세. 아마도 임종 때가 되면 제일 먼저 부딪히게 되는 것이 하나님과 자신의 문제 일세. 그것은 아주 중요한 거야."

죽을 때가 되면 제일 먼저 부딪히게 되는 것이 하나님과 자신의 문제입니다.

루즈벨트는 항상 그가 리트비노프의 생각에 영향을 미쳤으리라고 회상한다. "맥스는 얼굴을 붉히고 씨근거리고 당황해 했지만 아마도 달리

어떻게 대답을 할 수 없었을 거야!"

옆에서 동석했던 관찰자가 있었다면 아마 "리트비노프가 씩씩거렸던 것은 루즈벨트의 말에 전혀 동의하지 않았지만 화기애애한 분위기를 망치지 않고 그의 은밀한 압력으로부터 벗어날 길을 찾고 있었기 때문이었을 것이다."라고 말했을 것이다.

인간은 온갖 시련과 고통 속에서 투쟁하지만 하나님을 떠날 수 없다는 루즈벨트의 종교에 대한 이런 순수한 생각이 그가 평소 가지고 있던 인간의 가능성에 대한 태도와 확신을 잘 설명해 준다. 그는 인간의 삶의 질을 개선하는 것도 하나님의 관심사이며, 나 자신만이 아닌 타인을 위한 삶 속에 하나님에 대한 참 예배의 모습이 있다고 생각했다. 그리고 성경도 열심히 읽었고 성경의 상당 부분을 암송할 수 있었다.

그는 기도문을 아주 좋아했으며 자주 인용하기도 했다. 찬송가와 시편들도 그에게 많은 위로를 주었다. 종교에 대하여는 생각으로만 긍정적인 것이 아니라, 그는 자신이 성장한 교회도 무척 사랑했다. 그래서 교구에도 관심이 많았고, 교회의 건물 보수나 발전계획 및 자선활동을 위한 모금 물품수집에도 관심이 많았다.

그러나 막상 그가 대통령이 된 후에는 교회에서 대통령의 모습을 보기 어렵다는 비판이 워싱턴 주변에 맴돌았다. 제 1 차 세계대전 당시만 해도 청년으로서 성 토마스 교회의 교구위원으로 교회봉사를 성실히 했다. 그러나 교인들의 기대하는 만큼, 자신이 희망했던 것처럼 대통령 초임 시절과 같이 교회에 잘 출석하지 못했다. 그는 가까운 동료들에게 이렇게 말했다.

"대통령의 생활이라는 게 꼭 어항 속의 금붕어 같아. 기도 생활도 그 속에 박혀서 해야 한다면 아예 죽는 게 낫겠어. 그런데도 교회에 나가면 마치 동물원의 짐승이라도 구경하듯 온 워싱턴 사람들이 몰려들지 않겠는가! 교회에 한번 가보라구. 내 그 뜻은 이해하겠지만 교회 좌석 앞줄의 중간쯤에 빨간 쿠션을 갖다 놓고, 빨간 금박 실크 줄로 미국 대통령의 전용 좌석을 예약해 놓았어. 그걸 당해 낼 수 있겠어? 그런 교회 분위기 속에 프라이버시란 없는 거야. 일단 좌석에 앉아서 예배를 보아야 하는데 사람들의 시선은 집중되어 있지. 나는 도대체 그런 분위기 속에서 기도할 수 있을 것 같지가 않아."

이런 갈등이 있었음에도 그는 자기의 본분을 다하고자 노력하였다. 처음 대통령으로 취임하던 해, 천주교 주교로부터 대통령과 내각 장관 전원이 신년 미사에 참석해 달라는 요청을 받았다. 전갈을 받은 장관들은 물론, 워싱턴 주민 모두와 관광객들이 몰려와 있었다.

미사에는 전혀 참석할 의사가 없이 눈을 크게 뜨고 여기 저기 손가락질하는 사람들이 대부분인 가운데 은혜로운 미사를 올린다는 것이 쉬울 리 없었다. 대통령은 개의치 않고 열심히 찬송하고 미사에 참여했다. 아마 주교님도 만족해했으리라.

예배가 끝나면 주교가 대통령과 인사도 나누며 승용차가 있는 곳까지 모시고 가는 것이 관례이다. 대통령도 예의상 이야기를 나누며 함께 걸어간다. 그때 주교는 이 성당을 아끼고 사랑하는 간절한 마음으로 절호의 기회를 놓칠세라 심중에 있는 말을 건넨다. 그는 대통령에게 "윌슨 대통령과 켈로그 대사도 임종 후에는 이 성당에 안장이 되었으니 대통령도 지금 메모로 그러한 뜻을 남겨 두시오."라고 말했다.

이 제안이 루즈벨트를 깜작 놀라게 한 것은 말할 필요조차 없다. 그리고 백악관으로 가는 길에 비서에게 "**완전히 시체 도둑놈 같은 소리야! 시체 도둑놈!**"이라고 중얼거렸다. 그날 저녁 루즈벨트는 그의 유언장에 한 줄을 더 첨가해 넣었다. 어떤 일이 있어도 자신을 국립대성당에 안장하지 말고 그의 고향인 하이드 파크에 묻어 달라는…….

어느 해 크리스마스 때 루즈벨트가 감리교회나 침례교회 성탄예배에 참석하기로 했는데 말들이 많았다. "**왜들 야단인데? 나는 감리교 찬송가를 좋아해.**" 또 언젠가 처칠 수상이 방문했을 때 감리교회에서 예배했다. 그리고는 "**처칠 수상도 감리교 찬송가를 좋아해.**"라고 했다.

루즈벨트는 종교에 대해서 또는 신앙에 대해서도 열린 자세로 신실했지만, 신학적이거나 추상적인 이론에는 큰 관심이 없었다. 그런데 그의 생애 마지막 무렵에 '왜 나치사상이 뿌리를 내릴 수밖에 없었나' 하는 것을 설명해 주는 아주 중요한 신학적 개념과 부딪치게 되었다. 또 그것은 그 나름대로 지적인 경험을 하게 해준 한 예라고 할 수 있을 것이다.

대통령 부인은 1944년 2월에 어떤 청소년 모임에서 성 요한 교회의 부목사인 젊은 하워드 존슨을 만난 인연으로 백악관 디너에 초대했다. 그는 대단히 기뻐할 수밖에 없었다. 그런데 몇 주가 지나도 초대 연락이 없어서 마음을 단단히 먹고 영부인의 비서에게 전화를 걸었다. 대통령 부인께서 그냥 지나치는 말로 초대한다고 하지는 않았을 것이라고 생각했다.

그는 다음날 저녁 7시 15분까지 백악관으로 오라는 전갈을 받았다. 자기 외에도 많은 사람들이 초대를 받았을 것이라는 생각을 하며 정시에 도착했다. 그런데 어떻게 된 셈인지 주차장이 텅 비어 있었다. 수위가 나와서 안내하는 대로 이층으로 올라갔는데, 큰 방에 대통령만 혼자 앉아 있었다. 존슨 부목사는 당황해서 무슨 말을 해야 할지를 몰랐다.

대통령은 어떻게 존슨 부목사 혼자 초대를 받게 되었는지에 대한 상황을 잘 이해하고 있었다. 그 때문에 손님이 어려워하지 않도록 성요한 교회의 역사며 건축 등에 대하여 이야기를 하는 등 배려해 주었다. 영부인은 20분이 지나서야 합석을 하며 늦어서 미안하다고 했다.

오늘 저녁에는 친척인 듯한 젊은 여성과 친구의 아들이라는 청년이 동석하게 되었다. 저녁식사는 아주 가족적인 분위기 속에서 이루어 졌으며, 화제는 도로시 세이어의 탐정 소설까지 이어졌다.

대통령은 세이어의 탐정 소설에 아주 몰두해 있었다. 존슨 목사는 그의 성직자적인 위치를 고수하려는 듯 **"대통령께서도 아시겠지만 도로시 세이어는 탐정 소설보다는 그녀의 신학적 집필이 더욱 탁월합니다."** 하고 말했다.

대통령은 한 번도 세이어가 신학에 대해서 글을 썼다는 것을 들어 본 적이 없다. 대통령은 질문을 하기 시작했고, 이야기는 자연스럽게 그녀의 신학적 관점에 대한 것으로 흘러들었다. **"대통령께서도 아시겠지만 세이어 소설의 대부분은 거의 예외 없이 키에르 케골의 영향을 받은 것입니다."** 하고 존슨 부목사가 말했다.

"키에르 케골이 누구지요?" 하고 대통령이 되물었다.

존슨 부목사는 이미 100여 년 전에 세상을 떠난 이 덴마크 철학자에 대하여 그의 철학이 어떻게 근대인의 사고에 영향을 미쳤는가를 아는 대로 —즉, 인간은 원죄 때문에 하나님의 은총과 도움 없이 인간 스스로 죄의 문제를 해결할 수 없다는— 설명했다. 즉, 인간의 원죄(原罪)에 대한 교리와 이것이 인간에게 시사하는 함축된 의미, 그것이 바로 키에르 케골 신학의 핵심이었다.

최근에 와서 키에르 케골의 신학이 다시 공감을 불러일으키는 것은 지난 100여 년 동안 인간의 사고를 지배하던 인본주의 사상의 공허함이 부각되고 있기 때문이라고 했다. 대통령의 질문은 끊임이 없었고 키에르 케골의 주요 저술 제목을 메모하기도 했다. 결국 다른 손님이 다 돌아간 다음에도 존슨 부목사는 늦게까지 남아서 대통령과 키에르 케골에 대해서 계속 이야기할 수밖에 없었다.

몇 주가 지난 후, 한번은 전시노동부장관이 결재를 받으러 들어왔는데, 서류를 검토하던 대통령이 갑자기 "장관, 키에르 케골에 대해서 읽어 본 거 있소?" 하고 물었다. 평론을 몇 개 읽었을 뿐이고 잘 모른다고 하자 한번 읽어 보라고 권했다. '혹시 노동업무를 담당하는 데 도움이 될 수 있다는 말인가?' 하고 그가 생각하고 있을 때,

> **"아마도 나치를 이해하는 데 도움이 될 걸세. 키에르 케골을 읽으니까 나치즘에 대해서 너무나 분명하게 이해할 수 있더구먼. 나는 가끔 '인간이 어떻게 그렇게 포악하도록 비인간적이 될 수 있을까' 하고 의아해 했었거든. 나치도 사람임에는 틀림이 없는데 꼭 악마처럼 행동한단 말이야. 키에르 케골을 읽으면 사람이 어떻게 해서 독일인처럼 악해질 수 있는가 하는 것을 이해하게 될 거야. 성 요한 교회의 존슨 부목사는 키에르 케골에 대해서 아주 해박해. 그의 글들을 좀 구해서 읽어 보게나."**

원수를 위한 기도

나중에 존슨 부목사는 다시 한 번 대통령과 종교적인 인연을 맺게 된다.

1944년 3월 4일, 성 요한 교회는 대통령 취임 기념일을 축하하는 예배를 주관하게 된다. 담당 목사도 공석이었으므로 이 중요한 예배를 존슨 부목사가 준비하게 되었는데 이만 저만 부담스러운 것이 아니었다.

존슨 부목사는 1933년 첫 취임식 때의 예배순서를 참고로 하긴 했지만, 성경 봉독과 시편 및 찬송을 시대에 맞도록 따로 선택하였다. 중보기도와 축복의 기도 순서 안에 영국 성공회 대주교 윌리엄 템플[5]이 전쟁 초기에 작성한 '원수를 위한 기도'를 포함시켰다.

다른 교역자들은 이 기도를 포함시키는 게 적절치 못하다고 했다. 그리고 전쟁이 계속되는 한, 백악관도 절대로 이 기도문의 채택을 허락하지 않을 것이라고 했다. 원수를 위해 기도해야 된다는 가르침을 깊이 받아들이지 못하는 것이 미국 국민의 정서였기 때문에 상당한 후유증도 있을 성싶었다. 그러나 존슨 부목사는 조금도 개의치 않고 그대로 백악관에 결재를 올렸다.

백악관으로부터는 단 한 자의 수정 지시도 없이 되돌아왔다. 그리고 '원수를 위한 기도문'이 있는 여백에 대통령이 친필로 "**아주 좋습니다. 마음에 듭니다.**"라고 써 넣었다.

---

5) 윌리엄 템플(William Temple). 당시 영국 성공회 대주교이며, 그의 저서 중 《Christianity and Social Oder》(기독시민의 사회적 책임)는 김형식에 의해 한국에서 번역 출판되었음. 서울: 인간과 복지. 2000. 12

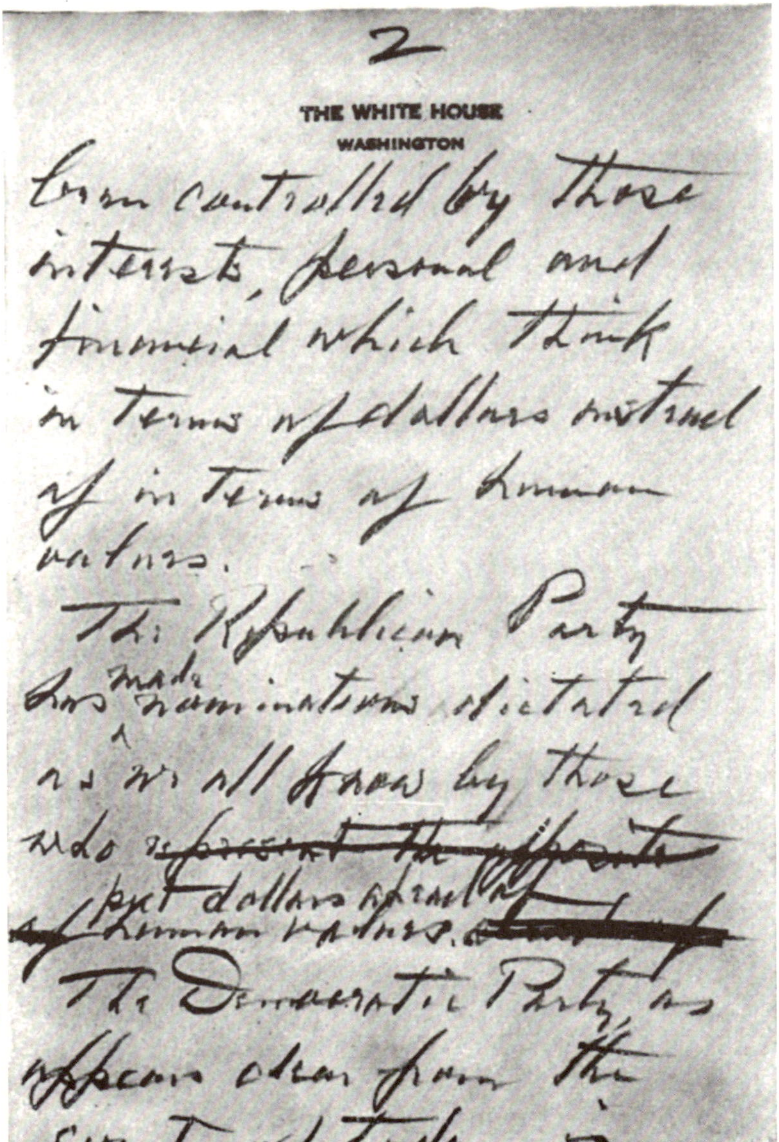

2

THE WHITE HOUSE
WASHINGTON

been controlled by those interests, personal and financial which think in terms of dollars instead of in terms of human values.

The Republican Party has made nominations dictated as we all know by those who put dollars ahead of human values.

The Democratic Party as appears clear from the events of today, is

수차례 교정되는 대통령의 연설문

대통령의 연설문

대통령의 연설문 집필진의 일원.
사진의 오른쪽이 17년 동안 연설문 작성팀으로 참여한 샘 로즈만 판사이다.

대통령의 연설문

백악관 각료회의실

대통령과 그의 내각이 각종 회의를 주관하기 위하여 사용하였던 각료실은 아마 비슷한 목적으로 사용되었던 세상의 어느 회의실보다도 가장 소박하게 꾸며진 장소일 것이다. 이 방은 아주 작은 비서실을 하나 사이에 두고 대통령의 개인 집무실과 떨어져 있다. 대통령은 집무실로부터 비서실을 거쳐서 각료실로 들어온다. 백악관에서 통하는 중앙홀 쪽으로부터 두 개의 입구가 더 있다.

각료들은 이 두 입구 중 하나를 통해서 들어오게 되고, 대통령이 각료실에 있을 때는 반드시 비밀경호용원이 두 입구에 서 있다. 각료실의 벽은 흰색이며, 루즈벨트의 재임기간에는 한 번도 이 방을 재단장하지 않았다. 그런데 예외라면 서쪽 벽에 걸려 있던 제퍼슨과 잭슨 대통령의 초상화와 북쪽 끝의 아주 소박한 벽난로 위에 걸려 있던 우드로 윌슨(Woodrow Wilson) 대통령의 초상화뿐이었다.

각료실은 아주 작았는데, 평범한 풀먼식 침대차의 길이에 넓이는 그 4배쯤 되었다. 동쪽 벽은 거의 전체가 프렌치 윈도로 꾸며져 있어서 백악관의 주거 지역으로 향하는 약 32m 정도의 포장된 보도 쪽으로 열리게 되어 있다. 연분홍 담홍색 커튼으로 드리워진 바로 이 창문을 통하여 워싱턴에서 가장 아름답다고 손꼽을 수 있는 경치를 볼 수 있다. 키 큰 초록색 울타리로 둘러싸인 장미 가든 건너편으로 선이 굽은 아름다운 발코니와 연결되는 유명한 나선 모양의 층계가 있는 백악관의 남쪽 입구를 바라보게 된다.

100여 년 이전에 앤드류 잭슨 대통령이 손수 심었고, 지금은 발코니를 위압할 만큼 커다란 매그놀리아가 백악관의 단조로움을 덜어 준다. 약간 오른쪽으로는 백악관의 남쪽 잔디 정원이 워싱턴 쪽으로 장엄하게 펼쳐지고 그 양 옆으로는 워싱턴 방문객들의 경탄을 자아내게 하는 우람한 느릅나무들과 참나무들의 고목이 줄지어 서 있다.

각료실의 창문을 통해서 포장된 보도 위로 팔 받침대가 없는 휠체어가 행여 떨어지지나 않을까 염려를 하게끔 빠른 속도로 달려오는 것을 내려다볼 수 있다. 그의 손에는 거의 언제나 그가 검토하고 있던 서류가 들려 있었다. 그의 입에는 언제나 그렇듯이 의기양양하게 보이는 담뱃대가 물려 있다. 그의 곁에는 애견 휄라가 따라붙는다.

또한, 비밀경호요원도 달음질을 하듯 따라붙고 대통령이 지난밤이나 새벽녘에 그의 침실에서 작업했을 우편물과 자료들이 가득 담긴 바구니를 든 집사도 동행한다. 대통령이 그쪽으로 가고 있다는 것을 알리기 위해 이미 종이 세 차례나 울렸고, 보도의 여러 길목에는 사무원들이 정렬해 있다. 어떤 때는 독서나 생각에 너무 몰두해 있어서 각료실을 지나 그의 집무실에 도착할 때까지 고개를 들지 않을 때도 있다.

일상적으로 각료실은 잘 정돈되어 있고 품위를 갖추고 있다. 상상하기 어려울 만큼 커다란 마호가니 테이블이 각료실의 절반 정도를 차지하고 있다. 이 테이블은 각각 모양이 다른 팔각모가 있지만 넓이보다는 네다섯 배가 길기 때문에 거의 직사각형처럼 보인다. 이 이상하게 보이는 팔각형의 테이블은 대통령으로 하여금 중앙의 한 모서리에 앉아서도 그의 양옆과 맞은편에 앉아있는 각료들을 잘 볼 수 있도록 해주기 위해서 제작된 것이다. 번쩍번쩍 광택이 나는, 이 강한 인상을 주는 테이블 위에는 긴 줄이 달린 전화기 한 대와 대통령 앞에는 국회의원 전화번호부와 정부편람만이 놓여 있다.

평소에는 이 테이블 위에 거의 아무것도 없지만 각료회의가 시작되기 전에 각 각료가 앉을 위치에 따라 커다란 메모지와 연필이 미리 놓여진다. 전쟁 중에는 전쟁 담당부서장들이 동석해야 되기 때문에 여분의 의자를 동원하는 등 다소 붐비는 모습을 보여주기도 했다.

각료실에는 평이한 카펫이 깔려 있었고 벽을 따라서 몇 개의 의자가 놓여 있었으며 매 15분마다 울리는 시계, 그리고 벽난로 끝에 지구본이 하나 있었다. 그것이 이 각료실 꾸밈의 전부였다.

아마 전쟁 당시에도 워싱턴에서 가장 조용했던 곳이 바로 이곳이 아니었을까 한다. 평화로울 때라 할지라도 아주 예외적인 경우가 아니면 이 방은 방문객들에게 공개되지 않는다. 간혹 '비공식적'인 방문자는 기자의 눈을 피하기 위하여 옆문을 사용해 각료실로 들어와서 대통령과의 접견을 기다리곤 했다. 그 밖에 이 각료실은 텅 비어 있고, 조용하며 아늑하다.

그러나 간혹, 그러니까 한 달에 약 4~5일 정도 이 각료실은 수선스러워지는데 그 이유는 바로 여기에서 루즈벨트의 유명한 연설문과 메시지들의 거의 전부가 준비되기 때문이다. 이 방은 조용하고 은밀하며 냉방장치도 최고이기 때문에 그러한 일을 하기에는 최적의 장소였고,

커다란 테이블은 필요한 자료들과 서류들을 늘어놓기에 아주 적격이었다. 특히 대통령으로서는 어느 누구에게도 방해받지 않고 자유자재로 휠체어로 드나들 수 있어서 아주 편리했다.

만일 이 각료회의실에 평소 모습이 익숙한 방문객이, 예를 들어 1942년 2월 21일에 이 방을 들여다보았더라면 깜짝 놀랐을 것이다. 전등은 모두 밝게 켜 놓은 상태로 창문이 모두 검은 커튼으로 가려져 있었다.

이 시기는 전쟁 중이었고, 그 시간은 등화관제 중이었다. 번쩍번쩍 광채가 나는 커다란 테이블 표면이 거의 보이지 않을 정도로 끝에서 끝까지 서류, 책, 전보, 서신 등으로 꽉 메워져 있었다. 테이블의 한쪽 끝에는 커피 보온병과 촉촉한 냅킨에 싸여진 샌드위치 두 줄과 맥주, 코카콜라, 진저에일, 소다수 등 몇 개의 접시와 컵과 큰 잔들을 비롯하여 얼음과 위스키 한 병이 담겨진 커다란 쟁반이 있었다.

연설문 작성

세 사람이 이 테이블에 둘러앉아 있다. 모두 다 셔츠 소매를 걷어붙이고 있었으며, 하루 종일 연설문 작성에 몰두했기 때문에 피곤한 모습이다. 그들은 방금 백악관의 서재에서 대통령에게 밤 인사를 끝내고 나왔지만, 다시 각료실로 건너와서 연설문 작성 작업을 계속하고 있는 것이다. 테이블 위에 놓여 있는 음식과 음료는 대통령의 지시에 의해서 백악관의 식당에서 차려온 것이다. 셔우드는 위스키와 소다를 한 잔 따랐다. 해리 홉킨스는 커피 한 잔과 샌드위치 한 쪽을 집어 들었고, 나는 코카콜라와 샌드위치 두 쪽을 집었다.

나는 밤 11시부터 우리와 함께 일하기로 되어 있는 4명의 속기사들에게 "각료실에 샌드위치 등 먹을 것이 있으니 내려와서 좀 먹어요." 하고 전화를 했다.

그들은 아래층으로 내려와 잠시 동석을 했다가 먹을 것을 가지고 다시 2층으로 올라갔다. 해리가 건너오다가 지도실 앞에 서자 내가 "도대체 전쟁은 어떻게 돼가는 거야?" 하고 물었다.

"엉망진창이야. 태평양 전역에서 완전히 패배해 버린 것 같고 전망은 갈수록 태산이야."라고 커피를 저어가며 방을 왔다갔다 하면서 초조해 하던 해리가 커피를 내려놓으며 대답했다.

"만일 미국인들이 따끔하게 정신을 차려야 할 때가 있다면 바로 이런 때일세." 하고 밥이 말했다.
"나는 이 연설문이 그것을 해냈으면 좋겠어. 우리가 방금 대통령을 만났을 때 느꼈던 것처럼 국민들이 대통령의 방안을 가득 채우고 있는 장엄한 정신력과 자신감을 들여다 볼 수만 있다면, 그들의 사기가 완전히 충전될 텐데."
"국민들이 그것을 직접 볼 수는 없는 일이지……. 그러나 나는 대통령을 믿어. 다음 월요일 대통령의 목소리를 들으면 국민들도 알게 될 걸세."
"그러나 우리가 일을 끝내지 않으면 그런 기대는 할 수 없는 걸세. 대통령이 다음 초안을 아침식사 시간까지 준비하라고 지시하셨네." 하고 내가 대답했다.

그레이스 탈리는 그녀의 사무실에서 지난 회의에서 대통령이 지적한 삽입 문구와 수정된 내용들을 타이핑하고 있었다. 그리고 이미 수정된 초안의 몇 부분은 'A, p. 2에 삽입', '15쪽에 B삽입' 등의 라벨을 붙여서 우리 앞에 놓고, 커피와 샌드위치를 가지고 다시 그녀의 사무실로 올라갔다. 우리도 커피를 마시며 놓고 간 새로운 삽입 부분을 훑어보았다. 우리는 1942년 워싱턴의 생일날 대통령이 전달하려고 하는 '난롯가의 담화문'을 준비하고 있었다.

"자 봅시다. 이게 벌써 여섯 번째 초안이야. 대통령이 수정하는 바람에 5쪽이 6쪽으로 되었고……."라며 내가 말했다. 바로 내 앞에는 대통령이 직접 지우고 수정한 본래의 5쪽이 놓여 있었다.

"정말이지 대통령은 이번 전쟁의 지리와 전략을 샅샅이 파악하고 계시는군." 하고 초안을 넘기며 내가 말했다.

"대통령은 1933년 은행위기를 타개했을 때처럼 이번 전쟁도 아주 단순하고 이해하기 쉽게 설명하고 계셔. 대통령이 담화를 하는 동안에 세계 지도를 펼쳐놓고 그가 지적하는 장소를 손으로 짚어보라고 하니 얼마나 기가 막힌 착상인가! 그래야만 국민들도 이 전쟁이 무엇을 의미하며 이에 따른 전략의 의미를 이해할 수 있지 않겠는가? 이제 월요일 아침에 신문들이 세계 지도를 인쇄해 내면 독자들도 대통령 담화 때 직접 지도를 볼 수 있겠군."

이 '난롯가의 담화'는 진주만이 공격을 당하던 1941년 12월 9일 이후 처음 있는 일이다. 미군들은 격전지마다 패배를 당하고 후퇴하고 있었다. 끝이 없는 참패 소식은 온 국민들을 패배와 절망 속으로 몰아넣고 있었다. 급기야 대통령은 이번 전쟁의 전 지구적 전략 연합군이 대치하고 있는 상황과 나쁜 소식의 원인 등에 대해서 설명하고, 미국 국민들뿐만 아니라 온 세계인들을 격려하고 승리와 해방을 얻어 낼 수 있다는 확신을 심어주기 위해서 이 담화를 구상하게 되었다.

대통령은 며칠 전에 이 담화문의 초안을 받아쓰게 한 후, 다섯 번의 초안이 나올 때까지 신중하게 검토하고 수정했다. 우리 세 사람은 각각 다섯 번째의 초안이 나오는 동안 계속 문구를 수정하고 삽입했다. 어떤 것은 다섯 번째의 초안까지 살아남았지만, 어떤 것은 처음부터 쓰레기통으로 들어가 버렸다.

"안됐네. 밥, 자네가 3쪽에 써 넣었던 내용이 잘려 나갔어. 대통령이 큰 소리로 읽었을 때는 괜찮던데……. 왜 그러셨을까?"하고 중얼거리며, 나는 샌드위치를 하나 더 집어 들었다.

"내 생각에는 그 내용이 너무 낙관적이고 너무 많은 약속을 했고, 좋은 소식을 너무 속히 가져다 줄 수 있는 것처럼 들리는 것을 염려하신 것 같아." 하고 해리가 소다수를 따르며 말했다.

"아마도 대통령이 분명히 하고 싶었던 이야기는 이 전쟁이야말로 세상에서 가장 잔인하고 끈질긴 적을 상대로 한 처절한 전쟁이라는 것을 미국 국민들로 하여금 알게 하고 싶은 것일 거야. 국민들로 하여금 그들이 직면하고 있는 이 사태의 심각성을 깨닫도록 하는 것이 그의 의도일 걸세."

해리가 이렇게 폭발적인 언어를 구사하며 설명했고 우리 모두는 해리의 노골적이고 직설적인 말투에 익숙해 있었다. 나는 이런 작업이 계속될 때마다 밀려드는 졸음을 쫓기 위해서 주로 상당량의 커피와 코카콜라를 마셨다. 밥과 해리는 버번 위스키가 본인들에게는 똑같은 효과가 있다고 주장했지만 이상하게도 다른 사람들에게는 졸음만 안겨주었다.

"생각해 보게. 어느 누구도 한 문장으로는 사기를 높이고, 다른 한 문장으로는 자신감을 갖게 하며, 동시에 낙관적인 연설문을 대통령 이상으로 잘 쓸 수는 없어. 나는 대통령의 판단이라면 무조건 받아들이겠어." 그러나 밥은 잘려 나간 문구가 아쉬운 듯 되풀이해서 읽으면서 "그 부분은 현란하도록 낙관적이었어. 혹시 내 연설문에라도 써먹을 수 있을 테니 일단은 보관해 둬야겠어."

그는 빙그레 웃었다. 그가 연설문 작성 작업에 참여한 지 겨우 1년이 좀 지나기는 했지만 그가 그렇게 몇 시간 동안 애써서 쓴 문구가 가차없이 순식간에 삭제되는 일에 이미 익숙해 있었다.

"어제 대통령이 받아쓰게 한 8쪽과 9쪽의 내용들을 삭제해서 아주 다행일세." 하고 초안을 읽으며 내가 말했다.

"설사 그들이 독일이나 일본이 우리를 침공할 여지가 없을 것이라고 말했다손 치더라도 옛날 고립주의자들에 대한 그런 식의 앙갚음은 지금 적절치 않아."

연설문을 만들기 위한 협동작업

우리의 열띤 토론은 계속되었다. "그런데 여기 오늘밤의 삽입문 D는 정말 좋지 않아. 일단 이 부분은 빼놓고 내일 아침 대통령을 설득해 보세." 하고 해리가 말했다. 내가 밥을 쳐다보니 그도 동조하는 듯했다. 그래서 나는 조심스럽게 다음 초안을 의논할 때 대통령에게 내놓으려고 서류철에 넣었다. 우리는 연설문에 담겨있는 모든 단어, 문구, 문장을 하나씩 살펴가며 처음부터 작업을 다시 시작했다. 이러는 동안에 각자가 서로에게 제안을 하면 우리 모두가 공감할 수 있는 좋은 아이디어가 떠오르기도 했다.

"밥, 그 부분을 자네가 몇 단락 더 확대해 보게. 그러는 동안에 대통령이 우리 보고 '삶아'(boil, 대통령이 즐겨 쓰는 말로서 문장을 줄이라는 표현) 보라고 한 부분을 내가 손대어 볼 테니." 하고 말했다.

밥은 노트와 만년필을 들고 테이블 끝으로 자리를 옮겼고, 나는 2층에 있는 탈리의 방으로 올라가 몇 분 동안 두 쪽을 줄인 새 내용을 받아쓰게 하였다. 해리는 그 동안 대통령이 저녁에 한 말을 참고로 하여 연설문의 다른 부분에 해당하는 몇 단락을 완성시켰다.

연설문이나 담화의 내용을 불문하고 우리의 협동적인 작업 모양은 대체로 대동소이했다. 밥은 그의 글쓰기가 끝나면 나에게 조용히 그의 글을 넘겨주고 해리와 나는 그 내용을 함께 검토했다. 우리가 OK를 하거나 '좋다'고 하면 그 내용이 들어갈 부분에 첨부해 놓는다.

또는 '다시 한 번 해봐' 하고 말할 경우가 있는데, 그것은 여러 부분 수정해야 될 요소가 있다는 것이다. 이런 일은 내가 그레이스에게 받아쓰게 한 내용에 대해서나, 또는 해리가 쓴 내용에 대해서도 가차없이 적용된다.

대통령이 직접 삽입한 내용도 똑같이 엄중한 검토의 대상이 된다. 어떤 때는 그가 쓴 언어를 바꾸거나 문장 전체를 버리는 경우도 있다. 혹시 우리가 합의를 보지 못하는 내용이 있으면 다음 날 대통령과 의논하기 위해서 메모를 남겨 두기도 한다. 어느 누구도 쓰인 연설문에 대한 저작권 행사를 한다는 것은 생각해 본 일이 없고, 어느 누구에 대한 트집이나 잔소리도 없었다.

우리 모두는 어떻게 하면 대통령이 마음에 담고 있는 생각, 의도, 목표를 가장 간결하고 강력하게 표현할 수 있는가에 대한 공통의 과제에 매달려 있었다. 우리의 과제를 최상으로 달성시키기 위해서라면 어떤 언어든지, 누구의 언어든지 상관할 바가 아니었다.

"여기 밥의 제안이 있는데 그런대로 OK야. 그런데 마샬 장군의 제안은 아주 훌륭하군." 하고 그날 저녁 나에게 들어온 제안문들을 돌리면서 내가 이야기했다.

세 사람의 동의를 거친 제안들은 다음 초록에 삽입하기로 했고, 지정된 쪽의 해당 부분에 붙여두었다. 먹지로 복사된 다섯 번째의 초안 여러 쪽을 모두 수정하고, 삽입 작업을 끝낸 다음에 대통령 전용 걸상 옆에 있는 부저를 눌렀다. 그 부저는 바로 집무실 옆방으로 연결되어 있었다.

집사가 들어와서 초본 6매를 다시 만들기 위해서 위층으로 가지고 올라갔다. 이 초본은 여섯 번째가 될 것이다. 일단 여섯 번째의 초본을 받으면 다시 한 장씩 한 장씩 다듬고 수정하고 삭제하고 더해서 곧장 이층으로 올려 보내 일곱 번째의 초본이 나오도록 한다.

바로 이틀 전에 대통령이 직접 불러준 긴 삽입 내용을 가지고 장시간 토론을 했다. 바로 내 앞에는 삽입문 D (페이지 표시도 없고, '적당한 곳에 첨가할 것'이라고만 쓰여 있는)가 놓여 있다. 그것은 바로 며칠 전에 어떻게 독일 전함 3 대가 영국해협에서 영국함대로부터 도주할 수 있었는가를 설명하고자 하는 내용이었다. 이 사건은 싱가폴이 함락되기 바로 전에 발생한 사건이었으며, 당시 영국이 당면했던 몇 가지 실패 중 하나였다.

처칠 수상과 영국 국민은 자괴감에 빠져 있었다. 루즈벨트는 어떻게 해서든지 영국 국민의 사기를 높여주고 싶었던 것이다. 그러나 대통령이 써놓은 것을 읽어보니 너무 변명에 가까운 문장이었고, 우리 중 아무도 그것을 받아들이지 않았다.

우리 나름대로의 토론을 끝냈지만, 대통령은 어떻게 해서라도 그 내용을 살리라고 몇 차례 지시했으므로 일단 대통령에게 우리의 생각을 말하기로 하였다. 그러나 대통령이 이미 처칠에게 영국함대의 실패 원인에 대해서 설명을 해주기로 약속했기 때문에 그 삽입구를 삭제하기로 하는 데 며칠이 걸렸다.

오후 2시가 되어서야 여섯 번째 초안을 올려 보내는 일을 끝냈다. 몇 분 후에 다시 아래층으로 내려온 원고를 가지고 일곱 번째의 초안 작업에 들어갔다.

해리가 요즈음 몸이 좀 불편하다고 물러나는 바람에 나와 밥이 일을 계속했다. 세 시경에 일곱 번째의 초안을 끝내고 커피와 샌드위치, 소다수, 그리고 버번을 큰 잔으로 한 잔 가득 따라서 마셨다.

일곱 번째의 초안은 봉합봉투에 넣어서 아침식사 때 대통령에게 전달되도록 경비실에 넘겨주었다. 다른 한 부는 해리가 읽도록 챙겨 두었고, 나머지는 모두 우리 서류가방에 넣고 백악관 전용 승용차로 여직원들을 집에 데려다 주도록 한 후, 우리의 작은 아파트가 되어 버린 윌라드 호텔을 향해 걸어갔다. 오늘 아침식사 때 이후, 처음 마셔보는 신선한 공기이다.

"내일 아침 식사할 때 한 번 더 살펴보세. 그리고 아침에 사무실에 도착하는 대로 곧장 사본을 하나 마샬 장군에게 보내야겠어."

하고 침대에 들면서 내가 말했다.

"좋아. 나도 이 긴 연설문에 걸맞은 좋은 결론을 하나 구상해 둔 게 있어." 하고 밥이 말했다.

대통령 연설의 힘과 영향

우리가 침대에 누워서 잠을 청하던 그날 밤, 일본의 잠수함 한 대가 켈리포니아 해변으로 향하고 있었다는 사실을 우리는 알지 못했다. 이 배는 루즈벨트 대통령이 연설을 하는 시각에 맞추어서 산타바바라 가까이 진입해서 중요하지 않은 아무 표적을 향해 발포하는 임무를 가지고 있었다.

루즈벨트 대통령의 연설 효과를 약화시켜서 '신문의 헤드라인을 잡는' 시도는 루즈벨트가 연설을 할 때마다 적들이 빈번히 사용하던 수법인데, 이는 그만큼 루즈벨트의 언변에는 힘이 있고 선전의 효과가 있다는 것을 적들도 높이 평가하고 있다는 증거이다. 이것이야말로 '환상적 집필'로 알려진 연마와 마력이다.

1942년에 이 역할은 그 전에는 모리, 타고웰, 존슨, 코코란, 코헨, 벌, 블릿, 리치버그, 하이, 맥나이시 등의 다른 이름들도 있었는데 이야기 전개 도중 가끔 등장할 것이다.

루즈벨트 주변에는 여러 사람들이 있었지만, 아마도 내가 제일 오랫동안 대통령과 일을 한 것 같다. 이미 1928년 그가 처음으로 뉴욕주지사 후보로 나섰을 때 그의 연설문 작성을 도왔던 일이 있다. 그리고 1945년 그가 임종하기 몇 주일 전 얄타회담에 대한 의회보고를 했을 때도 그와 함께 연설문을 작성했다.

1928년부터 1945년이라는 17년의 기간 동안 루즈벨트 대통령이 준비한 중요한 연설문이나 메시지 작성에 언제나 일익을 담당했다. 과연 대통령의 연설문 작성 준비에 조력한 사람들이 누구였는가를 아는 것이 그렇게도 중요한 일인가? 하고 의문을 던질 수도 있을 것이다.

일상적인 연설, 예를 들면 적십자사 기금 모금운동이나 국회에 대한 간단한 메시지 등은 중요하지 않다.

그러나 대통령의 중요한 연설은 거의 예외 없이 정책구상의 성격을 가지게 되며, 삽입과 수정이 반복되는 여러 차례의 초안이 준비되는 동안에 그 주변에서 조력하는 사람들은 그 정책의 방향을 결정하는 전략적 위치에 있기 마련이다. 간혹 초안은 그들이 직접 준비하는 경우도 있을 것이고, 그 안에는 중요한 정책적 진술이 담겨져 있을 수도 있다. 물론 대통령은 그 진술을 즉각 기각할 수도 있고, 실제로 그렇게 하는 것을 여러 차례 본 일이 있다.

그럼에도 불구하고 그 초안은 이미 대통령 앞에 물리적으로 놓여 있으므로 처음 초안을 준비한 당사자는 그들의 관점을 주장할 수 있는 아주 유리한 위치에 있었던 것이다. 그런데 하나의 정책이 채택되느냐 기각되느냐 하는 것은 어떤 용어와 문구, 의미와 강조의 차이를 어떻게 사용하느냐에 달려 있다. 하나의 정책을 제안하는 언어는 단호하고 솔직할 수도 있으며, 때로는 정책을 아주 불투명하게 둘러서 표현할 수도 있다.

예를 들어, 1939년과 1940년, 그리고 1941년 초엽 국무성 간부들이 대통령의 연설문 초안을 작성했더라면 연설의 전반적인 흐름이 조심스럽고 결단력이 부족해 보였을 것이다. 루즈벨트는 이 기간에 자기에게 국무성에서 넘어온 연설문의 초안들에 대해서 대단히 조급해 했고 여러 곳을 수정해서 재고해 보도록 돌려보냈다. 그는 연설문 작성자들이 너무 쉽게 '교활한 언어들'을 잘 사용한다고 생각했으며(이것은 F. D. 루즈벨트가 T. 루즈벨트로부터 빌려온 좋아하는 문구이다), 단서도 너무 많이 달았고, 외교문서처럼 과감하지도 못하다고 생각했다.

만일 전쟁기간에 대통령의 연설문 작성에 조력했던 사람들의 견해가 국무성의 견해와 일치했더라면, 그리고 대통령이 그 사람들을 계속 기용했더라면, 대통령의 연설에 나타나는 정신과 음영은 아주 달랐을 것이다. 아울러 대통령의 연설이 세계 정치에 미쳤던 영향 또한 아주 다르게 나타났을 것이다.

물론 나는 대통령의 연설문 작성자들이 그들의 생각이나 의사를 연설문 속에 포함시키려고 했다는 주장은 하지 않는다. 설사 그런 시도를 했다손 치더라도 성공하지 못했을 것이다. 우리는 언제나 대통령의 제안에 대한 비판이나 대안에 대하여 미리 알고 있었고, 이에 대한 기탄없는 토론이 뒤따랐다.

"이 원고에 있는 진술에 동의하지 않습니다."라고 경고를 하거나

"앤더슨은 이 단락이 경제를 통제하기에 충분하지 못하다고 생각하는군요."라고 하면,

"그 이유가 뭔데?" 하고 대통령이 반문하곤 한다. 그러면 우리는 앤더슨이 제시한 이유를 전달해 준다.

연설문의 최종 결정은 대통령의 몫

대통령은 경청하고 토론한다. 모든 반론이 제시되고 충분한 토론이 끝나면 대통령이 최종 결정을 한다. 그리고는 **"O.K! 이 초안에 있는 그대로 놔둡시다. 오늘밤에 생각을 좀 해볼 테니……."** 하고 지시하기도 한다. 또는 **"이렇게 하면 되겠는지 리온과 의논해 보세요."** 하고는 새로운 제안을 받아쓰게 한다. 그러나 최종 결정은 언제나 그만의 몫이다.

대통령은 어떤 새로운 제안에 대해서도 자신의 강한 견해를 가지고

있거나 아주 신속하게 새 안을 제시하곤 했다. 루즈벨트 대통령을 잘 아는 사람은 그가 얼마나 고집이 센 사람인가도 알고 있었다. 그가 가끔 연설문 집필팀을 교체한 이유는 그들이 가지고 있는 생각이 대통령 본인의 기본적인 신념과 너무 달랐기 때문이었다. 오랫동안 대통령 곁에 있던 사람들은 그가 절대로 양보하지 않는 기본적인 원칙을 가지고 있다는 것을 알고 있었다.

미국의 고립정책을 지지하던 수많은 연설문 작성자들은 1937년 이후의 외교정책에 관한 대통령의 견해를 절대로 바꿀 수 없다는 것을 알았을 것이다. 어느 누구도 사회보장안과 수력발전개발안에 대한 그의 기본적인 원칙을 정정하도록 설득할 수 없었다. 반면에 대통령 앞에서 무조건 "예, 예." 하는 사람들은 그의 연설문 작성에 아무런 쓸모가 없는 사람들이었을 것이다. 아마도 미국 대통령의 큰 과제 중의 하나는 무조건 '예스 맨'을 보좌관으로 발탁하지 않는 일일 것이다. 통찰력 있는 대통령은 그런 사람들이 도움은커녕 해가 될 뿐이라는 것을 잘 알고 있었다.

대통령의 큰 과제 중 하나는 무조건 "예, 예."하지 않는 보좌관을 발탁하는 것이다.

대통령이 보좌관들로부터 기대하는 것은 솔직담백함과 건설적인 비판과 대안제시 능력이다. 그저 고분고분한 사람은 무조건 대통령을 추종하고 그가 무슨 실수를 하든지 방관한다. 이러한 모든 원칙은 대통령의 연설문 작성자들에게도 똑같이 적용된다. 대통령이 문장으로 쏟아 내놓은 것은 신성불가침하고 비판을 받을 수 없다고 생각한다면 아예 짐을 싸들고 집으로 가는 편이 좋을 것이다. 그는 대통령에게 아무런 소용이 없을 것이다. 만일 대통령에게 도움이 되고 싶다면 부담없이 그를 비판할 수 있어야 하고, 때로는 대통령이 받아쓰게 한 내용이라도 과감히 폐기하자고 주장할 수도 있어야 한다. 루즈벨트 대통령은 이런 것을 잘 이해하고 있었기 때문에 우리로 하여금 그를 비판하고 논쟁하며, 사용한 언어와 아이디어를 변경하도록 적극적으로 제안할 것을 기대했다.

물론 때에 따라서 연설문을 작성하다 보면 찬성과 반대를 다 고려한 후에 대통령이 어떤 방향으로 결정을 해버린다. 그럴 때는 변경을 하도록 논쟁을 해봐야 별 실효가 없다. 우리는 대통령과 효과적으로 논쟁하는 비결도 터득했다. 우리는 가끔 초안이 세 번째쯤 수정될 때 전략적으로 후퇴한다. 그리고 여섯 번째 초안에 올라와서는 성공을 거둔다. 때로는 다섯 번째 수정원고에서 우리가 성공했다고 생각하고 있었을 때, 대통령이 밤새도록 생각을 하고 난 여섯 번째 초고에 가차없는 수정이 가해진 적도 있었다. 물론 최종 연설문이 나올 무렵에는 이러한 흔적은 하나도 찾아볼 수 없다.

언젠가 학자들이나 연구원들이 뉴욕 하이드 파크의 F. D. 루즈벨트 도서관에 소장되어 있는 연설문들을 연구의 대상으로 삼을 것으로 생각한다. 그곳에는 수많은 연설문들의 초안이 각 초안마다 어떻게 정밀하게 수정이 가해졌는지를 말해주는 자료들도 있을 것이다. 또 어떤 자료를 보면 앞부분에서 삭제되었던 단락이 다시 다음의 초본에 다시 등장하는 것을 볼 수도 있다. 이것은 대통령이 삭제했던 내용을 연설문 작성팀이 다시 삽입하고, 대통령으로 하여금 그 부분을 그대로 놓아두도록 설득시켰음을 보여준다.

우리는 때로는 목적을 달성하고 어떤 때는 실패한다. 이 책에서는 초안이 바뀔 때마다 어떻게 내용이 바뀌고 삽입되는가에 대한 추적을 시도하지는 않을 것이다. 일반 독자들에게 그것은 큰 관심사가 아닐 것이며, 더 많은 분량의 책이 필요할 것이다.

만일에 대통령의 연설문이 정책입안에 그렇게 큰 영향을 미친다면 왜 대통령이 직접 연설문을 쓰지 않는가? 왜 연설문 집필자들이 필요한 것인가? 아마도 이렇게 대답해 볼 수 있을 것이다. 대통령이 발표한 연설은 누가 어떤 형태로 조력을 하든지 간에 궁극적으로는 대통령의 의사인 것이다.

그는 연설문의 여러 부분, 어휘 등을 검토하고 또 검토한다. 그는 연설문의 내용을 분석하고 한 장 한 장 큰 소리로 읽어 보고 내용을 바꾸고 또 바꾸며 손수 써 넣거나 받아쓰게 하여 수정한다. 이렇게 여러 시간에 걸쳐서 연설문을 다듬는 과정 때문에 연설문을 들고 국민 앞에 설 때면 이미 내용을 외울 정도가 된다.

그런데 **"대통령이 아예 처음부터 책상 앞에 앉아서 손수 연설문을 집필했더라면 그야말로 그것은 대통령만의 것이 아니겠는가?"** 하고 질문을 바꾸어 던질 수도 있다. 대답은 의외로 간단하다.

"대통령의 하루는 그럴 만한 충분한 시간이 없다."

대통령의 연설문이나 메시지를 준비하는 데 어떤 것은 열흘 정도나 걸리고, 3일 이내에 끝낼 수 있는 경우는 거의 없었다. 연설문을 써내는 데 걸리는 실제의 시간을 말하는 것이 아니다. 하나의 연설문 준비를 위한 업무 지시가 내려오고, 읽어야 할 초안이 있으며, 관련된 정보와 자료를 수집해야 한다. 때로는 많은 사람들을 면접해야 한다.

메시지 하나를 작성하는 데도 대략 열 명 정도를 만나야 한다. 어떤 사람은 연설문 준비 단계에서, 또 어떤 사람은 연설문을 쓰는 단계에서 만나 필요한 정보를 얻어 내거나 제안된 정책에 대한 자문을 구해야 한다.

때때로 대통령은 연설문 전체를, 또는 어떤 단락을 해당 정부부처나 기관에 보내서 검토하도록 지시한다. 어떤 때는 대통령이 만족하기까지 연설문의 초안이 열 두세 차례 정도 다시 정리되기도 한다. 대통령이 수행해야 할 업무량은 막중하기 때문에 처음부터 연설문을 작성하기가 용이치 못하다. 실제로 중요한 연설문 준비에 몰두하다 보면 대통령의 계획은 하루 이틀 뒤로 밀려난다. 그러므로 이 책에서 이 사람, 저 사람 등등이 어느 특정한 연설문 작성에 조력했다고 말할 때, 밥 셔우드, 레이몰리, 또는 '나'라고 특정한 사람들을 지칭할 수 없다.

대통령 연설문 작성자가 1년에 몇 번씩 바뀌는 한이 있더라도 연설문은 언제나 루즈벨트의 것이다. 모든 연설문은 대통령의 성격, 신념, 정신, 심기를 표현해 준다. 누가 그를 조력했든지 간에 결과는 언제나 동일하다. 즉 연설문은 루즈벨트 자신의 의사이다. 내가 이 책에서 무엇을 집필하든지 이 기본적인 사실만은 분명하다는 것을 거듭 밝혀 둔다.

첫 번째 주지사 (1929년~1930년)

내가 우연히 연설문 작성과 인연을 갖게 된 것은 1928년 가을이었다. 그 때는 알프레드 E. 스미스가 뉴욕주지사였으며, 민주당 대통령 후보이기도 했다. 그는 루즈벨트가 민주당의 뉴욕주지사 후보가 되어 주기를 바랐다. 루즈벨트는 지난 15년 동안 주정부의 정치에 대해서 밀접하게 간여하지는 않았으나, 적어도 민주당 내에서는 상당히 인기가 좋았다. 그는 나름대로 좋은 평판을 얻고 있었으며, 뉴욕 주민들도 그에 대해 호감을 가지고 있었다.

그는 정치가로서는 더 바랄 것이 없는 명문가의 후광을 입고 있었다. 그는 북 뉴욕주 출신 신교도로서 뉴욕시 가톨릭 표를 대표하는 현 스미스 주지사를 싫어하는 표를 모으기에 아주 적합한 조건을 갖추고 있었다. 그는 일찍이 그의 정치 초년기에 뉴욕 상원의원 자리를 놓고 테미론에게 도전하여 성공을 거둔 바도 있다.

요컨대, 그를 지지하는 유권자층이 적절한 균형을 제공함으로써 그의 존재는 스미스 주지사로 하여금 대선주자로서 뉴욕주 밖에서도 표를 끌어들일 수 있는 가능성까지 높여주었다. 스미스 주지사가 루즈벨트에게 주지사로 출마해 주기를 간청했고, 그가 두 번씩이나 대통령으로 추대했던 스미스의 간청에 굴복하고 만 일화는 너무나 잘 알려져 있으므로 그 이야기는 여기서 반복하지 않는다.

루즈벨트는 뉴욕주 의회 내에서 양당이 어떤 입법활동을 전개하고 있는지 잘 모르고 있던 터라 그의 선거본부장이자 뉴욕주 하원의장인 모리스 블록에게 그와 함께 선거유세를 다니면서 의회활동에 대한 자세한 정보를 제공할 사람, 그리고 그의 선거유세 중 필요한 연설문을 쓸 사람을 구해달라고 요청했다.

블록은 나[1]를 추천했고, 나중에 알게 된 일이지만 오랫동안 주지사

---

1) 사뮤엘 어빙 로즈만(Samuel Irving Roseman) : 그는 예외적으로 기록에 남을 만큼 공직생활에 헌신했던 미국의 한 법관으로서 그가 몸 바쳤던 공직생활은 그의 조국에만 국한된 것이 아니라 1940~1941년간 세계의 자유와 평화를 위해 분연히 일어났던 영 연방과 대영제국을 포함한다. 그는 1896년 텍사스주 산 안토니오에서 태어났으며, 콜롬비아 대학에서 수학한 후, 콜롬비아 법과대학을 거쳐 뉴욕에서 법률 업무를 시작했다.
그는 고등법원에 사표를 내고 고등법원 판사 급여의 반밖에 되지 않으며, 영구적인 신분보장도 되지 않는 대통령 보좌관이 되었다. 그의 삶에 있어서 루즈벨트 대통령에 대한 헌신과 충성 이상으로 더 중요한 것은 없었으며, 자신의 안녕과 윤택한 삶 등의 고려대상은 추호도 안중에 없었다. 이러한 충성심은 대통령이 큰 실책을 범할 것이라고 판단되는 상황 하에서 더욱 과감하게 표출되었다.

의 조언자였던 모스코위츠 부인도 나를 추천했다고 한다. 뉴욕주 의원으로서 5년 동안, 그리고 법률초안작성위원회의 위원으로 3년 동안 일하면서 나는 주의회가 소재해 있던 알바니의 최근 입법활동과 정치적 역사에 대하여 상당히 많은 것을 알고 있었다.

루즈벨트의 진보적 배경

그러나 주의회에 나가기 위한 나 자신의 선거연설문과 의원으로 활약하던 1921년~1925년에 공식연설문을 써 본 경험을 제외한다면 다른 연설문들은 거의 모두가 '즉흥적'이었다. 그리고 대학 시절의 웅변활동을 제외하고는 실토하건대, 연설문 작성에 대한 경험이란 하나도 없었다.

1928년 이전 10여 년 동안 보수당인 공화당이 주도한 의회는 자유적인 정책을 대변하는 스미스 주지사와 거의 언제나 갈등관계에 있었고, 루즈벨트는 누가 설명하지 않아도 자유주의적이고 진보적이었기 때문에 우리의 선거전략은 아주 노골적인 색채를 분명히 띠고 있었다.

나는 루즈벨트의 곁에 그렇게 오랫동안 가까이 있었음에도 불구하고 그의 자유주의적인 기백이 어디서부터 기인하는 것인지 알아낼 도리가 없었다. 그의 가정환경, 교육, 삶의 경험이 그의 자유주의적인 기백을 설명해 줄 수 있겠는가?

그는 아주 부유한 귀족 집안에 태어났고, 허드슨 강 계곡의 귀족적인 환경에서 개인 교수에게 교육을 받았다. 그는 그 지역 최대의 명문인 예비학교에서 교육을 받았으며, 하버드 재학 시절에도 최고의 클럽 회원권을 가지고 있었다. 그의 가족이나 친지들은 거의 예외 없이 특권 보수층에 속했다.

루즈벨트가 28세 되던 1910년 그가 상원에 출마했을 때 모든 사람들은 그가 정치적으로 극우파이거나 최소한 의심할 여지없는 보수정객일 것이라고 생각했다.

나는 그의 자유주의적 기질이 어떻게 그렇게 일찍이 어디로부터 연유되었는지를 알아보려고 그의 대학 시절, 뉴욕의 동부에서 주력했던 변호사 생활, 그리고 다저스 카운티의 농촌까지 꼼꼼히 살펴보았다. 나는 루즈벨트에게 직접 또는 그의 친지나 가족들에게 물어보기도 했다. 그런데도 만족할 만한 해답은 얻어내지 못했다. 나는 외적인 요인은 없다는 결론을 내렸다.

그는 본래 자유주의적인 기질을 가지고 태어났으며, 그의 영혼과 심장 속에, 인간에 대한 애정, 그의 독특한 사회정의감, 탐욕과 약자를 수탈하는 자에 대한 증오 속에, 약자에게 군림하는 자가 히틀러이든지 무쏠리니든지 간에 독재자에 대한 경멸과, 노동착취를 일삼는 공장의 주인, 그리고 아동의 노동을 착취하는 자들에 대한 경멸 속에 그의 자유주의적인 정신은 뿌리를 내리고 있었다.

물론 그의 집안 어른이었던 T. 루즈벨트에 대한 무한한 존경심, 윌슨 대통령을 통해서 얻은 값진 경험, 그리고 그가 행정부에 간여했던 자유주의적인 정치가들과 교분을 쌓으면서 루즈벨트가 가지고 있던 본래의 진보적인 기백이 더 강해진 것이 사실일 것이다.

나는 그가 나중에 소아마비로 인한 신체적 장애의 고통과 아픔을 오랫동안 몸소 체험하는 과정에서 굶주린 자와 병약한 자들의 고통에 대해 깊게 이해하였으며, 빈곤과 무지, 사회 부조리로 인해 피해 입은 사람들에 대한 적극적인 관심을 갖게 되었다고 단언할 수 있다.

루즈벨트와 연설문 집필자의 첫 만남

그가 진보주의적인 인사라는 소문은 익히 들어서 알고 있었지만, 처음 그를 만났을 때 과연 그가 어느 정도나 진보적인지는 알 수가 없었다. 나는 이미 스미스 주지사를 위해서 일한 적이 있었기 때문에 솔직히 말해서 '루즈벨트는 스미스를 추종하던 자유주의자들에게는 실망을 줄 사람이 아니겠나' 하는 염려도 있었다. 그러나 나는 루즈벨트 본인과 그의 가족에 대해서 잘 알고부터는 다소 회의적이 아닐 수 없었다. 선거유세전에 참여하게 되었다는 전갈을 받는 즉시, 나는 필요할 것이라고 생각되는 자료들을 정리하기 시작했다.

1928년 루즈벨트의 주지사 유세 때 대두되었던 선거의 쟁점들은 몇 년 후 대통령 유세 때의 쟁점들과 거의 유사했다. 대체로 선거의 쟁점들은 노동 입법, 노령 연금, 실업 보험 등 기타 사회보장과 관련된 여러 사안을 주축으로 하여 주택 개선, 교육과 건강, 수력발전시설의 개발과 기타 천연자원의 개발, 일반 법률행정, 농가재난구조, 최저임금제의 도입, 공익사업의 규제, 저렴한 전기공급 등에 관한 것이었다.

나는 커다란 마닐라 파일에 주제별로 자료를 따로따로 정리하고 라벨을 붙였다. 나중에 보니 이렇게 차곡차곡 정리된 서류들이 옷가방 몇 개를 가득 채웠다. 내가 이렇게 별로 중요하지도 않을 것 같은 일들을 가지고 길게 늘어놓는 이유는 루즈벨트가 정리해 놓은 이 자료들을 보고 대단히 흡족해했다는 것을 강조하기 위해서이다.

이들 서류정리를 얼마나 잘 기억했던지 8년 후에 대통령 재선을 위한 첫 유세를 시작할 때도 서류들을 크기와 색깔까지 옛날 그대로 정리하라고 지시했다.

나는 루즈벨트가 성격상 자료들을 개별적으로 분리할 만큼 정리 정돈을 좋아하는 사람이 아니었기 때문에 잘 정리된 자료가 얼마나 유용한가를 깨달을 수 있는 기회를 주었던 것 같다. 우리는 그 해 10월 17일 뉴욕시에서 호보켄을 바로 건너서 뉴욕주의 여러 행정구역을 거쳐 에리역까지 커버하는 선거유세를 시작했다.

나는 딱 한 번 루즈벨트가 선거유세를 하는 모습을 본 적이 있다. 그 때는 4년 전 메디슨 스퀘어 광장에서 소아마비로 완전히 불구가 된 다리를 이끌고도 씩씩하게 스미스 주지사의 대통령 지명 선거유세를 도울 때였다. 나는 그 때 3층 발코니의 위층 휴게실에서 그를 멀리서 건너다보았고, 이 운명적인 1928년이 되기 전에는 나와 앞으로 오랜 세월을 함께 보내야 할 이 사람을 만나 본 적이 없었다.

그는 강물을 내려다보며 담배를 피우면서 담소를 나누고 있었다. 모리스 블록이 나를 데리고 가서 그와 악수를 하도록 했다. 나는 그 때 서른 두 살의 젊은이였으나, 이미 지난 8년 동안 지방의회 관청에서 일한 경험이 있었다. 내가 아는 주지사라고는 스미스밖에 없었다. 그런데 이 사람은 달랐다. 행동부터 연설, 성격 등이 아주 독특한 사람이었다. 그는 꾸밈없는 사람이면서도 그 점을 아주 우락부락하게 나타냈다. 그는 세련된 말투와 억양을 겸비한 흠잡을 데가 없는 영어를 구사했다.

그는 혜성처럼 나타난 입지전적인 인물은 아니었고, 몸에 잘 어울리는 트위드 양복을 편하게 걸쳐 입고 융 모자를 쓴 품위있는 농촌 신사였다. 그는 아주 친근했다. 그러나 동시에 어떤 형태의 허물이라도 감히 넘볼 수 없는 분명한 위엄을 유지하고 있었다. 나는 과거에 간혹 그가 바람둥이라든가 쓸모없는 인간이라든가, 약점도 많고 무능하다는 험담을 들은 적도 있었다.

내가 만나게 될 사람이 이런 사람일 것이라는 생각도 했었다. 그러나 그의 넓은 턱과 밀어 올려진 턱 끝, 그리고 심장을 꿰뚫어 보듯 섬광이 번쩍이는 눈, 믿음직스러운 큰 손 등은 그에 대한 나쁜 소문과 어울리지 않았다. 그가 처음으로 대통령으로 취임했던 1933년 '경이로운 100일'이 경과할 때까지도 그에 대한 추문이 완전히 사라진 것은 아니었지만, 적어도 내가 생각하기에 그러한 이야기들은 일주일도 채 안되어 허무맹랑한 이야기임이 증명되었다.

나는 처음 루즈벨트를 만났을 때 그에게 거리를 두었고 무관심했다. 결국 나는 그에게 도움이 될 수 있는 자료를 제공하는 일만 해주면 그만이었다. 내가 그의 연설문을 작성하는 데 하등의 어떤 조력을 해야 할 의무는 없었다. 나는 스미스 주지사 밑에 있을 때 한 두 차례 연설문을 썼던 적은 있다. 그러나 스미스 주지사는 거의 언제나 그가 손에 들고 있는 메모를 보아가면서 꼬박꼬박 읽어 주었다.

그런데 몇 주가 지나는 동안에 루즈벨트의 따듯하고 사근사근한 성격, 친근성, 그리고 허물없는 매너가 나의 마음을 끌었다. 루즈벨트와 가까이 일했던 사람들은 거의 누구나 비슷한 경험을 했던 것 같다. 루즈벨트는 사람들을 좋아했고, 사람들도 그에게 호의로 대했다. 나룻배에서 만났던 이후로 그는 근 3일 동안 나를 완전히 외면했고 혼자서 좋은 날씨만을 즐기는 듯했다.

우리가 선거 유세에 나갔던 지역들, 그러니까 뉴욕주와 펜실바니아주의 경계구역들은 공화당이 아주 강한 지역이었다. 특히 지역 중의 한 곳은 큐클럭스 클랜(Ku Klux Klan)의 본거지였다. 루즈벨트의 1928년 유세의 첫 연설은 바로 그 지역에 있는 빙햄튼시에서였다. 연설의 주제는 스미스 주지사의 대통령 출마를 가로막고 있는 종교적 편견을 규탄하는 즉석의, 그러나 결정적인 연설이었다.

그 후 3일 동안 그 지역을 지나갈 때 전적으로 스미스 주지사를 지지하는 연설만으로 일관했다. 간혹 한두 차례 정도 그가 자신 있게 언급할 수 있는 농업이나 지방정부 농림 등에 관한 주(州)의 관심사에 대해서 연설을 한 적은 있다. 그러나 그 연설들은 거의 모두가 즉흥적인 것이었기 때문에, 버펄로에 도착할 무렵엔 붉은 봉투에 챙겨 온 자료들은 '이제 쓸모가 없겠구나.' 하고 생각할 정도였다.

버펄로에 도착했을 때 블록으로부터 전보가 왔다. **"루즈벨트에게 대통령이 아니고 주지사에 출마하고 있다는 사실을 인식시키게. 그리고 뉴욕주와 관련된 문제에 관해서만 연설하도록 하게."**라는 내용이었다. 다행히도 나는 루즈벨트 후보에게 이 전문을 보여줄 필요도 없었고, 아마 감히 그 전문을 들이밀지도 못했을 것이다.

왜냐하면 우리가 버펄로에 도착했을 때, 루즈벨트는 다음 날 저녁에는 노동문제에 대한 연설을 하겠다는 얘기를 했기 때문이다. '이제부터 나도 쓸모가 있겠구나' 하고 생각하기 시작했다.

"노동문제에 관한 여러 파일을 가지고 있는데요." 하고 내가 말했다.

"그 주제야말로 밤새도록 공화당 지도자들을 깎아 내릴 수 있는 주제로구먼."

나는 서둘러서 큰 가방 속에서 여러 개의 서류 봉투를 끄집어내어 루즈벨트 앞에 내놓았다. 그는 조용히 담배를 피우면서 오른쪽 주먹으로는 그의 턱을 바친 채 한동안 자료들을 검토했다. 바로 이 모습은 그 후에도 내가 수천 번 이상 보게 되는 장면이었다.

그는 서류를 검토할 때 아무 말도 하지 않았고 방해받는 것을 싫어했다. 그가 읽는 속도는 빠른 것 같은데 어떤 때는 하도 빨리 페이지를 넘기니까 '과연 읽기는 하는 것인가' 하는 의구심이 생기게 할 때도 있었다.

그러나 읽은 내용에 대해서 이야기를 시작하면 읽은 내용을 충분히 소화하고 있다는 것을 알게 된다. 그는 대개 그가 필요로 하는 정보를 구두로 받기를 좋아했고, 그래야만 중간에 의문이 나면 질문을 던질 수 있었다. 그렇게 하는 것이 핵심을 잡기 쉬웠던 것 같다. 그러나 그가 너무 바쁘거나 사람들을 만나기 싫을 때는 그가 편리한 시간에 침대에서나 약속 중간에, 또는 점심시간에 틈틈이 읽을 수 있는 메모를 요청했다.

자료의 검토가 끝나면 나에게 파일을 넘겨주었다. 나는 그가 필기도구를 챙겨서 전달하고 싶은 내용의 개요를 정리하거나 기록하는 것을 본 적이 있다. 그가 연설문을 준비할 시간은 그날 저녁과 내일밖에는 없다. 그리고 그가 연설문에서 다루어야 할 주제는 그에게 익숙한 농촌문제나 국가적인 사안이 아니라 아주 생소한 분야라는 것을 나는 알고 있었다.

"샘!"(그는 항상 첫 대면 후에는 동료들의 이름을 부른다) 지금 나가서 지방 정치인 동료들을 만나야 해. 저녁 내내 꼼짝 못할 것 같은데 내일 저녁 연설에서 무슨 말을 했으면 좋을지 한번 생각해봐. 그리고 내일 그 초안을 나한테 주면 좋겠네. 그러면 내일 함께 검토해 보기로 하세."

하고 말했다.

그는 수행비서에게 휠체어를 가져오라고 해서 침실로 가면서 격려하는 표정으로 미소를 건네는 것을 보니 틀림없이 내 얼굴에 쓰인 깜짝 놀란 표정을 보았던 모양이다. 휠체어를 밀고 나가면서 한 마디 더 건넸다.

"밤늦도록 고생하지 말고, 할 수 있는 데까지만 해봐."

"특별히 강조해야 될 부분이 있나요?" 하고 초조한 표정으로 휠체어를 따라가며 내가 물었다.

"아니야. 그냥 생각 좀 해봐. 어차피 내일 아침에 내가 다시 봐야 하니까."

그리고 적어도 한동안은 이제 연설에 관한 생각이 그 마음에서 떠나버렸다. 나는 상당히 염려스러운 생각을 하면서 서류들을 집어 들고 내 방으로 올라갔다. 아직 나를 잘 알지도 못하면서 그렇게 중요한 일을 맡기는 루즈벨트를 나는 내심 못마땅하게 생각했다.

나는 난생 처음으로 혼자 연설문을 쓰는 작업에 임하게 되었고, 사실 좀 초조하고 걱정스럽기도 했다. 내가 정리해 둔 자료들을 가지고 내 침실의 작은 책상 앞에 앉았다. 언제나 그랬지만 – 정말이지 시작이 어려웠다. 어떻게 연설문을 써야 된다는 지시도 없었고, 스미스 후보로부터 어떠한 귀띔도 없었다. 나중에는 이러한 상황에 익숙해졌지만, 그때는 참 이상하다는 생각이 들었다.

나는 루즈벨트의 스타일에 대해서 아는 것이 없었다. 지난 며칠 동안 그에 대해서 들은 것이라곤 그의 연설은 즉흥적이고 소탈하다는 것뿐이다. 내가 참고 자료로 사용했던 것은 1924년 스미스 주지사 대통령 지명 연설로 그가 쓴, 유명한 '행복한 투사'라는 연설문이었으며, 당시 스미스를 대통령으로 지명하는 1928년의 연설문이었다.

나는 이 자료들을 참고로 루즈벨트의 연설 스타일을 알아보려고 했다. 그리고 초조하기는 했지만 작업을 시작했다.

나는 지난 10년 동안 공화당 후보들이 노동운동에 어떤 약속을 했으며, 어떻게 그 약속들을 파기했는가를 일목요연하게 정리했다. 나는 민주당이 노동운동에 무엇을 공약하고 그 공약들을 어떻게 실천했는가를 보여 주는 리스트를 만들었다. 나는 모든 자료를 가지고 있었기 때문에 이러한 문건을 만드는 것이 어렵지 않았다. 그러나 다시 읽어보니 너무 단조로웠다.

나는 다음 초안을 쓸 때 좀 더 활기를 불어 넣어야 되겠다고 생각했다. 그러나 마지막 초안을 작성해서 루즈벨트의 침실 방문으로 밀어 넣고, 새벽이 다 되어 잠자리에 누우려니 나의 연설문 작성 첫 시도가 도무지 마음에 들지 않았다.

루즈벨트가 아침 식사를 함께 하자는 전갈을 보내왔다. 침실에 들어가 보니 그는 침대에 곧은 자세로 앉아서 연설문 초안을 읽고 있었다. 그는 나에게 인사를 보냈고 담뱃대로 내가 앉을 걸상을 가리키며 계속 읽고 있었다. 이 시간이 한없이 길다고 느껴졌다. 그는 연설문 초안을 침대에 내려놓고는 서둘러 아침 식사를 시작했다. 아침상은 쟁반에 차려져 있었고, 나에게도 어서 들라고 했다.

"연설문 속에는 우리가 해야 될 말들이 다 들어 있구먼. 그리고 상당히 좋은데 좀 지루해. 아주 내용이 좋아서 그 내용을 거의 다 연설에 쓸 수 있겠어. 이제 이 연설문에 광을 내야 하겠고, 좀 지루한 통계자료는 빼도 되겠어. 아침식사 후 속기사를 불러 작업을 시키도록 하지."

괜찮은 평가를 받은 셈이다. 그리고 일부러 내 기분을 좋게 해주려는 시도는 없었으나 잘 되었다고 생각되는 부분은 그대로 인정해 주었다. 이것이 언제나 루즈벨트가 일하는 방식이었고 나는 그의 이런 점에 점점 익숙해졌다.

"내 생각일세만……. 요즘 세상 돌아가는 걸 보면 1911년, 1912년, 내가 상원에 있을 때와 별로 다를 것이 없는 것 같아."

하고 회고하듯 말했다.

"그때는 알 스미스, 밥 와그너, 짐 훨리도 상원에서 나와 마찬가지로 사회, 노동, 입법을 통과시키려고 애들을 많이 썼지. 그때 당시 사람들이 우리를 사회주의자, 급진주의자라고 불러대던 기억이 나는군. 아들이 사회주의자가 되어버렸다는 생각을 하며 우리 어머니가 얼마나 상심했었던가 하는 생각이 나는군."

그의 어머니에 대한 추억은 수년 후 그의 정책이 간혹 '사회주의적이다, 공산주의식이다' 하는 공격을 받을 때마다 그가 즐겨 회상하는 주제이었다. 1911년에 사회주의자라고 비난받던 정책이 1928년에 와서는 완전한 미국주의(Americanism)가 되었다. 마찬가지로 소위 본질적으로 '공산주의와 급진주의'적인 것이 1933년에는 뉴딜(New Deal)이 되었고, 심지어는 1944년 공화당의 정치적 이념의 발판이 되었다.

"이번 연설에서는 '기발한 발상'을 활용해야 되겠어." 하고 그가 말했다. —여기에서 '기발한 발상'이라고 하는 것은 루즈벨트 자신의 기발한 발상은 물론 다른 사람의 발상까지도 모두 포함한다.— 아침식사가 끝나자 연설문에 부분적인 삽입과 수정을 하도록 불러준다.

나는 하나의 연설문이 어떻게 작성되며 활기를 불어 넣는가에 대한 첫 수업을 속기사에게 받은 셈이다. 예를 들면 공화당이 어떻게 노조에 대한 공약을 이행하지 않았는가에 대한 나의 길고 지루한 논문 같은 연설문 앞부분에 아래와 같은 현란한 문장을 덧붙이도록 했다.

"저는 오늘 저녁 노동문제에 대한 모든 사실을 털어 놓겠습니다. 제 속마음과 여러분 속마음의 흉금을 다 털어놓고 뉴욕주의 역사 속으로 들어가 봅시다. 뉴욕 공화당 지도자들의 우편함 어딘가에는 적어도 20, 30년 전의 날인이 찍힌 케케묵어 다 헤진 커다란 봉투가 있을 것입니다.

이 봉투에는 '노동운동에 대한 공약'이라는 커다란 글자가 새겨져 있습니다. 그런데 이 봉투 안을 자세히 들여다보면 매 2년을 간격으로 해서 수년간 가장 탁월한 공화당 지도자들의 생각을 정리한 문건들이 차곡차곡 정리되어 있습니다. 다시 공약들을 한 장 한 장 살펴보면 그 내용들이 서로 해마다 같은 것을 중복해 놓은 것뿐이라는 것입니다. 아무리 문건들을 들쳐보아도 '공약이행'이라는 글귀가 쓰인 봉투는 찾아볼 수가 없습니다."

이곳저곳에 가필을 한 후 미안한 표정으로 돌아앉으면서 말했다.

"완고한 종교 광신자들도 한번 따끔하게 다루어야 될 것 같아. 만일 알프레드가 공격을 당한다면 나는 이렇게 응수하겠어. 우리 선거참모들 중에도 내가 종교 문제를 다루는 것을 꺼려하는 친구들이 있는 걸 알고 있어. 하지만 내 최고의 관심사는 다른 무엇보다도 알프레드를 당선시키는 거야."

그러고 나서는 제 1 차 세계대전 중 부상병들이 들것에 실려서 후방으로 이송되던 장면을 연상하는 감동적인 그의 경험을 속기사가 받아쓰도록 불러준다.

"이상하게도 그때 그 시절 사람들은 부상당한 미군들이 속해 있는 교단에 아무것도 요청하지 않은 것 같습니다. 저는 여러분들에게 꾸밈없이, 그리고 진지하게 말씀드립니다만, 만일에 유권자 여러분 중에 지금으로부터 10년 전으로 우리의 마음을 돌이켜 볼 수 있다면, 만일에 내가 목격했던 광경을 본 사람들이 있다면, 이 나라가 감수해야 했던 역경을 생각할 수 있다면, 그리고 그 시절에 우리보다도 더 큰 어려움을 감수해야 했던 독일, 영국, 폴란드, 프랑스, 오스트리아를 생각해 본다면, 또한 이러한 모든 것을 생각해 본 후에도 미합중국 헌법의 정신에 위배되는 편견의 자세로 이번 선거에 투표를 하겠다는 생각을 가지고 계신 유권자가 있다면, 분명히 말씀드립니다만 하나님께서 여러분의 가엾은 영혼을 보살펴 주시기를 기도하겠습니다."

오늘 내가 이 부분을 다시 읽어보니 15년 후 국가적 위기가 더 극심했던 제 2 차 세계대전 중에 종교적 편견과 인종차별에 대해 연설했던 내용과 거의 비슷하다는 사실에 좀 놀랐다. 그날 초안마다 한 단어 한 단어 살펴가면서 꼼꼼하게 검토했다. 마지막 초안이 완성되었을 때 내가 집어넣었던 문장과 단락이 그대로 남아 있어서 얼마나 자랑스럽고 만족했는지 모른다. 그러나 많은 부분이 쓰레기 통으로 직행했고, 새 내용이 첨가되었던 것도 사실이다.

나는 그날 밤 커다란 회의장 뒤쪽에 서서 그의 연설을 들었다. 박수가 쏟아져 나왔을 때 나는 연설자보다도 더 의기양양해졌다. 연설 내용 중 중요한 부분이 튀어나오면 그 문구 하나 때문에 얼마나 많은 토론을 하고 수정을 했던가 하는 생각이 떠올랐다. 나는 연설문의 모든 내용을 암기할 정도였지만 생전 처음 듣는 것처럼 한 마디 한 마디를 경청했다. 아마도 나 이상으로 열정적인 박수를 치는 사람은 없었던 것 같다.

이런 일은 그 후에도 여러 번 두고두고 반복되었지만 처음 연설을 들었을 때의 감격은 절대로 잊을 수가 없었다.

세월이 흐른 후에도 내 아내는 가끔 내가 잘 알고 있던 문구에 대해 황홀하도록 집중하는 것을 보고 놀려대던 기억이 난다. 나는 루즈벨트의 연설문 작성에 조력하던 다른 사람들을 관찰하기도 했는데, 그들의 반응도 마찬가지였다. 나는 가끔 루즈벨트가 말을 하면 실제로 그 말들을 입술로 반복하던 셔우드 모습이 생각나기도 한다.

그날 저녁 연설이 있은 후 루즈벨트와 그의 몇몇 지역 정치가 친구들과 함께 간단한 저녁식사에 참석했다. 그의 연설을 칭찬했고, 어떤 사람은 연설의 구체적 내용을 집어가면서 이야기했다. 나도 그가 아주 훌륭하게 연설을 잘했노라고 칭찬을 하러 올라갔었다. 주변의 사람들이 모두 돌아가고 루즈벨트가 잠자리에 들면서,

"샘, 이번에 아주 일을 잘했네." 하고 말했다.

밤잠을 못자면서 준비한 연설문에 대한 보답이라고 생각했다. 그러나 연설문에 관한 사치스러운 회상과 대화는 오래가지 못했다.

"그러면 로체스터에서는 어떤 주제로 연설을 할까?"

하고 루즈벨트가 혼잣말을 했다.

나는 자기만족에서 깨어났고 오늘밤 잠들기 전에 해야 할 일이 산적해 있다는 것을 깨달았다. 잠시 의논을 한 후 주제를 정했다. 그는 가벼운 마음으로 잠자리에 들었고, 나도 이번에는 자신감이 좀 생겨서 내 방으로 건너가 다음 날 저녁의 연설문 초안작업을 시작했다. 이번 선거유세는 아주 힘든 점이 있었다.

이틀 동안 기차로 여행한 후 루즈벨트는 남은 여정을 자동차로 하겠노라고 결정했다. 자동차로 선거운동을 하게 되면 기차로는 갈 수 없는 선거구 내의 여러 동네와 지역을 다 방문할 수 있다는 장점 때문이었다. 두 대의 대형 버스가 자동차를 따라다녔다. 한 대는 루즈벨트의 유세를 취재하는 취재단이 썼고, 다른 한 대에는 속기사들, 등사기 사원들과 그에 따르는 장비를 싣고 있었다. 실제로 루즈벨트의 연설은 버스가 달리는 중에 타이핑되고 인쇄되어서 취재단에게 나누어 주어야 했다.

일단 한 도시에서 연설문이 전달되면 나는 곧장 다음날 저녁에 전달할 연설문의 초안을 준비했다. 이 초안은 다음 날 아침식사 시간에 루즈벨트와 내가 함께 검토할 수 있도록 준비되어야만 했다. 아침식사가 끝나면 다음 도시를 향해서 자동차와 버스의 행렬이 출발한다.

나는 타자기가 있는 버스를 타고 루즈벨트가 건네 준 삽입문구와 수정안을 가지고 연설문 초안을 작성한다. 한 장 한 장 끝날 때마다 타이피스트에게 건네주면 버스가 달리는 동안 새 초안이 준비된다. 시골길을 갈 때 이런 작업을 한다는 것은 쉬운 일이 아니다. 간혹 루즈벨트가 마을 사람들과 일정에도 없는 대화를 나누게 되면 이 자동차 행렬은 마을의 한가운데 정차해 버린다.

루즈벨트는 자동차에 앉은 채 담소를 나누고 악수를 한다. 나는 이런 기회가 올 때마다 그의 차에 올라 아침식사 때 의논했던 내용들을 내가 어떻게 수정했고 삽입해 넣었는가를 의논한다. 어떤 때는 차를 멈추고 초안의 원고지에 직접 가필을 하거나 속기사를 불러서 새로운 내용을 받아쓰도록 하기도 했다. 이런 작업이 끝나면 나는 곧장 버스로 되돌아가서 다음 초안 준비에 몰두했다.

복잡한 사안에 대한 빠른 이해

우리는 대개 지역 정치인들이 주선해 놓은 점심식사를 하기 위해 작은 마을이나 소도시에 한 시간 정도 멈추곤 했다. 점심식사 후에 그가 즉흥 연설을 하는 동안 우리는 각자의 방으로 가서 다음 연설의 초안작성 작업에 몰두했다. 다시 출발하면 나는 작업실 버스에 올라타서 그날 저녁에 발표할 연설문 작성과 취재진을 위한 100매 이상의 연설문 등사작업을 진두지휘했다.

사실 신체장애를 가진 사람으로서 이렇게 무리한 선거유세를 이끌어 나간다는 것은 쉬운 일이 아니었다. 단순히 자동차에 타고 내리고 호텔을 드나드는 것만 해도 신체적으로 보통일이 아니었다. 낮 동안에는 자동차 뒤에 서서 연설을 했다. 연설을 하기 위해서 일어났다 앉았다 하는 것은 장애가 없는 사람이 하루 종일 해내는 운동량에 버금갔다.

그는 혼자서 층계를 오를 수 없었기 때문에 우리는 그가 탄 휠체어를 층계 위로 들고 올라갔다가 내려와야만 했다. 그는 이 비참한 과정을 미소를 지으며 담담히 넘기곤 했다.

그는 절대로 신경을 곤두세우지 않았다. 휠체어를 내려놓으면 옷매무세를 고치고 조용히 미소를 지으며 연설을 하러 단상으로 향했다. 나는 그의 체력뿐만 아니라 그의 용기에 감탄하곤 했다.

나는 그의 곁에서 일했던 몇 년 후에도 그의 체력과 용기를 여러 차례 목격할 수 있었다. 그러나 그에 대한 나의 놀라움이나 존경심이 줄어들 줄을 몰랐다. 유세 여행이 계속되는 동안 그에 대한 나의 존경심은 더욱 강렬해졌다.

나는 루즈벨트처럼 복잡한 사안에 대한 이해를 그렇게 빨리하는 사람을 만나본 적이 없다. 그는 어떤 사실에 대한 간략한 설명을 경청한 후에 그 내용을 연설문으로 받아 적게 하거나, 아예 그 자리에서 곧바로 연설대로 가거나, 연회석상에서 그 문제에 대하여 거의 평생 동안 알고 있었던 것처럼 청중들에게 이야기해 버린다. 나는 시라큐스에서 연설의 부분적인 내용들을 어떻게 서로 얽어내어 극적인 핵심 주제로 발전시키는가에 대한 교훈을 하나 배웠다.

루즈벨트는 연설의 주제를 수력발전으로 잡았다. 나는 공화당원들이 얼마나 집요하게 몇 차례에 걸쳐 수력발전을 민간 기업에 넘겨주어 이윤을 창출하고자 시도했던가를 소상한 자료로 제공했다. 민주당원들은 이러한 시도를 여러 차례 반대했고, 공공자본에 의한 발전을 지지했다. 내가 읽어주는 이러한 사실들을 그는 주목해서 들었다. 그리고는 내 말을 중단시키고 **"이 부분을 수력발전에 관한 연설문 서두에 집어넣게 !"**하고 속기사에게 지시했다.

"오늘 저녁 나는 수력발전이라는 아주 물에 흠뻑 젖은 주제를 가지고 연설할 거야."

설사 수력발전에 관한 연설이 어제 저녁에 논의했던 〈주류제조 판매금지〉만큼 심금을 울리는 주제는 아니지만, 이 문제도 사실상 미국 민주주의 근원을 건드리는 아주 심오한 것이었다.

"이 주제는 역사적인 것이며, 수력발전에 관한 산상수훈이나 마찬가지이고, 나는 구약성서의 입장에서 연설하겠어."

연설제목은 **"너희는 도둑질하지 말지어다."**이다. 이 연설제목이야말로 연설문의 앞부분에 쏟아 놓았던 그 어떤 문구보다도 효과적이었다.

인간에 대한 무한한 애정

나는 아직도 그가 그날 저녁 그 연설문을 어떻게 한 문장 한 문장 읽어 내려갔고 우레와 같은 갈채를 받았던가를 기억한다. 그는 실로 별것 아닌 것도 대단한 것처럼 보이게 만드는 타고난 웅변가였다. 설사 연설문이 조잡하게 작성되었을 경우라도 그의 목소리를 통해서 전달되면 그 말들은 갑자기 힘을 얻고, 매력적이고 강한 호소력을 얻는다. 루즈벨트와 일하기는 어렵지 않다는 것을 나는 단시간 내에 알아냈다.

언젠가 백악관에 늘 상주하는 비서 마가렛 A. 레한드와 그레이스 탈리가 없는 동안에 새로 온 젊은 속기사를 들여보낸 적이 있었다. 나는 그녀가 얼마나 고통스럽도록 당황해하는지를 알 수 있었다. 나중에 고백한 일이지만 "**꼭 죽는 줄만 알았다.**"고 한다. 그녀는 루즈벨트가 지시하는 걸상을 겨우 찾아 앉았다고 한다.

루즈벨트도 그녀가 얼마나 당황하고 있는가를 알 수 있었기 때문에 속기를 시작하기 전에 이름이며 출신 지역을 물었다. 그리고는 몸소 그 지역에 대해서 이야기를 시작했고, 그녀도 따라서 그 지역에 대해서 함께 이야기하게 되었다. 나에게도 잠시 말을 건넨 후, 그녀를 혼자 있게 했다. 10분쯤 지나니까 그녀도 정신을 차린 듯 미소도 짓고 루즈벨트 곁에 있어도 불안해하지 않았다. 이쯤 되어서야 루즈벨트는 속기를 하도록 했고 그 후로는 당황하지 않고 일을 잘했다.

그는 주변 사람들로 하여금 그들 자신의 삶과 가족에 대해서 지대한 관심을 가지고 있다는 것을 느끼도록 그들 자신에 대한 이야기를 해보도록 독려했고, 진심으로 깊은 관심을 가지고 들어주었다. 항상 사람들을 친절히 맞이했으므로 방문객들은 오늘 하루 중에 그가 제일 중요한 방문객이며, 루즈벨트가 하루 종일 자기만을 기다려 준 것처럼 믿을 정도였다. 인간에 대한 무한한 애정을 가진 사람만이 그러한 인상을 심어 줄 수 있을 것이다.

탁월한 유머 감각의 대통령

나는 루즈벨트가 냉담하고 내성적이며, 유머도 없고 속내를 알기도 어려운 사람이라고 들은 적이 있었다. 그런데 그는 정반대의 사람이었다. 그는 친근하고 다정다감했으며, 주변의 사람들이 그를 좋아하기를 바랐다. 그의 유머감각은 아주 탁월했다. 그는 웃을 줄을 알았고 웃는 일을 좋아했다. 상황이 아주 어려울 때도 농담이나 잡담, 일화를 늘어놓으면서 가벼운 대화로 일을 중단할 줄도 알았다.

그의 주변에 있던 사람들은 심지어 아주 중요한 토의 중에도 끼어들어서 농담이나 우스운 이야기하는 것을 주저하지 않았다. 그는 이러한 짧은 휴식이 중압감과 긴장, 집중된 업무에 도움이 된다는 것을 알고 있었다.

편견 없는 자유주의자

나는 1928년 선거유세를 통해 그의 성품을 잘 알게 되었고, 그 성품이 고행의 선거운동도 힘든 줄 모르고 해내는 활력소가 된다는 것을 알 수 있었다. 다른 무엇보다도 나는 그의 자유주의적인 사고와 인간에 대한 관용과 배려에 대한 신실함을 곧바로 알게 되었고, 이것이 나로 하여금 그에 대한 무한한 존경심을 갖게 만들었다.

그는 재산이나 사회적 위치 또는 종교적 신앙과 관련된 어떤 특권 의식과는 정말 아무런 상관이 없는 사람이었다. 사실 정치무대에서 가톨릭, 신교 또는 유태인이라는 인종이나 종교 등에 대해서도 편견 없고 구별하지 않는 이런 정치인을 만난다는 것은 나로서는 의외였다.

그는 인간의 존엄성과 자존심, 착취로부터 자신을 방어할 수 있는 권리를 믿었기 때문에 자유주의를 신봉했다. 루즈벨트의 이러한 신념은 반드시 연설을 듣지 않더라도 차 안에서, 아침식사 또는 잠들기 전 한 잔의 음료를 마시며 나누는 대화 속에서 내가 아주 일찍이 그를 만남과 동시에 발견한 것이다.

선거운동의 마지막 주간을 맞으면서 우리 일행이 뉴욕시에 도착했는데, 내 업무는 쉬워졌다. 그 이유는 달리는 차, 버스 안에서 일하는 대신 루즈벨트의 사저가 있던 동쪽 65번가로 내 업무처가 옮겨졌기 때문이다. 뉴욕 북쪽 지역을 여행하는 동안 나는 내내 혼자 일했지만 뉴욕 시에 도착한 후 루이스 하우가 동참하게 되었다.

루즈벨트의 사람들

루이스 하우는 내가 루즈벨트 주변에서 만났던 사람 중 가장 이해하기 어려웠던 인물이다. 그의 인생에는 마치 신앙심과도 같은 하나의 충성심이 있었는데, 자신의 인생은 오로지 F. D. 루즈벨트만을 위해서 존재하는 듯 보였다. 그에겐 루즈벨트의 관심사를 관철시키는 것만이 유일한 삶의 사명인 것이다.

그는 1911년 알바니 시절부터 루즈벨트를 알고 있었고, 특히 루즈벨트를 그의 가족과 연계시킨 이후부터 더욱 그랬던 것 같다. 그 자신의 가족이나 사생활에 관한 것은 그의 영웅을 모시는 일로 해서 완전히 사라져 버렸다.

아마도 그가 루즈벨트에게 제공했던 최대의 서비스는 가장 주목할 만한 것은 아니었지만 루즈벨트의 투병기간에 집중되었던 것 같다. 대체로 루즈벨트의 부인 엘레노와 하우만이 그의 투병기간에도 그로 하여금 정치적 욕망을 유지하도록 했고, 여러 종류의 사람들을 접견하도록 주선했으며, 특히 전 미국의 자유당 지도자들과 긴밀한 유대관계를 유지하도록 했다. 그 이후로 하우는 오랫동안 루즈벨트의 집에 눌러 살면서 그 가문과 아주 친밀한 관계를 유지하게 되었다.

그는 자신의 모든 시간과 정력을 루즈벨트의 정치적 입지 향상에 쏟아 부었다. 그는 루즈벨트를 '프랭클린'이라고 부를 수 있었던 소수에 속하기도 했고, 1933년 3월 4일에서 1936년 그가 죽을 때까지 백악관에서 살았다. 하우는 루즈벨트의 대통령 당선과 직접적인 관계가 없는 일이라면 비중 있는 정책문제와 정치철학에 대해서도 큰 관심이 없었다.

그의 야심은 루즈벨트의 '대통령 만들기 유세 책임자'가 되는 것뿐이었으며, 그의 우상인 루즈벨트의 곁에 가장 가까이 있기를 바랐다. 그는 마치 충견처럼 누가 루즈벨트에게 너무 가까이 오면 하얀 이를 드러내 보였고, 만일에 어떤 사람이 루즈벨트의 총애를 받게 되면 질투에 찬 그의 적이 되어 버렸다.

우리가 처음 만나던 때부터 그는 나를 아예 좋아하지도 않았고, 루즈벨트가 나에게 일을 많이 맡기면 맡길수록 더욱 좋아하지 않았다. 그러나 1928년 유세운동 기간 중에는 적어도 겉으로는 나에게 친절한 척했는데, 아마도 나를 선거운동만 끝나면 사라질 임시직원쯤으로 생각했던 것 같다. 그는 루즈벨트를 사랑했다. 그러나 프랭클린의 생각이 그의 정치적 야심에 걸림돌이 된다고 생각하면 거침없이 논박했다.

아마도 그는 다른 어느 누구보다도 큰 소리로, 그리고 자주 '안 된다'고 말했을 것이며 자기의 주관을 오랫동안 관철시켰다. 1933년 3월 4일 루즈벨트가 대통령이 되고나서, 그의 비서로 등용되었을 때 아마도 그는 그의 생의 목표를 달성했었을 것이다.

루즈벨트를 제외한다면, 하우는 다른 어느 누구보다도 루즈벨트의 대통령 당선을 위해 최선을 다했다. 그때 이후로는 어느 누구도 그에 필적할 수 없을 만큼 루즈벨트는 그를 좋아했다. 그러나 하우는 중요한 정책 결정에 큰 역할을 한 사람은 아니었다.

1928년 선거일이 오기까지 나는 밤낮으로 거의 매일 매일을 루즈벨트 곁에서 보냈다. 나는 선거 당일 밤에도 빌트모아 호텔의 선거본부에서 그와 함께 밤을 새우며 선거 결과를 지켜보았다. 이러한 일은 선거 때마다 반복하게 되는 하나의 습관이 되어 마지막 선거인 1944년까지 계속되었다.

아마도 1928년의 선거는 다른 어느 선거보다도 치열했던 내가 참여한 첫 번째 선거였다. 그 때문에 그 이후의 선거 열풍이나 긴장은 설사 그것이 대통령 선거전이었음에도 불구하고 열정과 긴장, 초조 등에서 첫 번째 선거를 능가하지 못했다.

뉴욕주 북부의 공화당 본거지로부터 개표결과가 들어오기 시작하자, 루즈벨트의 패배는 의심할 여지가 없었다. 자정이 되자 스미스 지사도 뉴욕에서 패배했고 따라서 전국구에서도 참패하게 되었다.

개표 도중 뉴욕주 북부에서 나타나는 좋지 않은 결과를 보면서 그는 이렇게 말했다.

"개표가 끝날 때가지 기다려 보자고. 아마도 뉴욕주 북부 공화당원들이 잔꾀를 부려서 개표결과를 늦추며 우리 쪽의 표를 많이 훔쳐가는 것 같군."

몇 년 후에—그러니까 진주만이 공격을 당하던 날 보았던 것과 똑같이 그의 턱은 굳어 있었다. 그는 전화기를 들고 북부지역의 몇몇 보안관들에게 전화를 걸었다. 그리고 그가 접촉할 수 있는 보안관들과 직접 통화를 했다.

"나는 프랭클린 루즈벨트입니다. 뉴욕시의 빌트모아 호텔에서 개표결과를 주시하고 있는 중입니다. 당신이 관리하는 지역의 개표결과가 너무 늦는데, 솔직히 마음에 안 듭니다. 개인적으로 당신에게 말씀드립니다만, 부당하게 개표결과가 지연되지 않았으면 좋겠고 부정한 방법이 동원되지 않았으면 좋겠습니다. 만일에 공정한 개표를 위해서 도움이 필요하다면 이 호텔로 전화를 하십시오. 그러면 내가 스미스 주지사에게 직접 말해서 주 경찰부대를 파송토록 하겠습니다."

루즈벨트의 이러한 요청이 받아들여지지 않는다 해도 루즈벨트는 어쩔 수 없었으므로 이것은 순전히 엄포였고 허세였다. 그런데 이 엄포는 효과가 있었고 개표결과도 빨라지고 결과도 좋아지기 시작했다.

다음 날 조간신문의 첫 판은 루즈벨트의 낙선을 실었다. 그러나 최종개표에서 루즈벨트가 승리했다. 4백만 표에서 겨우 25,000표 차로 승리한 것이다. 그 후 루즈벨트는 2년 동안 자신을 '1%의 **반쪽 주지사**'라고 익살스럽게 표현했다. 뉴욕에서 후버는 스미스를 10만 표 차로 눌렀고, 그 밖의 미국 전역에서 압승했다.

나는 가끔 '만일에 1928년의 선거에서 3,000명의 유권자들이 루즈벨트에게 표를 던지지 않고 정적이었던 오팅거를 당선시켰더라면 경제대공황과 전쟁기간을 어떻게 감당해 냈을까' 하는 생각을 해보곤 했다. 그날 아침 늦게 주지사로 당선된 루즈벨트가 선거본부를 떠날 때 그의 승리의 기쁨은 스미스의 패배로 침체되어 있었다.

그는 '스미스의 패배와 완고한 종교적 편견이 얼마나 밀접하게 연루되어 있었는가?' 하는 것을 잘 알고 있었다. 집으로 가기 전에 이달 말쯤 웜 스프링스[2])에 있는 자기 집에서 입법 활동계획과 몇몇 정치적 임명에 대한 의논을 하자고 제안했다.

"그리고 자네도 웜 스프링스에 오게. 좀 쉬어야지. 브란스 윅 스튜도 좀 먹어가면서 좋은 시간을 보내기로 하세. 자, 잠 좀 자게나."

나는 그의 말을 그대로 받아들였다. 그리고 이틀 밤낮을 푹 잤다.

뉴딜(New Deal) 정책의 기원

선거가 끝난 몇 주 후, 가벼운 마음에 들뜬 한 그룹이 웜 스프링스로 갔다. 그 중에는 뉴욕주 의회의 민주당 리더였던 모리스 블록과 뉴욕 상원의 리더였던 버나드 다우닝도 끼어 있었다. 부지사로 당선된 허버트 H. 레반과 민주당 주의장 윌리엄 브레이도 동행했다.

나는 이들의 틈에 끼게 된 것을 아주 기쁘게 생각했고, 내 공식 직함이 '뉴욕주 민주당 입법 초안 준비위원회 위원'으로서 주지사가 수행하고자 하는 입법 초안을 작성하겠거니 하고 생각했다.

---

2) 루즈벨트가 자신의 상당한 재산을 투자하여 자신의 건강을 유지하기 위하여 조지아주의 온천지에 마련한 저택

여행 중 우리는 자연히 과연 루즈벨트가 어떤 주지사가 될 것인가 하는 추측을 해보기도 했다. 건강은 어떤지? 쉴 시간은 충분히 가질 수 있겠는지? 알프레드 스미스가 얼마나 쇼를 주도할 것인지? 어떤 형태의 각료를 구성할 것인지? 인선 작업에서 어느 정도나 정치적인 배려를 고려할 것인지? 그가 정치 지도자들과 정당의 고급관리를 장악할 수 있겠는지? 아니면 그도 별볼일 없는 수많은 정치인 중에 하나가 아니겠는지?

그렇지만 우리 중에 어느 누구도 **"혹시 이 사람이 언젠가 대통령 출마를 하게 될 것이 아닌가?"** 하는 질문을 던진 사람은 없었다. 2년 후에는 정치에 관심이 있는 모든 사람들의 입에 오르내리는 질문이 되기는 했지만…….

우리는 웜 스프링스의 아주 작은 별채에서 모두 합숙했다. 우리는 며칠을 함께 보냈고 휴가를 즐기는 루즈벨트의 진면목을 볼 수도 있었다. 나는 그곳에서 처음으로 마가리트 A. 리핸드를 만났다. 그녀는 수년간 루즈벨트의 개인 비서를 했었는데 건강이 나빠서 주지사 선거 때는 쉬고 있었다. 그녀는 루즈벨트 가문의 오랜 친지이고 집안에서는 '미씨'로 알려져 있다. 그녀는 곧 그 이름으로 루즈벨트의 친구와 측근들에게 알려졌다.

그녀는 그 후 13년 동안 미국 역사에 중요한 일역을 담당하게 되지만 무명으로 남는다. 나는 루즈벨트가 얼마나 쉽게, 그리고 완전하게 걱정과 근심을 털어 내는가 하면, 동시에 얼마나 진지하게 업무와 토론에 임하는가를 보았다. 그리고 나는 그의 굳게 닫힌 턱을 새로운 의미를 가지고 존경하게 되었는데, 특히 정책적인 인사결정을 위한 토론을 할 때 더욱 그러했다.

즉, 별로 중요하지 않은 인사에 대해서는 정치적인 추천을 고려하지만 중요한 정책결정을 하는 위치는 반드시 검증된 능력에 의해서, 그리고 지명자에 대한 루즈벨트의 신뢰에 의해서만 결정한다는 것이다.

입법의 요건, 우선은 당선되어야 !

웜 스프링스[3]에서 며칠을 지내며 주시한 바에 의하면 루즈벨트는 그의 다리를 제외하고는 평균 이상의 건강한 체력을 가지고 있었다. 선거전으로 인한 피곤은 다 풀렸고, 주지사를 맡게 될 것에 대하여 의지가 충천하고 열의가 있었다. 한 가지 분명했던 것은 루즈벨트는 주관이 뚜렷한 주지사가 될 것이라는 점이었다. 혹시 우리 중에 누구라도 스미스 전 주지사의 입김으로 정국이 운영되리라는 예측을 했다면, 하루 빨리 이런 생각을 버려야 했다.

웜 스프링스에 머무는 동안 루즈벨트의 당선을 축하하기 위하여 근교의 첩플리에서 옛날식 바비큐 파티가 있었다. 동참했던 손님 중의 하나가 웜 스프링스를 '1932년 이후의 하계 백악관'이라고 명명하자 큰 박수가 터져 나왔다.

뉴욕 타임즈지는 이 일화를 '1928년 12월 4일 웜 스프링스의 이야기'라는 큰 기사로 실었다. 그 당시는 아무도 이런 일화를 크게 관심을 갖고 받아들이지 않았고, 단순히 호감을 받고 있는 명사에 대한 의례적인 예우로 취급했다.

주지사 당선자와 함께 웜 스프링스에서 다루었던 문제는 두 가지였다. 첫째는 건실하고 진보적인 입법 추진이었고, 둘째는 전통적으로,

---

3) 루즈벨트는 자신의 건강 유지를 위하여 수영을 많이 하도록 권유 받았으며, 온천지인 Warm Springs에 개인 저택을 마련하였다.

그리고 악명 높게도 지리멸렬했던 뉴욕주 북부의 민주당 조직을 재건하는 것이었다.

몇 년이 지난 뒤 나는 긍정적·자유주의적 정책과 훌륭한 조직의 정당, 이 두 가지가 선거의 승리와 밀접하게 연계되어 있다는 점을 루즈벨트로부터 배우게 되었다. 그는 이 두 가지 요소의 조합을 완전하게 활용할 줄 알았다. 루즈벨트는 실용주의적인 정치가임과 동시에 인도주의적인 정치가로서의 면모가 훌륭하게 융합되어 있었다.

수년의 세월이 흐른 후에 그는 나에게 실토한 적이 있었다. 어떤 때는 아주 이상적인 노선을 추구하도록 압력을 받은 적도 있었지만 도저히 초기 단계에서는 그런 것을 성취할 가능성이 전혀 없었고 정치적으로도 아주 위험했었노라고…….

> "좋은 입법을 제정하기 위해서 대통령이 우선적으로 해야 될 일이 무엇인지 알아요? 우선은 당선이 되어야지! 만일에 내가 일반 시민으로서 하이드 파크의 현관에 서있다면 내가 개인적으로 소중하게 생각하고 있는 것을 성취할 수가 없어요. 그러니까 확실한 이유가 없다면 한 표라도 쉽게 집어 던지지 말아요. 우선은 표를 모아야 합니다. 그래야 좋은 일도 할 수 있어요."

본능적 판단에 대한 신뢰

나는 이런 얘기도 들은 적이 있다. 간혹 정치적으로 유리한 어떤 행동을 취하도록 압력을 받을 때도 그 자신이 달성하고자 하는 목표에 해가 되는지 도움이 되는지를 먼저 살펴본다고 했다. 아주 좋은 예로 1942년 11월 8일 미군이 북 아프리카를 점령하게 되었고, 의회의 총선은 11월 2일로 정해져 있었다. 1942년 내내 미군은 방어전으로만 일관해 왔고 많은 사람들로부터 이러한 전쟁 행위에 대한 비판이 쏟아지고 있었다. 선거의 결과도 불투명했다.

만약 선거 전에 미국 최초의 대규모 군사공격이 발표된다면 그것은 아주 주목할 만한 정치적 파장을 일으킬 것이 분명했다. 말할 필요도 없이 보좌관들은 이런 사실을 바로 대통령에게 지적했을 것이고, 대통령 자신도 잘 알고 있었을 것이다. 그러나 그의 입장은 확고부동했고, 이 지적을 즉각 거부했다. 미군의 공격은 군 사령관들이 최적의 기회라고 판단될 때 감행하도록 지시했다. 공격은 선거에 영향을 주기에는 너무 늦어버린 선거가 끝난 며칠 후 감행되었다.

1928년 웜 스프링스에서 며칠을 함께 보내던 어느 날 주지사가 나를 불러서 곁에 세우더니 이렇게 말했다.

"샘, 나는 자네를 나의 정책보좌관으로 임명하겠네. 아마 우리가 함께 일한다면 아주 활기있게 일할 수 있을 걸세." 하고…….

나는 깜짝 놀라 잠시 망설였다. 스미스 주지사의 재임 시절에는 정책보좌관이란 정치적 명목에 지나지 않았다. 스미스 주지사는 총명하고 능력 있고 활기있는 소수의 사람들을 모아서 '사설 고문단'을 만들었다. 이 고문단은 정책보좌관이 담당해야 할 여러 가지 역할을 수행했다.

이 고문단에 대해서 내가 얘기하자 루즈벨트는 **"나는 스미스 주지사 밑에 있던 고문단의 사람들을 기용할 의사가 없어. 내가 임명하는 정책보좌관은 그들이 하던 내용의 일을 많이 하게 될 걸세."**하고 말했다.

내가 주변의 동료들과 이 문제에 대해서 논의를 하고 있던 중 어느 날 갑자기 석간신문에 내가 주지사 당선자 루즈벨트의 정책보좌관으로 임명되었다는 기사가 실렸다. 나는 이 제안을 받아들인다고 한 적이 한 번도 없었기 때문에 그야말로 경악했고 당혹스러웠다.

나는 곧바로 주지사에게 전화를 걸어 신문에 난 기사가 사실이냐고 물었다. 그는 호탕하게 웃으며 그렇다고 했고 나를 대신해서 결정을 해주었노라고 했다. 이미 엎질러진 물이고 나는 속수무책이었다.

시간이 흐른 후에야 루즈벨트가 나를 위해, 내 대신 결정을 내려 준 것에 대하여 감사하게 되었다. 나는 내 임무를 즐겼고, 그가 주지사 임기를 거의 마칠 때까지 그 자리에 남아 있었다. 임명장을 받은 후, 나이도 젊고 주지사를 모신 기간도 짧은 사람에게 그렇게 중요한 신뢰의 자리를 준 것이 아무리 생각해도 믿어지지 않는다고 루즈벨트에게 실토했다. 그랬더니 그는

"나는 사람들을 빨리 파악해. 그리고 거의 본능적으로 그들을 판단해. 때로는 그런 본능적인 판단이 오랜 동안의 관찰보다 더 믿을 만한 것 같아." 하고 대답했다.

루즈벨트가 주지사로 취임한 후 처음 2년은 주의회가 열리는 기간 동안 우리 가족은 알바니에서 살았다. 매년 의회가 휴회되면 우리 가족은 다시 뉴욕으로 돌아갔고 나는 적어도 3일간은 알바니에서 시간을 보냈다.

1931년 주지사와 부인이 주지사의 저택에 들어와 살라고 권했으며, 내가 정책자문의 임무를 끝낼 때까지 거기서 살았다. 이렇게 가까이서 사는 동안—낮에는 집무실에서 밤에는 그의 침실에서, 그리고 함께 식사를 하면서 나누게 된 뉴욕주의 정책, 그리고 후에는 미국이 당면한

과제에 대해서 장기간 논의를 하는 과정에서-나는 루즈벨트가 어떻게 말하고, 집필하며 생각하는가에 대하여 실로 많은 것을 배우게 되었다.

새로운 정치철학의 등장

그가 대통령이 된 후, 1933년 대통령 임기 '첫 100일' 동안 그렇게 빠른 추진력으로 그가 상정하는 입법 제안을 보고 많은 정치평론가들은 놀라움을 금치 못했다. 많은 평론가들은 그러한 제안들이 1933년 루즈벨트로 인해서 새로운 정치 철학으로서 등장한 듯 기사를 써냈다.

그들은 또한 이 짧은 기간 동안 그렇게 기발한 제안들이 어디서부터 온 것인지 궁금해 했다. 그러나 실상은 뉴딜을 대변하는 기본 철학과 사회적 목표는 이미 그가 대통령이 되기 4년 전에 발표한 연설문과 메시지 속에 다 담겨져 있었다.

1933년의 제안은 주 정부가 대상이 아니고 전 미국이었기 때문에 구체적인 내용은 변형되었다. 그러나 이전의 문건을 자세히 살펴보면 기본적인 개념에는 변함이 없음을 알게 된다.

1929년~1932년 기간의 연설문과 메시지를 살펴보면 그가 강력히 연방의회에 제안한 입법 내용이 이미 주의회에서도 제안되었던 것임을 알게 된다. 예를 들면 최저임금과 최고 노동시간, 노령연금, 공공사업을 통한 실업문제의 해결, 실업보험, 공익사업의 규제, 은행과 차입금융에 대한 강화된 규제, 공적 지원에 의한 주택 개선, 농가부채 감면, 수력발전의 공적자원 투자, 농촌지역을 대상으로 한 저렴한 전기 공급, 장애인들을 위한 국가예산 활용, 주조금지법 폐지, 사법부의 개혁, 조림 활성화와 토지활용의 개선 등이다.

또한 나중에 '루즈벨트의 철학'으로 알려지게 된 많은 주제들에 대한 긴 논의도 발견된다. 즉, 모든 국민들의 상호의존성-도시와 농촌, 자작농지법 활성화를 위한 인구정책, 지역기획, 산업시설의 농촌지역 이전, 자연자원의 보호, 입법부와 행정부의 분리 등이다.

스타일이나 형태, 그리고 내용에 있어서 대통령 재임기간에 비해 주지사 때는 연설문 작성에 그렇게 큰 노력을 할애하지 않았었다. 그럼에도 불구하고 주지사나 대통령 임기 때에도 일반적인 내용에는 큰 차이가 없었다는 것을 알게 된다.

그가 주지사로 당선될 무렵, 그의 기본 철학과 원칙은 이미 다 정해져 있었다. 일반적으로 그는 거의 전반적인 문제에 대하여 심도있게 구상해 두었고 나중에는 개혁 입법안으로 제안했다. 끊임없는 독서와 그가 초청한 전문가들-대개는 저녁식사에 왔다가는 자고 가는-과의 긴 대화의 결과로 그의 초기 구상은 더욱 구체화된다.

그는 그의 일반적인 철학과 목표에 동조하는 사람들과 '아이디어를 가지고 논하는 것'을 즐거워했다. 그는 아주 빠르게 배웠기 때문에 그에게 배움을 준 사람들도 놀랐다. 그는 방문객으로부터 그가 필요로 하는 모든 정보를 짜내듯이 얻어냈고 거의 모든 내용을 기억했다. 간혹 메모지에 몇 마디 써놓기는 했지만 금방 구겨버렸다.

알바니 시절에는 뉴욕주 전역으로부터, 아니 심지어는 미국의 다른 지역에서도 방문객이 끊임없이 줄을 이었다. 루즈벨트는 나중에 백악관에서도 그랬듯이 주지사 저택의 손님방을 가득 채우기를 좋아했다.

이 손님들은 루즈벨트의 아이디어 창고에 많은 것을 기증했다. 구체적으로 한 가지 예를 들자면-루즈벨트는 기회가 있을 때마다 수력발전을 공공사업으로 추진해야 된다는 주장을 강하게 했다. 또한 이와 밀접하게 연계된 사안은 공익기업들을 어떻게 적절히 규제하는가의 문제였다.

뉴욕 공공서비스 위원회는 1907년 설립 당시의 의도대로 소비자들의 보호 의무를 충실히 이행하지 못하고 있었다. 이 문제에 대하여 루즈벨트가 공석과 사석에서 하는 이야기를 들어보면 이 문제에 대해 얼마나 많은 생각을 했고, 여러 사람들로부터도 의견을 수렴했다는 것을 알 수 있다. 그의 전반적인 목표는 분명했고, 아주 평범하게 이 목표 달성을 위한 시도를 시작했다.

그 중에 하나가 저렴한 전력을 뉴욕 주민들에게 공급하는 것이었고, 특히 가정과 농장에 공급하는 것이었다. 그는 전기세가 너무 높이 책정된 것을 알았고, 이 문제가 근본적으로 해결되지 않는다면 전기의 혜택이 모든 사람들에게 골고루 파급되지 않으리라는 것을 알고 있었다.

그는 두 가지 방법으로 전기세를 낮출 수 있다고 생각했다. 첫째는 세인트로렌스강 개발을 통한 수력발전이고, 둘째는 현존하는 전력 회사에 대한 강압적이고 긍정적인 규제를 통해서였다. 그러나 이 두 가지 방법을 어떻게 하면 잘 실행할 수 있을지에 대한 조언이 필요했다.

경험 많은 전문가를 초대

그래서 1929년~1930년에 그는 이 분야에 노련하고 경험이 많은 사람들을 저택으로 초대했다. 그 중에는 마일로 R. 말티비가 있었다. 그는 여러 시청의 지방세 전문가였는데 나중에 공공사업위원회 의장으로 임명되었다. 레란드 올드스는 공공사업의 전문가였고, 그도 나중에는 연방전력회사의 사장이 되었으며, 줄리우스 헨리 코헨은 이 분야의 전문 변호사로서 스미스 주지사 밑에서 수력발전정책을 조언하던 사람인데, 나중에 세인트로렌스 수력발전위원회의 고문이 되었다. 컬럼비아 대학의 라이트 교수는 수력발전에 관한 전문가였다.

처음으로 대통령에게 초대받은 레란드 올드스는 어느 날 오후 저택의 으리으리한 방으로 안내되자 꽤나 초조해했고 감격했다. 나는 이미 그와 여러 차례 통화를 한 적이 있었기 때문에 인사를 하러 대기실로 건너갔다. 잠시 후에 차 소리가 나자 주지사를 만나러 아래층으로 내려갔다.

루즈벨트는 올드스에게 그를 만나기 위해 평생 동안 학수고대했으며, 그가 구상 중인 입법안도 전적으로 올드스가 주지사에게 어떻게 이야기하느냐에 달려있다는 인상을 깊게 주었다. 이 전략은 실패할래야 실패할 수가 없었다.

나는 이미 루즈벨트에 아주 익숙한 사람임에도 불구하고 후일에 내가 그의 일을 돕기 위해서 뉴욕에서 워싱턴으로 건너오면 똑같이 깊은 인상을 심어주며 반가이 맞아주었다. 그리고는 차에서 내리면서 **"풀에서 함께 수영을 하면 어떻겠는가?"** 하고 제안했다.

때는 한겨울이었지만 오래된 온실을 개조해서 만들어 놓은 따뜻한 수영장이 있었고 지사는 이 풀에서 열심히 운동했다. 2월에 알바니를 방문하는 올드스가 수영복을 챙겨왔을 리가 만무했다. 그는 건너와서 우리가 수영하는 모습을 구경했다.

저녁 식탁에는 의자가 넷밖에 없었는데 '미씨'가 여주인 역할을 맡았다. 올드스의 분야에 관련해서는 한 마디의 언급도 없었다. 수력발전과 공익사업 규제에 관한 것만을 제외해 놓고는 세상만사를 다 논의했다. 루즈벨트를 아는 사람이라면 그것이 하나도 이상할 것이 없었다.

저녁식사를 하면서 나누는 환담으로 인해 이야기가 딴 데로 흐를 수도 있었기 때문에 핵심주제에 대해서는 최대의 집중력을 할애하려는 것이 그의 의도였다. 루즈벨트는 디너테이블의 대화를 아주 좋아했기 때문에 급박한 사안이 아니라면 업무상의 논의를 할 의사가 전혀 없었다. 또한 그의 방문객으로 하여금 본격적인 논의에 들어가기 전에 편한 마음을 갖도록 배려해 주고자 하는 의도도 있었다.

값싼 전기를 농가에 공급

저녁식사가 끝난 후, 나는 식후 커피를 마실 수 있고 소파도 있는 작은 서재로 루즈벨트의 휠체어를 밀고 갔다. 저녁식사 내내 루즈벨트가 대화를 주도했는데, 빈 커피 잔들이 치워질 때까지도 계속했다.

드디어 때가 왔다.

"올드스씨 여기까지 방문해주어 대단히 고맙소. 나는 이 문제에 대해서 아주 여러 해 동안 많은 생각을 했었소. 하이드 파크에서 약 10마일 정도 떨어진 다저스 카운티의 농촌 길가에 1828년부터 살고 있는 한 농가를 잘 알고 있지요."

하고 서류를 꺼낸 후, 1928년까지 그 가정이 어떻게 살아왔는지를 소상하게 이야기했다.

"그 가정은 포킵시, 라인맥크 심지어는 하이드 파크 지역까지 매년 전기가 들어오는 것을 지켜보고 있었지요. 그리고 그들도 수년간 그들이 사는 동네에도 전기를 좀 끌어들이려고 무진 애를 썼지만 아직도 못하고 있어요.

그들과 주변의 농부들은 비용을 기꺼이 부담하겠다고 하지만 빌어먹을 전기회사는 전선 값이 비싸다면서 귀도 안 기울입니다. 나도 전기회사의 주식이 어떻게 운용되는지 좀 압니다만 그것은 말도 안 되지요."

하고는 지방 전기회사가 어떻게 운영되는가를 길고 자세하게 늘어놓았다(루즈벨트의 할아버지는 이미 오래 전에 이 회사의 주식을 사두었던 적이 있었다).

"지금도 그 농부의 부인은 손으로 펌프질해서 우물을 퍼야 하고 등잔불 밑에서 바느질을 해야 하며 나무로 불을 때서 식사준비를 해야 합니다. 농사일, 집안일을 하는 데 너무 많은 시간이 걸리니 도무지 쉴 틈이라고는 없는 겁니다. 나는 값싼 전기를 그 농가에 공급하고 싶습니다."

루즈벨트는 사회·경제문제와 개혁을 추상적인 차원에서가 아니라 국민의 관점에서, 어떻게 하면 그들에게 혜택을 줄 수 있는가의 관점에서 생각했다. 그가 생각하는 국민—사람들이란 대개가 하이드 파크, 포킵시 또는 웜 스프링스에서 만났던 사람들이다.

때로는 해당 인물들을 등장시키기도 했고, 잘 설명하기 위해 그가 설정한 인물을 등장시키기도 했다. 설사 그가 가상의 인물을 등장시켰다손 치더라도 그들은 그의 설명에 동화되어 버렸는데, 그 이유는 그만큼 루즈벨트가 자신의 행동이 사람들에게 실제로 어떤 영향을 미치는가에 지대한 관심이 있었기 때문이다.

그가 저렴한 가격의 전력공급을 이야기할 때는 단순히 '킬로와트 당 전기료가 얼마냐'가 아니라, 전기로 우유를 짜는 것, 농부 아낙네의 전기 펌프, 스토브, 전등, 재봉틀 등을 생각했다. 그는 또한 고액의 전기세를 감당하지 못해 대형 상가들과의 경쟁에서 고전을 면치 못하는 소매상인들의 불리한 입장을 생각했다.

"우리가 지금 사용하고 있는 규제의 내용에 대해서는 저도 대체로 알고 있습니다. 그것은 한 마디로 아주 케케묵은 가격산정 방법이며, 전력회사가 이용자들을 보호하지 못했다는 것입니다. 물론 공공전기 공급을 위한 변전소 시설 등의 문제를 모르는 바는 아닙니다. 어쨌든 우리는 이 전기 공급 문제의 해결책을 강구해야 됩니다." 하고 그는 계속했다.

올드스는 몇 번 끼어들려고 했으나 번번이 실패하고 말았다.

"나는 이 문제에 대해서 오랜 동안 생각해온 바가 있는데 가격의 재생산 비용이라는 이론은 터무니없는 소리이고, 과대평가로 옛날의 초과투자 못지않게 나쁜 것입니다. 수익을 올릴 수 있고 타산에 맞는 투자원칙이 있다면 한번 말씀해 보십시오."

나는 올드스가 말을 시작하면 받아 적으려고 필기도구를 꺼내 들었다. 나는 전기공급 문제를 주제로 해서 연설문이나 메시지의 초안을 준비해야 할 것이고, 주지사처럼 모든 내용을 잘 파악할 수 없었기 때문이었다. 루즈벨트는 자주 그러나 예의를 잃지 않으며 올드스의 말을 막았다. 이해를 잘 못했으면 못했다고 솔직히 고백을 한 후에 반복해 달라고 요청했다.

"예, 그래요. 그런데 법은 어떻게 되나요? 이러한 결정에 대한 최근의 동향은 어떠한지요?" 하고 물었다. 그리고 긴 질문들을 연이어 던진다.

"이런 회사들의 회계기법에 문제가 많은 것 아닌가요? 가능하다면 일반화된 회계기법을 모든 회사가 똑같이 사용하는 것이 바람직하지 않은가요? 공기업 위원회의 기능은 지금처럼 너무 사법적이기보다는 행정적이고 효과적이어야 하는 것 아닌가요?"

"공과금 책정에 있어서 소비자들을 보호해야 되는 시민협의회는 그 기능을 잘 수행한다고 생각하나요?"

"공기업들이 정말 운영을 잘하도록, 필요하면 사용할 수 있는 채찍이 있어야 하는 것 아닌지요?"

나는 이 비슷비슷한 질문을 루즈벨트가 다른 사람들에게도 던졌던 기억이 난다. 어떤 질문은 아주 새로운 것이고, 어떤 것은 다른 사람들과의 대담 중에 새로 떠오른 것이기도 하며, 또는 올드스가 언급한 어떤 내용 때문에 등장한 것도 있다.

11시가 되자 루즈벨트가 음료수를 가져오라고 벨을 눌렀다. 그는 대개 '말목'이라는 것을 마셨는데 진저에일에 레몬을 썰어 넣은 것이다. 주조금지법이 폐지되어 맛좋은 맥주가 등장하자 그는 저녁 늦은 시간에는 맥주를 마셨다. 이렇게 질문과 대담이 12시가 지나도록 반복되었다. 그리고는 가장 중요하고 자주 묻는 마지막 질문이 등장한다.

"만일 당신이 주지사라면 어떻게 하라고 추천하시겠습니까?"

취침시간이 되자, 주지사는 감사하다는 인사를 했다. 그리고 묵어가는 손님들에게 늘 하듯이 다음 날 아침식사 후 그의 침실에 들려 인사를 나누고 가라는 당부를 잊지 않았다. 이쯤 되면 비슷한 사명을 갖고 왔던 다른 방문객과 마찬가지로 올드스도 몸은 다소 피곤했으나 루즈벨트의 목표에 대한 신실함이나 목표를 달성하겠다는 그의 집요함에는 완전히 매료된다.

목표달성에 대한 신실함과 집요함

그날 저녁 올드스와 대화를 나누면서 구상된 많은 아이디어는 1929년~1930년에 입법부로 상정된 주지사의 메시지 속에 포함되어 있었으며, 나중에는 완전하고 잘 성안된 공익사업규제안으로 나타나게 되었다. 올드스와 같은 여러 사람의 방문객을 접견하게 되면 루즈벨트는 그 분야에 대한 이해가 깊어졌으며, 그러한 변화를 그의 대화 속에서 엿볼 수가 있었다. 그는 다른 분야의 입법 제정에도 똑같은 방법을 적용했고, 나중에 대통령이 된 다음에도 변함이 없었다. 주지사 초기 시절인 알바니에서도 그는 별로 걱정하거나 당황하는 기색이 없었다.

그는 해결해야 할 문제가 있으면 아주 조심스럽게 생각하곤 했다. 그리고 일단 결정을 내리면 모든 것이 종결된 것으로 간주하고 그 일에 대해서는 마음을 비운다. 그는 언젠가 이렇게 말했다.

"일단 어떤 사안에 대하여 결정을 하면 그 결정이 좋았는지, 나빴는지 생각해 봐야 아무런 소용이 없습니다. 오직 닥쳐 올 상황만이 옳고 그름을 판단해 줄 것이고 다행히 시간적 여유가 있다면 결정을 변경할 수는 있을 것입니다. 우리가 다 아는 일이지만 결정을 잘한 것인지 잘못한 것인지 걱정하며 밤새 서성거려야 발밑의 카펫만 닳게 만들 것입니다. 결정을 하기까지는 최선을 다하세요. 그러나 일단 결정을 하면 밀고 나가십시오."

루즈벨트를 가까이 보좌하면서 대통령이 결정해야 하는 중대 사안 때문에 걱정하던 사람들에게는 루즈벨트의 이러한 결정방법은 이해할 수 없는 것이었다. 이것은 죽고 사는 문제에도 마찬가지로 적용되었다. 예를 들면 수십만 명의 생사가 달려 있었던 1944년의 D 데이의 결단 당시에도 사상자수가 비극적으로 증가할 것을 뻔히 알기 때문에 초조하기 그지없었지만, 영국해협을 공격하는 전략 외에 다른 대안이 없었는가를 두 번 다시 생각하지 않았다.

그는 자신의 건강에 대해서는 더더욱 관심이 없었다. 처음 루즈벨트를 만나게 되면 아마도 가장 인상적인 것은 양다리를 사용하지 못하는 거구와의 맞부딪침이다. 일단 그에게 익숙해지면 그의 양다리에 대해서 제일 먼저 잊어버리는 것도 사실이다. 항상 그의 등 뒤에 있는 휠체어는 방 안에 있는 하나의 가구처럼 취급된다.

그가 휠체어를 밀고 식당으로 침실로 옮겨 다니는 것은 동반자에게 손을 내미는 것처럼 아주 익숙한 습관이 되었다. 루즈벨트는 본인이 휠체어를 사용한다는 것을 거의 생각하지 않는 것 같다. 실제로 대화를 끝내거나 방문을 마칠 때에는 **"나 이제 빨리 가봐야 하겠어."** 하고 말한다. 마치 활보하듯이!

1921년 이후 한 번도 걸어본 적이 없지만 본인이 '걷는다'는 표현을 쓰는 것이 하나도 이상하게 들리지 않았던 모양이다.

장애(障碍)를 모르는 장애인

나는 단 한 번도 그가 걸을 수 없다는 사실 때문에 불만을 늘어놓거나 슬퍼하거나 자신에 대하여 측은하게 말하는 것을 들어본 적이 없는데, 단 한 번 예외는 있었다.

우리는 언젠가 하이드 파크에서 그가 몇 년 전에 숲속 깊이 심어놓았다는 나무를 보러 간 적이 있었다. 그는 숲 깊숙이까지 차를 몰고 갈 수 없었다. 그래서 우리가 내려서 걷기 시작하자,

"이제 몇 년이 지났으니 나도 그 나무들을 보고 싶은데 정말 함께 걸어갈 수가 없네." 하면서 그의 쓸모없는 두 다리를 가리켰다. 그러나 루즈벨트는 장애를 입은 그의 두 다리 때문에 힘이 없거나 할 일을 못한 사람이 아니었다.

그가 대통령 후보로 지명되던 1928년 이후부터 그가 서거하던 1945년까지 가끔 그의 신체적 건강이 그를 지탱해 줄 수 있을까 하는 문제가 대두되기도 했었다. 그러나 나는 루즈벨트보다 더 열심히 일하는 사람을 본 적이 없다. 루즈벨트가 두 다리를 사용하지 못하는 장애인이었다는 사실은 다른 사람들이 즐길 수 있는 여가활동이나 운동을 할 수 없게 만들었다. 그 대신 그는 그의 업무에 더욱 많은 시간을 할애했다.

그는 신체장애로 움직일 수 없는 대신 더욱 열심히 일에 매달렸다.

예를 들면 1928년의 선거유세에서 우리 모두는 기진맥진해 버렸다. 그러나 루즈벨트는 끄떡도 안 했고, 어떤 날은 14차례의 유세 연설을 해냈다. 아마도 미국의 대통령직을 제외한다면 뉴욕 주지사 자리만큼 공인으로 하여금 많은 업무시간을 요구하는 자리도 없을 것이다. 그런데 루즈벨트는 다른 어느 전임 주지사보다 여행도 연설도 많이 했을 뿐만 아니라 직접 주민 앞에 더 많이 모습을 나타냈다.

그는 나중에 대통령이 되어서도 알바니에서와 같이 거의 대동소이한 일과를 해냈다. 오전 8시경에 침대에서 식사를 하며 신문을 읽었고, 수행원들과 이야기를 나누고 하루의 일정을 정리했다. 10시경에 의사당으로 가서 저녁 5시까지 계속 집무를 보며 점심도 책상에서 먹는다. 그리고는 방문객이나 공무원 또는 정치가와 함께 집으로 가서 수영도 하고 저녁식사를 한다.

대개는 디너를 친지나 관료 또는 손님과 함께 하며 절대로 홀로하지는 않는다. 일단 디너가 끝나면 특별한 사교의 모임이 없는 한, 그의 휠체어는 곧장 서재로 향하고 그 때부터 서류며, 연설문, 입법초안 등에 관련된 업무를 보고 침대에 들면서도 보고서와 메모철을 챙긴다.

대개는 침대에 들어서까지도 나와 또는 다른 사람들과 계속 업무상의 논의를 하다가 전등을 끌 때까지 여러 가지 석간신문도 훑어보았다.

그의 이러한 일상에 예외가 없는 것은 아니었지만, 아주 희박했다. 그는 휴가의 중요성을 잘 아는 사람이지만 휴가 중에도 우편으로나 전보, 무전 등으로 업무가 송달되었다. 그가 처음 주지사가 된 이후 임종 때까지 그가 공적인 업무에 몰두하지 않고 지낸 날이 단 하루도 있었을 것 같지가 않다. 나도 루즈벨트의 이러한 일상에 익숙해졌고 주지사의 저택에 살 때는 나 역시 이 일상의 일부가 되어서 그와 함께 출·퇴근을 했다.

진보적 입법추진과 탁월한 지도자로의 부상

적어도 일에 관한 한 그를 당해 낼 재간이 없었다. 1930년이 될 무렵 루즈벨트는 가히 타의 추종을 불허하는 자유주의적 정치인으로 인정받게 되었고 귀족으로 태어난 그는 '배짱'도 두둑하다는 것을 보여주었다. 다른 무엇보다도 그가 보수적인 공화당이 주도권을 잡고 있던 의회에서 벌였던 몇 차례의 정쟁이 그를 아주 국가적인 인물로 부상시켜 놓았다.

엄밀한 결과의 관점에서 본다면 이러한 투쟁이 모두 성공적인 것은 아니었다. 그러나 실패한 투쟁마저도 루즈벨트와 그의 정책을 온 국민들에게 선전하는 데에는 더없이 효과적이었다. 어떤 정쟁에서는 승리함으로써 그는 진보주의적 주지사이며, 탁월한 지도자라는 평판을 가져다 주었고, 진보적인 입법을 채택하게 되었다.

1929년 첫 주의회가 휴회될 무렵 노동단체, 농업단체, 그리고 소비자 조합 등 여러 계층의 자유진영을 대표하는 집단도 이구동성으로 그를 칭찬하게 되었다.

주지사 첫 임기 동안 공화당 지도자들은 루즈벨트가 제안하는 진보 정책마다 반대하여 치열하게 싸웠으나, 거의 대부분을 통과시켜 주는 결과만 낳았을 뿐이다. 루즈벨트가 이렇게 성공을 거둔 이면에는 몇 가지 이유가 있다. 뉴욕주는 전 미국과 마찬가지로 적어도 사고에 있어서는 자유주의를 지향했다. 공화당 지도자들은 어리석게도 루즈벨트가 제안하는 입법안을 통과시키면 자신들이 정치적으로 불리해질 것이라는 염려 때문에 그가 제안한 입법에는 무조건 반대를 했었다.

그러나 더 분명한 이유는 루즈벨트가 나중에 '난롯가의 담화'로 알려진 그 방법을 아주 잘 사용했기 때문이다. 간혹 의회에서 연설을 하게 될 경우에도 라디오를 통해서 주 전역에 방송했고, 또한 수도인 알바니에서 일어나고 있는 일을 아주 소박하고, 직설적이며, 재미있게 이야기했고 의회의 입법 투쟁에서 그가 승리할 수 있도록 도와 달라고 호소했다.

그는 의회가 휴회할 때마다 이런 연설을 통해서 한 해 동안의 성취된 내용과 실패를 국민들에게 보고하였다. 루즈벨트의 연설이 끝날 때마다 시민들은 주의원들에게 압력의 서신 공세를 가했으며, 이들은 루즈벨트가 입법 투쟁을 하는 데 있어서 최상의 무기가 되어 주었다.

나는 라디오 방송 연설을 위해서 자료를 모으기는 했지만 대부분의 연설은 루즈벨트 자신이 준비했다. 나중에 그가 대통령이 되어 워싱턴에서 시작했던 '난롯가의 담화'에서 보여 주었던 것과 같이 그는 아주 복잡미묘한 사안을 가장 이해하기 쉽게 전달하는 천부적인 재능을 가지고 있었다. 그의 첫 연두보고서(1929)의 첫 문장을 예로 들어 보더라도, 그가 얼마나 담백하고 효과적이었는지를 알 수 있다.

> "여러분이 선출해 주신 주지사로서 저는 주정부 내에서 어떠한 일이 벌어지고 있는지를 여러분에게 소상하게 알려드려야 할 막중한 책임을 가지고 있다고 생각합니다. 또한 저는 제가 단순히 민주당원이 아니라 공화당원을 포함한 모든 주민을 대표하는 주지사의 신분이라는 사실을 절감하고 있습니다. 바로 그러한 이유 때문에 여러분에게 드리는 이 말씀이 제가 어떻게 말씀을 드린다 해도 본질적으로 당을 초월하고 있다는 것을 알아주십시오. 저는 단순히 사실만을 말씀드릴 것이며, 그 나머지 결론은 그 뉴욕 주민 여러분께서 내려주시면 됩니다."

'난롯가의 담화'

그리고 그는 공화당 지도자들이 어떻게 주요 선거공약을 지키지 않았는지를 조목조목 제시하는 반면, 민주당의 공약을 실천하려고 부단히 애썼는데도 호전적인 의회에 의해서 그 노력이 어떻게 무참히 좌절되었는가를 보여주었다. 그리고 그는 뉴욕 주민들에게 그들의 요청을 묵살하는 의원들과는 절교하라고 서슴없이 호소했다.

이 연설은 그의 다른 연설과 사실상 대동소이했다. 그는 연설을 주지사 관저의 서재에서 마주 앉아 이야기하듯 전달했는데 수년 후 많은 미국 시민들이 워싱턴의 '난롯가의 담화'에서 수없이 듣게 될 그런 부담없는 연설이었다. 그러나 그는 라디오 연설을 통해서만 국민과의 대화를 유지할 수 없다고 생각했다.

그래서 그는 여름마다 뉴욕주의 여러 곳을 방문하여 사람들을 만나고, 연설도 하며 비공식적인 순회를 했다. 그가 의회에서 달성하고자 하는 일들을 공화당 지도자들이 어떻게 방해했는가를 설명했다.

아마도 1929년과 1930년 때처럼 그가 국민의 지지를 확보하기 위하여 성공적으로 언어를 구사했던 때도 없었던 것 같다. 1930년의 선거 결과는 아주 아슬아슬했던 1928년의 선거 이후 2년 동안 그가 얼마나 많은 것을 달성했는가를 분명히 보여주었다.

1930년 주의회에 상정된 법안들을 다 처리한 후 주지사는 늘 그랬듯이 휴가 차 웜 스프링스로 갔다. 휴가 중에도 모든 신문의 사설이나 중요한 뉴스 항목은 스크랩되어 그에게 우송되었다(특히 민주당의 기반을 탄탄히 닦으려고 하는 뉴욕주 북부의 소식은 더 신중하게 다루어졌다).

그는 호의적이지 못한 내용(그의 서신에서 언급하게 될)들은 꼬박꼬박 읽고, 챙겼으며, 어떤 오해나 사실의 왜곡은 어떠한 일이 있어도 바로 잡으려고 끝까지 물고 늘어졌다. 그는 쉼 없이 이 작업에 집착했고 때로는 별것 아닌 내용, 대단치도 않은 신문에 실린 기사까지도 세심히 보았다. 그러나 주민들을 이해하고, 그들의 지혜를 얻어내는 방법으로서는 아마도 이 방법이 언제나 최상의 것이었던 것 같다.

1930년 가을 루즈벨트의 정적은 찰스 H. 터틀로 뉴욕시를 포함하는 뉴욕 남부지역의 검사였다. 벌써 이때에는 1929년 10월 전 미국을 강타했던 경제대공황이 뉴욕을 포함한 미국 전체에 그 파괴력을 드러내기 시작하고 있었다.

루즈벨트의 대통령의 재임을 불안하게 하는 두 가지 변수가 있었는데, 첫째는 1930년 봄과 여름 사이에 뉴욕 시정과 관련된 부정부패사건이 대거 폭로된 것이다. 둘째는 주조금지법이 선거의 큰 쟁점이 되었는데, 민주당은 정권을 잡으면 무조건 이 금지법을 폐기하겠다는 공약을 천명했다.

공화당은 양다리를 걸치고 있는 형편이었다. 뉴욕의 북쪽 지역은 일반적으로 금주파로 알려져 있었기 때문에 금주법에 대한 입장이 민주당에게 큰 타격을 주리라는 분위기였다. 특히 루즈벨트가 개인적으로 금주법 폐지를 적극 지지하기 때문에 더욱 그러한 것이었다.

1928년의 선거유세 때와 마찬가지로 1930년의 선거유세도 상당히 힘들 것으로 예상되었으며, 똑같은 전략을 가지고 선거운동이 전개되었다. 끊임없는 자문과 보조, 그리고 여러 편의 선거연설문이 루이스 하우, 주지사의 능력 있고 빈틈없는 친구이자 법률 파트너인 베실 오코너에 의해서 준비되었다. 오코너는 나와 자주, 특히 루즈벨트가 뉴욕에 있을 때는 연설문 작성 작업을 함께 했다. 그는 글을 아주 효과적이고 설득력 있게 썼다.

진보-보수의 첨예한 갈등

이즈음이 되어서는 나도 루즈벨트의 문장형태에 아주 친숙해졌다. 지난 2년 여간 수많은 연설문과 메시지를 작성하는 동안에 루즈벨트의 수정문과 속기사에게 불러주는 것을 하도 많이 보고 들었기 때문에 그를 모방하는 것도 아주 쉬워졌다. 따라서 루즈벨트도 많은 수정을 할 필요가 없게 되었고, 내 초안도 초기 때처럼 그렇게 무참히 잘려나가지 않아도 되었다.

1930년의 선거에서는 자유주의와 보수주의 간의 갈등이 다른 어느 때보다도 더욱 첨예하게 대두되었다. 1929년~1930년 두 의회기간의 입법제정을 둘러싼 치열한 투쟁은 양대 정당의 차이점을 극명하게 보여주었다. 주지사는 그의 유세 연설의 주제를 이러한 차이점에 집중했다.

그러나 이 선거에서 승리를 하려면 평소에 공화당을 지지하는 유권자들의 표를 수십만 장 확보해야 된다는 것을 잘 알고 있었다. 그래서 '공화당원들' 또는 '공화당'이라는 노골적인 표현으로 그 표들을 잃고 싶지 않았다. 그는 자신이 대통령이 된 후에도 계속 사용하게 될 전략, 즉 공화당 유권자들이 아니라 공화당 지도부와 지도자들에게 공격을 집중했다.

"정부에 대해서 여러분들이나 저와 같은 견해를 가진 수많은 사람들을 통틀어 공화당원이라고 부르지요. 그 사람들은 몇 세대를 공화당원이라고 자칭하는 가정에 태어났기 때문에 태생이 공화당원입니다. 그 밖에 다른 이유는 없습니다. 어떤 사람들은 민주당이 되는 것은 품격에 손상이 간다고 생각합니다. 민주당원들도 자기들이 사는 동네에서는 당적을 가진 공화당원들처럼 그렇게 인격적인 사람들은 아닙니다.

그러니까 절대로 공화당원들이나 공화당을 직접적으로 공격하지 말고 오직 공화당의 지도부에만 집중 포화를 퍼부으십시오. 그러면 내 연설을 듣는 공화당 유권자는 이렇게 이야기할 것입니다. '듣고 보니 나한테 직접적인 공격을 하는 것은 아니구먼. 나도 알바니에 있는 맥도날드나 맥기니스, 나이트 등과 같은 보수 정치인들이 생각하는 것을 지지하는 것은 아니야'하고 말할 겁니다."

나는 처음 루즈벨트로부터 이런 이야기를 들었을 때 믿어지지가 않았다. 그러나 수년간 공화당 친구들과 이야기를 나눈 경험에 비춰보면 실제로 루즈벨트가 예견했던 대로 이 단순한 심리작전에 많은 공화당 유권자들이 설득을 당했다는 사실에 놀라지 않을 수 없었다. 1930년 후보수락 연설문의 한 단락이 그의 연설기법을 잘 설명해 준다.

> "여러분에게 노골적으로 말씀드립니다만, 공화당 지도자들은 자칭 공화당원이라 부르는 이 주의 수많은 공화당원들을 대변해주지 못합니다. 단도직입적으로 말씀드립니다만, 공화당 유권자들의 상당수는 지난번 선거에서 보여주었던 것과 마찬가지로 이번 가을에도 알바니 정부는 진보적이어야만 할 것이라고 생각할 것이며, 그 점에서 공화당 유권자들은 과거와 마찬가지로 공화당 지도자들과 보조를 맞추지 않을 것입니다."

그의 수락 연설은 하우, 오코너, 그리고 내가 루즈벨트와 함께 준비한 것인데, 여기에서 그는 더욱 발전시켜서 후버(Hoover) 행정부를 강타하게 되는 아주 새로운 주제를 하나 만들어 냈다.

> "워싱턴의 빈약한 지도력이 이 나라에 심각한 실업과 경제불황을 야기했습니다. 연방의 모든 주는 최선을 다해서 나름대로 이 문제에 대처해야만 합니다."

바로 수개월 후 루즈벨트는 뉴욕주의 심각한 실업문제 해결을 위하여 획기적인 방안을 강구하게 된다. 선거운동 중 그는 공화당 행정부에 대해서 ① 1928년~1929년에 주식투자 붐에 제동을 걸지 않았던 점, ② 주식 시장의 붕괴 이후 그 심각성을 국민들에게 알리지 않고 숨기려 했으며, ③ 말만 무성할 뿐 신속하고 결정적인 아무런 행동을 취하지 않은 점을 조목조목 공격했다.

그가 이러한 문제들을 제기하는 것은 "**공화당은 그들만이 국민들에게 부를 보장할 수 있다고 호언장담했지만 어느 특정 정당만이 부(富)를 전매특허 내지 않았다.**"는 점을 지적하기 위함이라고 했다.

또 하나의 선거 유세용 주제는 비록 짧은 기간이었지만 지난 2년 동안 그가 노동입법, 노령연금, 병원, 공공사업, 저렴한 전기공급, 공익사업의 규제, 감옥 등의 정책을 통해서 무엇을 달성했는가를 보여주는 것이었다.

그의 소박한 설명기법은 그가 구상하고 있는 저렴한 전기공급의 주제를 힘 있고 이해하기 쉽게 수많은 사람들에게 전달할 수 있도록 해 주었다. 그는 킬로와트며 수력발전의 원리를 설명하는 대신에 전기가 들어와 있는 토론토에 비해 스토브며 냉장고, 다리미, 토스터, 진공청소기 등을 사용하는 데 전기가 들어오지 않는 시라큐스, 부룩클린 또 유티카와에서는 시간당 6~8배의 비용이 더 들어간다는 설명을 해주었다.

도표를 이용한 선거유세 자료를 준비해서 똑같은 주제를 비교하며 생생하게 보여주기도 했다. 유권자들이 1930년의 선거를 다리미 상표 이름을 딴 '워플 캠페인'이라고 부르기 시작하면서부터 선거연설문과 전단지는 유권자들의 마음속에 깊숙이 파고들었다. 선거전은 성공적이었고 특히 여성 유권자들로부터의 지지가 확산되었다.

이 선거에서는 뉴욕의 선거 역사상 유래가 없는 아주 독특한 정치적 상황이 뉴욕주의 북쪽 지역에서 두드러지게 나타났다. 주지사가 제안한 아주 포괄적인 농촌구제안의 결과로 전통적인 공화당 유권자들이 루즈벨트의 열렬한 지지자들이 되었다. 아이러니컬한 것은 공화당 지도자들도 이 구제안을 감히 거부할 수 없었다는 것이다. 농업으로 생계를 누려오던 유권자들은 난생 처음으로 민주당 주지사를 선출하게 되었다.

주(州)의 전반적인 문제가 중첩될수록, 선거유세가 계속되는 동안 루즈벨트에 대한 지지도는 올라만 갔다. 또한 주류금지법에 대한 루즈벨트의 입장은 대도시에서 그에 대한 파격적인 지지로 나타났다. 워싱턴의 공화당 행정부는 노골적으로 긴장하기 시작했다.

만일에 1930년의 선거에서 루즈벨트가 압승하게 된다면 뉴욕에서뿐만 아니라 미국 전역에서 공화당의 참패를 의미하기 때문이다. 그리고 루즈벨트를 1932년의 총선에서 좌초시키려면 아예 이 작전이 1930년에 이루어져야 했다. 워싱턴의 공화당 지도자들은 급한 나머지 루즈벨트가 항상 피하던 실책을 저질렀는데 그것은 바로 뉴욕까지 와서 직접 루즈벨트 낙선 운동을 하자는 것이었다.

국무장관, 재무차관, 국방장관 등 높은 신분의 각료들이 대거 뉴욕 선거전에 참여했다. 그들은 뉴욕시 정부의 민주당 부패에 대해 집중 공격을 가했다. 또한 이들의 유세전은 조금씩 효과를 나타내 보이는 듯했다. 어떻게 대처하면 될까? 루즈벨트는 이들을 조롱거리로 만들기로 작정하고 오코너와 나에게 연방정부가 주의 선거에 개입하는 데 대한 반격을 가할 채비를 갖추라고 했다.

우리는 비장의 무기를 뉴욕에서 하게 될 마지막 연설 속에 감춰두었다. 오코너가 이 부분의 연설문 작성을 맡았고 루즈벨트 자신이 수정했는데 가장 효과적인 감정에 호소하는 연설문이었다.

이 연설을 특별히 기억하는 사람들은 없지만, 1944년 행한 '퀠라 연설(Fala Speech)'에 비유할 수 있을 만한 조소적인 연설이었다.

"워싱턴에서 내방한 이 나라의 대표들이 뉴욕 주민들에게 제시한 설명이 얼마나 건실한 것인지를 살펴보기 전에 우리는 먼저 그 분들에게 그러한 자격이 있는지를 물어볼 권리가 있습니다. 우리가 존경하는 세 분 중에 한 분은 우리가 존경하는 위대한 오클라호마주 출신이십니다. 그 분은 뉴욕주에서 살아본 적이 없기 때문에 뉴욕주가 당면하고 있는 문제에 대해서, 뉴욕시의 상황에 대해서, 그리고 뉴욕주의 1,200만 주민이 무엇을 필요로 하고 요구하는지 아실 수가 없습니다. 그 분이 무슨 정보를 가지고 있는지는 몰라도 모두가 당원들이 전달을 했을 것입니다.

저는 그 분이 우리의 당면과제에 대해서 공평하게 브리핑을 받았다고는 생각하기가 어렵습니다. 그럼에도 불구하고 그 분들은 고위공직자라는 신분 때문에 우리 주를 방문하고 있습니다. 저는 오클라호마에 대해서 아무것도 모르는 사람이 그 주를 방문했을 경우와 마찬가지로 뉴욕 주민들도 이 점을 아주 기분 나쁘게 생각해 주었으면 합니다.

어려운 손님인 새 행정부의 두 분, 즉 국무장관과 재무차관보는 이 뉴욕주 출신입니다. 두 분 모두 뉴욕 주민들에게 정치적 상황에 대해서 설명할 수 있는 자격을 가지고 있다고 할 수 있겠습니다. 두 분 다 지금과 동일한 선거전략을 가지고 주지사 선거전을 치른 적이 있습니다. 그러나 이 주의 주민들은 이 두 분 모두에게 낙선의 쓴잔을 안겨주었습니다. 유권자들은 그들 자신이나, 그들이 제시하는 문제에 대한 신뢰가 없었을 것이고, 지금도 역시 그들을 신뢰하지 못하는 것처럼 그들이 제시하는 해결책을 신뢰하지 않을 것입니다. 자, 이제부터 그분들이 여러분에게 제시하신 설명이 과연 얼마나 설득력이 있는가를 한번 검토해 봅시다. 그 분들이 이야기하는 핵심은 이런 것입니다. 뉴욕시의 선거 쟁점은 판사들에 관한 것뿐이며, 그 밖의 다른 문제는 아무것도 아니라는 것입니다."

그리고는 금주법, 수력발전, 노령연금, 농가구호 등 핵심적인 쟁점을 논의하지 않는 공화당에 대해 신랄한 조롱을 퍼부은 후 이렇게 결론을 맺었다.

"공화당의 지도자들과 공화당 현 행정부는 2년 전에 뉴욕주에 와서 온갖 공약과 예언을 가지고 여러분을 대표해 드리겠노라고 간청했었습니다. 그들은 이 나라의 부(富)를 창조하는 자들로 자처하였습니다. 마치 그들이 집권을 하면 나라가 부강해지는 것처럼 말했으며, 오직 그들만이 이 나라의 부를 지속시킬 수 있다고 주장했습니다. 그러한 약속과 예언이 얼마나 빗나간 것이었는지를 제가 여러분께 직접 밝혀드릴 필요가 없을 것입니다.

이 나라의 수많은 남·여 그리고 어린이들이 얼마나 어려운 삶을 살아야 했는지를 조목조목 말씀드릴 필요가 없습니다. 우리 주를 방문해 주신 정부 고관대작에게 이 말씀을 올립니다. 제발 워싱턴으로 돌아가셔서 당신들의 집권 하에서 온 나라가 신음하는 문제들을 해결하도록 노력해 주시고 그 일에 시간을 할애해 주신다면 참으로 고맙겠습니다. 뉴욕주는 우리의 문제를 스스로 당당히 해결할 수 있으니 안심하시기 바랍니다."

바로 선거 전날 저녁이었기 때문에 그 연설의 효과는 대단했다. 그는 이 연설에서 뉴욕시의 판사들을 임명하는 과정에서 부정과 뇌물이 오갔다는 유세기간 내내 그를 표적으로 삼았던 불리한 혐의에 대해서도 다루었다. 그는 뉴욕주의 문제와는 아무런 상관도 없는 순수한 지방선거에서 최선을 다하고 있었지만 판사 임명에 대한 혐의는 뉴욕주의 모든 신문을 덮었고 루즈벨트의 재선 가능성을 심각하리만큼 위협하고 있었다.

장군이 전투에 나가면 그래야 하듯이 후보자는 그의 선거운동을 이끌고 나가야 한다는 신념을 철칙으로 삼고 있었다. 같은 맥락에서,

"절대로 반대파로 하여금 전투장소를 정하게 해서는 안 된다는 것이다. 만일에 반대파가 전투장소를 택하면 혼자 싸우게 내버려 두고 거기서 빠져 나와야 한다."는 것이다.

이번 선거전은 공화당이 뉴욕시의 부정부패를 최대의 쟁점으로 삼는다는 전략을 택했기 때문에 루즈벨트는 뉴욕시에 대한 언급만을 빼놓고는 다른 할 이야기를 다 해버렸다. 터틀이 뉴욕시의 판사 임명에 대해서 붙들고 늘어질수록 루즈벨트는 수력발전과 노령연금으로 응수했다.

그가 선거전의 마지막 즈음에 뉴욕시에 도착하기 전까지 그는 공화당의 공격을 철저하게, 그리고 일관성 있게 무시했다. 그는 뉴욕시에서 공화당과 딱 한 번 대결하기로 결정했고, 그것도 아주 정면충돌하기로 작정했다. 그러나 이것은 결코 쉬운 일이 아니었다. 루즈벨트는 오코너와 나에게 그가 구상하는 전략을 털어놓았다.

"중요한 것은 절대로 변명을 하거나 방어적이어서는 안 되네. 적어도 주정부의 행정부인 알바니에 관한 한 부끄러워할 것이 한 점도 없고 뉴욕시의 부정부패를 규명해 내기 위하여 법이 허락하는 가능한 모든 것을 다하겠다고 말하게. 만일에 공화당이 나에게 업무상 과실이 있었다는 것을 증명해 보이지 못한다면 공화당의 공격은 뉴욕주의 문제와는 아무런 상관이 없다는 것을 보여 주어야 하네. 우리는 유권자들이 이 점을 깨닫도록 해야만 함과 동시에 우리도 어느 누구 못지않게 부정부패를 근절하고 처벌하기를 바란다는 것은 분명히 해야 되네."

루즈벨트가 부정부패를 근절하기 위하여 몸소 실천했던 모든 것과 범죄에 대한 사실 규명과 구체적인 처벌방법을 열거한, 오코너와 내가 작성한 연설문 초안을 주지사가 다 수정하고 나니 아래와 같은 최종본이 나왔다.

"공화당 후보들과 몇몇 지방 신문들은 뉴욕시민들로 하여금 아래와 같은 사실을 믿도록 종용했습니다. ① 이 나라에 220명이나 되는 판사들의 거의 모두는 부패했습니다. ② 결과적으로 사법부는 더 이상 국민의 신뢰를 받을 수 없는 조직이 되어버렸습니다. ③ 주지사인 본인을 포함하여 뉴욕시 공화당이나 뉴욕주는 사법부의 신뢰를 회복하고 범법자를 단죄하기 위하여 아무것도 하지 않는다는 것입니다.

저는 뉴욕주의 시민으로서, 그리고 주지사로서 이 선거운동을 아주 불쾌하게 생각합니다. 저를 아실 뿐만 아니라 정직하고 품위있는 정부를 신뢰하는 국민이라면 누구나 다 이 선거운동을 불쾌하게 생각하실 것입니다. 만일에 부패한 판사가 아직도 우리의 법정에 앉아 있다면 그들을 물러나게 하겠습니다. 그들을 심문에 의해서가 아니라 헌법의 절차에 의해서, 그리고 대중매체에 의한 재판이 아니라 법적인 재판을 거쳐 물러나게 할 것입니다.

만일 뉴욕주의 법정에 부패의 소지가 있다면 저는 주지사가 활용할 수 있는 모든 권력을 동원하여 부패를 근절하겠습니다. 저는 이러한 조치가 뉴욕시 다섯 지역의 다섯 개 법정이나 뉴욕주 전체 57개의 법정 중 민주당이나 공화당이 표적이 될 가능성이 있다고 해도 이에 구애받지 않고 단행할 것입니다. 저의 이 단호한 결정은 분명하며 결코 취하되지 않을 것입니다. 이 결정은 제가 얼마나 정직한 사람인가를 단적으로 말해줍니다. 그것이 바로 정의이며, 미국적인 것이고 올바른 처사입니다.

이제 우리는 선거운동의 막바지에 도달했습니다. 저는 뉴욕 유권자 여러분들의 지지를 호소합니다. 진실을 왜곡하고 계획적으로 여러분들을 속이려고 했을 뿐만 아니라 뉴욕주 전역이 당면하고 있는 큰 문제들을 무시하리만큼 비겁했던 공화당 지도자들에게 대한 처벌로서 저를 지지해 주시기를 요청하는 것입니다."

뉴욕시에서 행한 마지막 선거연설은 그의 두 가지 목적을 달성하는 데 성공적이었다. 첫째는 워싱턴으로부터 대거 총동원한 각료들의 지원 연설을 웃음거리로 만들어버린 것이었으며, 둘째는 뉴욕시 부정부패 공격에 대해 적절한 대응을 했다는 점이다.

1930년의 선거결과는 뉴욕에 새로운 정치 역사를 만들었다. 1928년 아슬아슬하게 개표결과를 지켜보던 것에 비하면 이 날의 개표는 아주 딴판이었다. 루즈벨트는 725,000표라는 전례 없는 지지를 얻어 당선된 것이다. 민주당이 가장 많이 표를 확보했던 것은 1922년 스미스 주지사가 얻었던 386,000표였다. 항상 공화당의 안전지대로 간주되었던 뉴욕의 북부는 루즈벨트에게 167,784표를 안겨주었고, 이것은 57개의 선거지역에서 41개를 확보한 것이다.

이렇듯 예외적인 선거결과는 어디서 연유하는 것일까? 뉴욕의회 선거에서도 민주당 지지도에 관하여 유사한 추세가 나타나지 않았기 때문에 단순히 경제공황 때문이라고 설명할 수만도 없다. 당시의 선거결과는 분명히 지난 2년 동안 정치가로서, 그리고 지도자로서 루즈벨트가 이루어 낸 업적 때문이다. 즉, 농가구제 정책, 노동자 정책, 노령연금, 소비자, 그리고 가정주부들을 겨냥한 그의 전반적인 정책의 성공이다. 또한 당시 선거의 성공은 정치적 전략가로서의 루즈벨트의 면모를 잘 설명해 준다.

뉴욕주 북부의 민주당 세력 강화, 뉴욕 전역을 종횡무진하는 그의 공무여행, 라디오 방송 연설, 복잡한 정치문제를 초등학교 교육 수준으로도 이해할 수 있는 내용으로 전달하는 그의 능력 등이 모두 한 몫을 했다. 그것은 또한 루즈벨트의 인간적인 따듯함과 웅변가로서 그가 직접 또는 라디오를 통해서 만나는 사람들에게 그의 퍼스낼리티와 매력을 전달할 줄 아는 사람이었기 때문이다.

워싱턴을 지평에 보며 (1930년 ~ 1932년)

지난밤의 선거결과, 특히 뉴욕주 북부의 결과는 루즈벨트를 1932년 대통령 선거전의 유력한 후보자로 등장시켰다. 다음 날 나는 뉴욕시에서 정오에 출발하는 알바니 행 기차에 몇 사람과 함께 루즈벨트와 동행하게 되었다. 그가 대통령이 된다는 이야기를 하며 유쾌한 농담이 오갔다. 루즈벨트는 웃기만 했다.

그 날의 기차여행에는 오코너, 하우, 미씨, 그레이스 탈리, 그리고 나밖에 없었지만 그가 1932년의 대통령 선거에 관심이 있다는 이야기를 심각하게 하는 것을 들어본 적이 없다. 물론 관심이 없다는 이야기를 한 적도 없다. 우리 모두는 그가 대통령직에 관심이 있을 것이라고 생각했다. 그리고 나는 설사 그 전에는 몰랐지만 그 날 아침에는 드디어 1932년 대통령후보 지명대회에 나서기로 결정했으리라고 확신한다.

1930년 주지사 선거가 끝나자마자 우리는 또 하나의 캠페인에 돌입했다. 그것은 루즈벨트의 민주당 대통령 후보 지명전이었다. 관행대로 이 캠페인은 공개적인 것이 아니었고, 후보 자신이 아닌 후보의 친지들에 의해서 추진되었다. 그러나 그는 전략 구상에 대한 논의에는 항상 참여하였고 그 순간부터 그가 하는 말이나 행동이 그의 대통령후보 지명전과 연계되어 해석될 것이고, 동시에 영향을 미치게 될 것임을 그는 알고 있었다.

바로 이즈음부터 제임스 A. 할리가 처음으로 프랭클린 D. 루즈벨트와 밀접한 관계를 가지기 시작했다. 주지사인 루즈벨트의 제청에 의하여 할리는 1930년 민주당 뉴욕주 선거위원회의 의장으로 임명되었다. 그는 그해뿐만 아니라 그 후 2년 동안에도 뛰어난 업적을 남겼다. 그의 업무능력은 실용적인 정치가이며 조직의 명수로서 타의 추종을 불허했다.

국가적 위기－경제공황

이 당시에 루이스 하우 또한 루즈벨트에게 혁혁한 정치적 서비스를 제공했다. 이 두 사람은 일주일에 한 번씩 알바니로 가서 루즈벨트와 정치적 전략에 대한 논의를 했다. 그들은 정치적 책략에만 집중했을 뿐 주정부의 정책에 대해서는 큰 영향력을 미치지 않았다.

그럼에도 불구하고 그들은 정치 공작의 중심에 서 있었다고 해도 지나친 말은 아니다. 그들은 루즈벨트의 대통령 후보 지명전의 파트너였으며, 둘 중 어느 하나가 빠졌더라면 이처럼 대단한 일을 해내지 못했을 것이다. 이즈음에 프랭크 워커 또한 루즈벨트에게 상당한 도움을 주었으며, 훗날 루즈벨트의 내각과 그 밖에 정부 요직에서 중책을 맡았다.

루즈벨트의 탁월함이 두드러지게 나타나게 된 계기는 1931년 여름 그가 취한 아주 극적이고 결정적인 조치에 의해서였다. 이즈음 경제공황은 이제 국가적인 위기로 등장해 있었다. 다른 주의 주민들과 마찬가지로 뉴욕주의 주민들도 이 경제 위기를 극복하기 위하여 연방 정부가 과감한 시책을 마련해 주기를 고대하고 있었다.

그러나 워싱턴으로부터는 아무런 소식이 없었다. 후버 대통령과 그의 지도자들은 경제공황이 지속되는 기간 내내 '실업자 구조는 연방정부가 간여할 사항이 아니며 자선단체와 지방 정부가 간여할 사안'이라는 입장을 고집스럽게 주장하고 있었다. 워싱턴에서 한 일이라고는 '재활금융단'을 발족시킨 것 밖에는 없었다. 그나마도 굶주리고 집 없는 사람들을 구제하기 위한 것이 아니라 국철, 금융기관 등 기타 기업체에 자금을 융자해 주기 위한 것이었다. 연방 정부의 구제기능 무력증은 다른 여러 주에도 파급되었다. 이러한 첫 조짐은 뉴욕주에서 나타났다.

1930년 겨울에 루즈벨트는 몇 개의 지방자치 도시와 자선단체에서 주관하는 구제사업의 조정 역할을 떠맡았다. 1931년에 그는 주의회에 위원회를 임명하여 실업보험에 관한 검토를 해보도록 했다. 구제 문제는 하나의 프로그램이 감당할 수 없을 만큼 비대해졌고, 주지사의 걱정도 늘어만 갔다.

그는 이 문제에 대해서 자주 언급했고, 개인적인 자리에서도 만일 워싱턴에서 방관자적인 정책만을 고수한다면 주정부 차원에서 대처해야만 할 때가 올 것이라고 말하곤 했었다. 그리고 춥고 음산한 긴 겨울을 견디고 1931년 봄과 여름이 지나도록 워싱턴으로부터 일말의 행동이 취해지기를 기다리던 루즈벨트는 그 자신이 리더십을 발휘하여 뉴욕주를 위하여 무엇인가 해야 되겠다는 결정을 하게 되었다.

바로 이즈음에 뉴욕시의 행정업무에 관한 감사를 수행하고 있던 입법위원회가 주지사에게 참고인 면책권을 부여할 수 있는 기술적인 법규를 통과시키도록 특별회기를 소집해 달라는 요청을 하고 있었다. 주지사는 그 요청을 들어주기는 하였는데 별로 중요하지도 않은 법적인 수정절차보다도 더 중요한 사안을 주의회가 검토해 주었으면 하는 기대를 가지고 있었다. 뉴욕주 법에 의하면 의회의 특별회기는 주지사가 서면으로 특별히 제출한 내용에 관해서만 논의하도록 되어 있었다.

따라서 주지사는 나에게 절차상 필요한 성명서를 기안하도록 지시하며 이렇게 말했다.

"지금이야말로 실업문제 해결을 위한 직접적인 행동을 취해야만 할 계기일세. 이 메시지를 전달하기 위한 초안을 자네가 한번 구상해 보면 어떻겠나?"

뉴딜정책과 정부의 책임

나는 그의 의중을 분명히 파악하고 있었다. 루즈벨트는 실업문제에 관한 한 뉴욕주가 할 수 있는 모든 것을 해야만 한다는 결론을 내렸고, 그 목적을 달성하기 위하여 상당히 많은 액수의 기금을 확보해야 된다는 것도 알고 있었다. 1950년대의 시점에서 본다면 이러한 정부의 직접적인 개입은 지극히 자연스러워 보이지만 1931년만 해도 아주 예외적인 것이며 놀랄 만한 제안이었다. 그는 여러 차례 나에게 시혜적인 금전급부안에는 반대하며, 그 대신 주정부는 실업자들에 공공사업을 통한 일자리를 제공해야 하고, 만일 일자리가 없다면 공공기금으로 음식, 의류, 그리고 숙소를 제공해야 한다고 말했다.

"우리가 명심해야 할 것은 이러한 문제의 해결에 정부가 담당해야 할 역할이 있다는 것일세. 가만히 앉아서 자선단체와 지방정부만이 전적으로 문제를 해결하도록 기대할 수는 없어요."

이 메시지는 거의 모든 내용이 하이드 파크에서 작성되었고 1931년 8월 28일에 주의회로 발송되었는데, 사실 이 날짜는 역사적으로 미국 정부의 사회문제에 대한 생각을 바꿔놓은 중요한 날이 되었다. 이 연설문은 뉴딜의 핵심적인 개념을 내포하고 있었다. 즉 동원할 수 있는 국가의 자원을 이용하여 국민의 고통을 예방하고 보편적인 복지 증진을 도모하는 것이 정부의 책임이라는 것이다.

동원할 수 있는 국가의 자원을 이용하여 국민의 고통을 예방하고 복지를 증진하는 것이 정부의 책임입니다.

정부는 국민에 의해 만들어 진 것

국가란 무엇인가? 그것은 조직화된 인간 사회를 정당하게 대변하고 그들 상호의 보호와 복지를 위하여 국민에 의하여 창조된 것이다. 정부란 국민의 주인이 아니며 국민에 의하여 만들어진 것이다. 국민에 대한 국가의 의무란 마치 상전을 모시는 하인과 같은 관계이다.

정부는 국민의 주인이 아니라 국민에 의해 만들어진 것입니다.

따라서 국가는 국민이 만들었고 공통의 합의에 의해서 국가의 지속적인 존재를 허락한다. 국가의 여러 기능 중의 하나는 바로 어려운 환경의 희생자가 되어 타인의 도움 없이는 생존의 위한 최소한의 생필품마저도 마련할 능력을 상실한 국민을 보살피는 것이다.

우리는 원칙적으로 사고나 노령으로 인해서 영구적으로 능력을 상실할 수 있다는 점을 인정하는데, 악화된 경제적 상황의 확산 때문에 수많은 사람들이 자신은 물론이고 가족들의 생계를 보장할 직장을 구할 수 없다면 국가의 책임은 이들에게도 똑같이 적용되어야만 한다. 이러한 경제적 희생자들에 대한 정부의 지원은 시혜로서가 아니라 사회적 의무로서 확대되어야만 한다. 그것이 루즈벨트의 생각이었다.

경제적 희생자에 대한 대책은 시혜가 아닌 사회적 의무이다.

기존의 지방자선단체나 지방정부는 더 이상 증가하는 실업 문제에 대처할 수 없다는 점을 지적함으로써 루즈벨트는 주정부로 하여금 즉각 새로운 세금 2천만 불을 확보하여 일을 할 수 있는 사람들에게는 직장을 알선하고, 취업 알선이 어려운 경우에는 **"굶어죽지 않도록 의류와 숙소를 제공토록 하라."**고 지시했다. 이 중요한 메시지를 직접 전달하기 위하여 주의회에 나갔다.

뉴욕주는 말할 것도 없거니와 워싱턴의 우유부단함과 절망적인 정치적 나태의 안개 속을 헤매던 미국 국민들에게 이 메시지는 안도의 숨을 쉬게 하는 신선한 공기가 되었다. 1950년대의 시점에서 본다면 불가사의한 일이겠지만, 1931년 뉴욕주의 공화당 지도자들은 루즈벨트의 제안에 반대했다. 그는 공화당 지도자들에게도 필요한 입법을 제안하도록 하여 정치적 치적을 공유하자는 제안을 하였다.

루즈벨트는 1941년과 같은 국가적 위기 상황이 아닌 때에는 정적들에게 호감을 줄 수 있는 고상한 제안을 하지 않는다. 1931년의 그의 제안은 곤경에 처해 있는 국민들에게 도움의 손길을 주고자 그가 얼마나 고심하고 있었는가를 잘 보여준다.

공화당 지도자들이 좀 더 명석했더라면 이 제안을 즉각 받아들였을 것이다. 그러나 공화당의 극심한, 그리고 명석치 못한 반대는 루즈벨트에게는 정치적인 축복이 되었다. 이 사태는 루즈벨트가 정치적으로 얼마나 행운아인가를 분명히 보여주었다.

공화당 지도부는 루즈벨트의 제안을 기각했다. 그 대신 루즈벨트의 선견지명적이고 과감한 프로그램을 좌절시키기 위하여 별로 효과도 없는 '시시한'(루즈벨트가 좋아하는 또 하나의 표현이다) 입법안을 제안했다. 국민적인 반대에도 불구하고 공화당은 요지부동이었고 그들이 차지하고 있는 다수표를 동원하여 자기들의 안을 관철시킨 후 휴회를 선언하겠다는 전략을 택했다.

루즈벨트는 공개적으로 공화당 법안의 결함을 지적했고, 그들의 법안에 대해 거부권을 행사하겠다고 위협했을 뿐만 아니라 효력 있는 법안을 통과시키기 위하여 두 번째의 특별 의회를 소집하겠다고 발표했다. 특별의회의 마지막 순간에 공화당 지도부는 무조건 항복했다. 그리고는 그들의 법안에 루즈벨트의 안을 거의 모두 다 수용해서 통과시킨 후 휴회를 선언했다.

루즈벨트를 반대하고자 했던 공화당의 당초 도전적 행동은 오히려 그에 대한 추종으로 변했고, 나중에는 그 법안이 표방하는 것 이상으로 그의 국가적 위상과 명성을 높여주었다. 그때의 의회 메시지와 승리로 인하여 1932년 후버 대통령을 낙선시키기 위한 지명전에서 루즈벨트의 인기는 급상승하였다.

이 두 후보를 차별화하는 근본적인 정치·경제·철학의 문제가 극명하게 부각되었다. 후버를 대변하는 것은 자유방임적인 철학으로서 경제불황의 문제는 종국적으로 자동적으로 해결될 것이기 때문에 국민들에게 어떠한 고통이 따르더라도 국가가 개입해서는 안 된다는 원칙이다.

반면에 루즈벨트의 지론은, 정부는 과감하게 자유방임과 맞서서 적극적 개입정책을 펴야 할 의무가 있으며, 국가의 자원을 활용해서라도 고통을 치유하고 적극적으로 재난을 방지해야 한다는 것이었다.

루즈벨트의 정책노선을 지지하는 측근들의 행동은 이제 보다 활기를 얻게 되었다. 경제공황이 더 악화됨에 따라 워싱턴의 공화당 지도부는 긴급사태에 대처하기 위한, 보다 근본적인 행동을 취하는 것을 거부하였으며, 이에 따라 후버 대통령의 재선 가능성도 점점 희박해졌다. 승리의 가능성이 높아지는 낌새를 눈치 챈 수많은 민주당원들이 민주당 대통령 후보로 나서기 시작했다.

진보적 사회목표 달성을 위한 투쟁

루즈벨트의 입지를 유력하게 하는 데는 몇 가지 명료한 것과 불명료한 것이 있었다. 그는 진보적인 경제·사회적 목표 달성을 위한 투쟁을 계속했으며, 이러한 투쟁이 보여준 그의 열정은 그의 신체장애에 대한 일반 대중의 염려를 감소시켰고, 뉴욕 의회지도자들과의 성공적인(때로는 실패까지도) 투쟁은 전 미국에서 그를 과감하고, 창의적이며 공격적이고 신망 있는 정치 지도자라는 평판을 안겨주었다. 그는 명분 있는 투쟁을 마다하지 않았으며 국민들은 투사를 반겼다.

그의 미소는 이제 한 폭의 국민적 초상이 되었으며, 국민들은 미소 짓는 지도자를 좋아했다. 그는 뉴욕주의 1,260만 시민들과 아주 친밀한 관계를 맺고 있는 것처럼 보였고, 이것은 후버 대통령과는 극적인 대조를 이루었다. 라디오를 통해서 전파되는 그의 다양하고 설득력 있는 음성은 이제 뉴욕 외부에도 알려지게 되었으며, 전국의 청취자들은 그의 목소리를 들을 때 마치 그와 한방에 있거나, 함께 난롯가에 앉아 있는 것처럼 느꼈다.

그는 정치가들과 정치 지도자들에게는 어떻게 말해야 되는지를 알고 있었다. 지방 또는 국가적 지도자들이 그의 저택을 방문하고 돌아갈 때는 깊은 인상을 받고 돌아가도록 했고, 그런 방문이 자주 있도록 했다. 그들은 개혁 의지에 불타는 투사를 만남과 동시에 그들의 문제를 이해하고 허심탄회하게 의논할 뿐만 아니라 해결을 위해서 노심초사하는 실천적인 사람을 만나는 것이었다.

주지사로서 그는 전 미국의 지도자들과 개인적으로 서신 왕래를 했으며, 루즈벨트의 두 정치보좌관이었던 할리와 하우가 주로 막대한 양의 서신 교류 업무를 담당했다.

루즈벨트는 주지사로서, 그리고 나중에는 대통령으로서 정치적 조직과 그들의 기여가 선거를 승리로 이끄는 데 중요한 역할을 한다는 사실을 인지했다. 그는 정치후원회를 강하고 효과적으로 유지하기 위해서 정치적 조직과 긴밀한 업무 관계를 유지하는 것이 얼마나 필요한지도 알았다.

그는 간혹 정치가들, 특히 대도시 출신의 정치가들과 너무 지나칠 정도로 협조하는 것이 아니냐는 비난을 받기도 했다. 그러나 그는 성공적인 실용주의적 정치는 매일 일정시간을 정치생활에 할애할 줄 아는 전문가의 리더십을 필요로 하며, 어떤 정당이나 후보라 할지라도 선거 초기나 당일에만 시간을 내는 사람들에게 성공을 기대할 수 없다고 생각했다. 이러한 생각 때문에 정치조직을 장려했고 성장하도록 도와주었다. 또한 바로 이러한 생각 때문에 그는 정치조직체에게 도움을 청했으며, 자문을 받았고, 인사정책에서도 그들의 제안을 최대한 받아들였다.

정치란 영예로우며 필수불가결한 전문직이다.

그는 정치란 영예로울 뿐만 아니라 필수불가결한 전문직이라고 생각했다. 그는 많은 미국인들이 실용적인 정치를 아주 추하고 부정직한 것이라고 생각하는 경향을 싫어했는데, 그 이유는 이러한 생각 때문에 국가에 지대한 기여를 할 수 있는 자격을 갖춘, 의식있는 많은 남·여 인사들이 정치와 공직사회에 발을 끊었다고 생각했다.

그는 일반 대중들과 정부가 당면한 과제들에 대한 격의없는 대화를 통하여 그들로 하여금 정부에 대한 이해의 수준을 높였다. 뿐만 아니라 그는 의회에서도 토론의 수준을 높였다. 루즈벨트는 1929년 의회의 첫 회기기간 중 나에게 이렇게 말한 적이 있었다.

"나는 매주 월요일 민주당 상·하원의 지도자들과 점심시간에 우리가 만나서 그 주간에 검토할 입법안들을 검토하는 시간을 갖도록 하겠어. 뉴욕 의회와 상원이 만나는 3층과 행정부 회의실이 있는 2층은 업무적으로 너무 동떨어져 있어. 그들은 주지사인 나의 의도를 이해하지 못하고 있어. 의회 토론을 경청해 보면 그것이 그대로 나타난단 말이야. 그래서 다음 월요일 나는 하원과 상원의 지도자들, 그리고 부지사인 허버트, 그리고 자네를 점심에 초대해서 오랫동안 얘기를 좀 해야겠어. 그리고 나는 이번 회기 동안 내내 월요일마다 이 점심시간을 주관하겠어."

"그렇다면 주지사님, 점심에 초대될 명단을 좀 확대시키시지요."

하고 내가 말했다.

"나는 지난 5년 동안 의회에 있었는데, 의장 혼자서 매사를 항상 다 끌고 나갈 수는 없어. 자네가 상·하원의 의장에게 얘기해서 각각 두 사람씩 차출해서 점심에 데려오라고 해. 아마 2~3주에 한 번씩 그들 모두가 토론의 질을 높이는 데 기여할 수 있겠고, 그 밖에 더 많은 의원들이 개인적으로 자네를 만난다면 토론에도 더 열기가 붙을 걸세."

그래서 매주 월요일의 점심 모임은 시작되었고 우리는 점심시간에 주지사의 저택에서 만났다. 이 점심시간은 어떤 때는 3시간 동안이나 계속되었다. 이 점심에 대한 소문은 새어나갔고 의회 상·하원의 토론 수준이 향상된 것은 바로 이 점심시간의 담화와 토론이 얼마나 효과적이었나 하는 것을 단적으로 보여준다. 처음 몇 차례의 점심 메뉴는 로스트 터키였으므로 점심 모임은 얼마 후 '터키 내각'으로 알려졌다.

몇 년 후, 대통령으로서의 루즈벨트와 민주당 의원들과의 관계가 원만치 못했을 때—그런 경우는 가끔 있었다.— 나는 이 점심 모임을 다시 시작하자고 제안한 적이 있었다. 나 말고도 다른 사람들, 특히 루즈벨트의 부인도 그렇게 하자고 종용했으나 성공하지 못했다.

"도저히 그럴 시간이 없네. 그리고 어차피 숫자가 하도 많으니 다 돌아가면서 점심을 하기란 어려운 것 아니겠나?" 하고 항의하듯 대꾸했다. 그러나 나는 이것이 진정한 이유라고는 생각하지 않았다.

의회에서의 민주당 지도자들은 알바니에 있던 뉴욕 주의회의 의원들과는 달리 행정부 수반의 의사에 고분고분 따라주지 않았다. 알바니 시절의 주지사는 워싱턴의 대통령보다도 그의 당원들로부터 더 큰 지지를 기대할 수 있었다.

그는 설사 워싱턴에 '터키 내각'을 재개한다 해도 뉴욕주지사의 저택에서 얻어 낼 수 있었던 것과 같은 똑같은 결과를 기대할 수 없다는 것을 알고 있었다. 그는 또한 '터키 내각'에 초대 대상이 되는 몇몇 의원의 투표 행위에 대단히 분노해서 충격을 받을 정도였으므로 그런 사람과 한 테이블에 앉아 점심을 한다는 것을 도저히 상상도 할 수 없었다. 루즈벨트는 그의 비위를 심하게 거스르거나 그가 싫어하는 사람과 국정을 논의하는 것 자체를 혐오했다.

때때로 루즈벨트는 그의 상한 기분을 극단적으로 표현한 적도 있다. 예를 들면 의회의 한 소위원회가 면담을 요청했는데 그 위원회 소속의 한 의원이 그가 아주 싫어하는 사람이었기 때문에 면담을 거절한 경우이다.

1932년이 될 무렵, 루즈벨트는 복잡 미묘한 정치 현장을 잘 다루는 도사가 되어가고 있었다. 특히 그의 정치적인 수완은 정적을 다루는 난폭하고 파격적인 전략이 요구될 때 그 괴력을 발휘했다. 그는 정치와 정부에 대한 경험과 이해가 풍부했기 때문에 원칙을 포기하지 않는 범위 내에서 오늘의 적절한 타협이 부정확한 미래의 안개와도 같은 전망을 가진 완전한 법안보다 낫다고 생각했다.

루즈벨트는 이렇게 사소한 사안에 대하여 얼마든지 타협하고 절충할 용의가 있었기 때문에 세부적인 것을 싫어했고, 사실상 세세한 것은 잘 다루지 못했다. 그는 언제나 그가 즐겨 말하듯이 '큰 그림'을 좋아했고, 그 그림의 구상이 좋고 그 일반적 결과가 그가 원하는 것이라면 그림을 그리는 데 한두 줄이 빗나가는 것에 대해서는 별로 개의치 않았다. 1932년의 정치적 분위기는 과감한 정책을 수행할 진보적 민주당을 요구하고 있었는데, 바로 그 정반대 유형이 후버 대통령이었다.

루즈벨트는 국민적 기대를 완전히 이루어 줄 수 있는 인물이었다. 만약에 진보적 개념을 '변화하는 상황에 대응하기 위하여 변화를 주도할 의지가 있는 것'이라고 정의한다면 그것이 바로 루즈벨트 정치철학의 핵심이었다. 맥콜리의 명언대로 '살아남으려면 개혁하라'는 것이 루즈벨트의 여러 신조 중의 하나였고, 이 말을 자주 인용했고 실천했다. 그 이유 때문에 그는 새로운 아이디어에 민감한 관심을 보였고, 국가의 업무를 추진함에 있어서도 언제나 '과감하고 지속적인 실험'을 강하게 신봉했다.

살아남으려면 '개혁하라.'

그는 외모로도 미국 사람들이 그를 대통령으로 모시고 싶을 만한 위엄을 갖추고 있었다. 그는 일말의 허세도 싫어했다. 그는 친지나 방문객 또는 하인들에게도 위엄을 강요하지 않았고, 타고난 지도자들이 모두 그러하듯이 거의 무의식적으로 존경과 애정을 독차지했다.

1928년과 1930년의 선거에 비추어 볼 때 1932년에는 타의 추종을 불허하는 캠페인이 되어 있었다. 따라서 1932년 봄, 루즈벨트는 할리의 도움으로 대통령후보 지명대표단을 사로잡아 후보 경선의 선두주자로 등장하게 되었다.

브레인 트러스트(1932년)

1932년 1월 22일 루즈벨트는 공식적인 미국의 대통령 후보로 출사표를 던졌다. 따라서 이제부터는 더욱더 주(州)의 경계를 초월한 국내외적인 문제에 관심을 가지게 되었다. 그가 국가적인 문제에 대응하는 원칙이나 목표에 있어서 주지사 때와 크게 다른 것이 없었지만 새로운 문제에 대처하는 방법은 이제 완전히 달라졌다. 나는 루즈벨트가 새로운 활동분야에 발을 내딛게 되는 것에 대하여 다소 염려하기 시작했다.

그가 다루어야 할 문제들은 나의 경험 영역을 벗어나고 있었다. 과거에 우리는 주의 업무를 수행하는 데 있어서 필요하다면 특별한 분야의 전문가를 자유자재로 기용했었지만, 그러나 전 국가를 대상으로 하는 문제는 단순한 전문가나 특별 기술자문의 수준으로서는 감당하기가 어려웠다.

미국의 경제는 바로 우리의 눈앞에서 붕괴될 조짐을 보였다. 전문가들과 경제학자들이 거의 매일 워싱턴의 후버 대통령을 자문하러 호출을 당했지만 상황은 악화일로에 있었다.

3월 어느 날 저녁 우리가 함께 해야 될 일들을 모두 끝내고 잠자리에 들 무렵, 나는 내가 가지고 있던 생각을 대통령께 말씀드렸다. 그리고는 덧붙여 말했다.

"이제 미국 경제가 당면하고 있는 문제들, 그리고 가장 문제가 심각한 부분에 대한 최신 정보를 수집해야 할 시기가 온 것 같습니다. 만일 주지사님께서 내일이라도 당장에 대통령 후보로 지명되어 10일 이내로 선거운동을 시작하셔야 된다면 우리는 상당한 곤경에 빠질 것입니다. 그렇게 된다면 주지사님은 잘 정리된 정책 하나 없이 그냥 나서게 될 것입니다. 주지사님께서 연설을 통해서 다루어야 할 여러 가지 중요한 사안들을 하룻밤 내에 이성적인 연설문으로 준비해 내기는 아주 힘들 겁니다."

루즈벨트는 즉각 관심을 보였다. 그는 예의상 그냥 들어 줄 때와 관심을 가지고 들어줄 때와는 판이하게 표가 났다. 그의 눈빛과 치켜든 턱이 분명히 '나는 경청하고 있네, 말해보게나' 하는 듯했다.

"제 생각에는 오늘 당장이라도 몇 사람을 모아서 국가적인 문제를 의논해 보아야 할 것 같습니다. 그래야만 어떤 대답이나 최소한의 이성적 사고, 그리고 장점과 단점을 포함한 좋은 구상을 할 수 있을 것 같습니다."

"누구 추천할 사람이라도 있는가?" 하고 그가 물었다.

"특별히 마음에 둔 사람은 없습니다만…… 어떤 사람이 적절하고, 적절치 못한가에 대해서는 각별한 견해를 가지고 있습니다."

그는 기대에 찬 표정으로 올려다보았다.

"대개 이런 상황에서는……." 하고 나는 계속했다.

"대통령 후보는 대개 자기 주변에 성공한 기업인, 재무전문가, 또는 명망 있는 정치 지도자들을 불러 모으지요. 그런데 제 생각에는 이런 사람들을 우선은 멀리해야 할 것 같습니다. 그런 사람들 중 어느 누구도 우리가 당면한 문제에 대한 해결책을 제시할 사람은 없어요. 제 생각은 이렇습니다.

미국의 대학에 있는 인재들을 동원하는 것이 어떻겠습니까? 주지사님께서는 과거에도 대학 교수들과 일하면서 좋은 경험을 얻으신 것으로 압니다. 대학 교수들은 새로운 제안을, 반드시 새로운 제안이라는 이유 때문에 그것을 주저하지는 않을 것입니다. 아마도 그들은 여러 분야에 산적해 있는 혼미한 생각들로부터 헤어나려고 할 것이며, 제 생각에 그러한 시도는 아주 중요한 것 같습니다."

"그 대학 교수들이 무엇을 했으면 좋겠는가?"

하고 그는 조심스럽게 물었다.

이것은 루즈벨트로서는 아주 예외적인 것이었고, 아주 깊은 관심을 보이는 것이었다. 그리고 그는 우선 대통령 후보로 지명을 받았으면 했고 당선되기를 바랐다. 그것은 아주 중요한 사안이었다. 그러나 그는 이러한 그룹이 정말 도움이 될 것인지 방해가 될는지의 여부에 대해서는 확신을 하지 못하는 것 같았다.

"나도 확실히는 모르겠네. 차차 시간이 경과하면 그 윤곽이 드러나겠지. 만일에 우리에게 도움을 줄 수 있는 소규모 집단을 구성할 수 있다면 농가구조, 관세, 철도, 정부 부채, 개인 신용, 통화, 금(金) 기준 등 현재의 경제위기와 관련 있는 모든 것에 대해서, 특히 분명한 입장을 취해야 될 사안에 대해서 의견서를 한번 제출해 보도록 하게. 자네가 직접 그들에게 이야기해야 하네. 그러면 아마도 그들로부터 무슨 구체적인 안이 제시될 것 같구먼."

말을 잠시 멈추고 담배를 몇 차례 뿜어내더니 천정을 올려다보면서 "OK. 한번 알아서 해보게." 하고 말했다.

"제가 제일 먼저 접근해 보고 싶은 사람은 레이 몰리입니다. 그는 주지사님의 사회 철학과 목표를 신봉할 뿐만 아니라 아주 명석하고 힘 있게 글을 쓰는 사람입니다. 본인이 대학 교수니까 다른 분야에 있는 교수들도 추천할 수 있을 것입니다. 그렇게 해도 되겠는지요?"

주지사는 고개를 끄덕였다. 내가 휠체어를 밀고 그의 침실로 가며 다른 이야기도 했지만 나의 제안에 대하여 그가 얼마나 열광적이었는지에 대해서는 나도 확신이 가지 않았다. 그러나 나는 그 당시 루즈벨트가 1928년의 주지사 선거운동 때 훨씬 덜 중요한 사안을 가지고도 도움을 필요로 했던 것처럼 지금도 도움이 필요하다는 것을 알았다. 휠체어에서 침대로 몸을 옮기며, "이 일을 아주 은밀하게 추진해야만 하네." 하고 그가 말했다.

"이 교수들이 외부에 나가서 발설을 하지 않는다고 믿을 수 있겠는가? 만일에 곧장 신문에라도 나버리면 좋지 않을 텐데……."

그리고는 아마도 그의 마음은 이미 국가적인 주제에 대하여 연설을 하기로 결정한 것에 심취되어 있었겠지만 한동안 무엇인가를 생각하는 듯했다.

"일단 결정을 했으니 어떻게 전개될 것인가 두고 보아야겠네."

이렇게 해서 미국 정치 역사에 아주 특별한 관례이며, 브레인 트러스트(Brain Trust)가 생겨났다.

나는 한때 내가 뉴욕주 사법·행정위원회의 회원이자 책임자로 있었을 때 콜럼비아 대학의 레이몬드 몰리 교수를 알게 되었다. 원래 이

위원회는 루즈벨트의 지시에 의해서 구성된 것이며, 주지사는 이 위원회의 업무에 깊은 관심을 가지고 있었다. 그 당시 몰리 교수는 루즈벨트의 경제, 사회 철학을 지지했으며, 기회가 있을 때마다 루즈벨트의 지명전 준비에 도움이 될 수 있으면 참여하겠다고 몇 번이나 말했었다. 이 '브레인 트러스트'는 그에게 바로 그러한 기회를 제공하게 되었다.

나는 그에게 전화를 해서 알바니로 오라 했고, 그는 곧장 달려왔다. 내가 그에게 주지사의 의중을 설명해 주었더니 그는 아주 열광적이었다. 나는 그가 대학의 여러 교수들을 모아 그룹을 만들 수 있는 책임자이며 루즈벨트도 그 제안을 승인했노라고 말해주었다.

"우선은 교수님께서 접근할 수 있는 몇몇 교수들과 얘기해 보십시오. 루즈벨트를 위해서 일할 용의가 있겠는지요. 아주 신중하게 처신해야 됩니다. 그리고 무슨 일을 하는지 어느 누구에게도 발설해서는 안 됩니다. 우리는 수고비를 드릴만한 예산도 없으니까 대통령 후보의 진보적인 정책을 후원하는 차원에서 일해 주셔야 할 것입니다. 우리가 의도하는 것을 도와줄 의사가 있는 사람들을 물색해 볼 수 있겠어요?"

그는 할 수 있다고 확신했다.

"대상자 몇 사람을 생각해 보세요. 그리고 다음에 내가 뉴욕에 갈 때 베실 오코너와 함께 내 아파트에서 만나서 후보자들에 대한 논의를 해봅시다."

우리의 첫 모임은 얼마 후 곧 이루어졌다. 몰리는 논의할 주제의 목록과 후보자들의 명단도 준비했다.

먼저 농업문제가 목록에 올라있었고, 이 분야를 담당할 사람으로는 콜럼비아 대학의 렉스포드 G. 타그웰 교수가 제안되었다. 관세제도도 콜럼비아 대학의 린지 로저스 교수가, 신용관리는 콜럼비아 대학의 아돌프 A. 벌 2세가 천거되었다.

오코너와 나는 명단을 살펴보았다. 나는 교수들에 대해서 들어본 적은 있지만 제대로 알 만한 사람은 하나도 없었다. 일단 우리는 뉴욕시에 거주하는 사람들로 명단이 작성된 것이 마음에 들었는데 그 이유는 회의에 쉽게 참석할 수 있으리라는 생각 때문이었다.

"명단에 있는 교수들을 한 분씩 따로따로 만납시다."

하고 오코너가 말했다.

나는 타그웰 교수를 첫 대면자로 정했다. 그 이유는 루즈벨트가 농민들의 애환에 깊은 관심을 가지고 있기도 했지만 내가 국가적인 차원에서 제일 이해하지 못하는 분야이기 때문이기도 했다.

몰리는 다음날 타그웰을 내 아파트로 데리고 왔다. 그는 농부들이 당면하고 있는 문제에 대해서, 그리고 문제 해결을 위해서 취해야 할 조치에 대해서 장황하게 이야기했다. 아주 빠른 속도로 몰리는 또 다른 사람들을 우리에게 소개했다.

로저스, 벌, 훗날 라 구아디아 시장 밑에서 뉴욕시 재무관이 된 국가재정 전문가인 콜럼비아 대학의 죠셉 D. 맥 골드릭, 헌법과 행정법 전문가인 콜럼비아 대학의 하워드 L. 맥베인 등이다. 몰리가 직접 대면을 주선하지는 않았으나 해당 특별 분야에 대해서 의견서만 받아온 인사들도 있었다.

이러한 물밑 작업이 계속되는 근 10년 동안 내 자신의 생활이 루즈벨트와의 공식적인 관계로부터 분리되는 전환점을 맞았다가, 제 2 차 세계대전의 발발과 동시에 다시 공식적인 관계를 맺게 되었다.

그러나 나와의 비공식적인 관계는 지속되었다. 1931년 12월 말 즈음 뉴욕주 고등법원에 공석이 하나 생겼다.

내가 변호사 시험에 합격한 이후, 모든 젊은 변호사들과 마찬가지로 나의 야심은 언젠가 뉴욕주 고등법원의 판사가 되겠다는 것이었다. 나는 내 나이 겨우 36세가 되던 1932년에 그런 기회가 나에게 주어지리라고는 꿈에도 생각지 못했었다. 그러나 루즈벨트는 나의 야심을 알고 있었고, 알바니에 있던 몇몇 친구들이 나를 임명하라고 루즈벨트를 설득했다. 물론 나도 기회가 주어진다면 사양하지 않겠다고 했다.

그는 만일에 자신이 대통령이 된다면 그와 함께 워싱턴으로 가주기를 바란다고 했다. 그러나 나는 정치 수도의 음모와 개인적인 질투를 싫어했기 때문에 워싱턴의 요직은 그렇게 탐탁하게 생각하지 않았다. 그는 나를 임명하겠다고 했다. 단, 조건은 현 회기가 끝날 때까지, 그리고 입법안이 통과되는 30일 기간이 끝날 때까지 그와 함께 알바니에 있어달라는 것이었다. 이러한 조건이 충족되면 그는 두 달 후인 의회의 마지막 날 나의 이름을 상원에 보내겠다고 했다.

그동안 우리는 이 모든 것을 비밀에 붙이기로 했는데. 그 이유는 이제 곧 민주당의 리더인 존 F. 카리가 공석을 메우기 위한 추천을 할 것이고, '과연 누가 그 자리를 메울 것인가' 하는 추측이 무성해질 것이기 때문이다.

사실 그것은 좀 거북스러운 비밀이기도 했다. 주지사는 나를 통해서 카리에게 메시지를, 특히 카리가 추천하는 정치적 임명을 거부하겠다든가 하는 등의 반갑지 않은 메시지를 보내곤 했었다. 그는 공석을 메울 인사를 추천하지도 않으면서 계속해서 추천을 요구했다.

시간이 흐르고 카리가 점점 더 채근하게 됨으로써 상황은 더욱더 거북해졌다.

1932년 3월 11일 회기의 마지막 날 주지사는 나의 이름을 상원으로 보냈고 나의 임명은 즉각 결정되었다. 나는 법률 통과의 유효를 위한 30일 동안 주지사와 함께 있었고, 4월 1일이 되어서야 나의 법관직을 맡게 되었다.

나의 취임식에서 루즈벨트는 그의 부인에게 대신 참석하여 간략한 축사를 해달라고 부탁했다. 연설 도중에 그녀는 루즈벨트가 손수 쓴 편지를 한 장 건네주면서 나중에 혼자 읽으라고 했다. 그것은 내가 할 일 많고 재미있는 일을 많이 한 주지사를 모시고 일할 수 있었던 기회를 갖게 되어 감사하고 기쁘게 생각한다는 나의 서신에 대한 회답이었다.

나는 루즈벨트의 따뜻함과 관대함을 설명하기 위하여 그의 서신을 공개한다. 그에 대한 글을 썼던 사람들이 묘사했던 것처럼 그는 감사를 할 줄 모르는 사람이 아니었다.

뉴욕주 지사실—알바니

1932년 4월 14일

주지사 프랭클린 루즈벨트

나의 친애하는 샘에게

자네가 나에게 보내준 서신은 내가 지금까지 경험했던 가장 진실하고 사려 깊은 우정의 표시였을 뿐만 아니라, 아무리 공직이라 하더라도 인간미가 없는 공적(公的) 요소를 보상해 줄 수 있는 개인적이고 인간적인 면도 있을 수 있다는 것을 충분히 보여주었네.

자네가 수년간 나의 일을 잘 돌보아 주어 나의 무거운 짐을 얼마나 가볍게 해주었는지 말해 줄 필요가 없겠네만, 나는 벌써 자네가 이제 내 곁에 없는 것이 하루도 채 안 되었는데 산적한 일들을 해내지 못한 괴로운 심정일세. 그 결과로 자네가 내 손을 잡고, 아주 곧 그리고 자주 나의 잔무를 수행하도록 특별 임무를 부여해야 되겠네.

실제로 4월 22일 금요일 오후에 이곳에 와서 다음 날 뉴욕으로 간다고 하는 것은 실현될 수 없는 순진한 생각이 아니겠나? 자네가 고등법원 판사석에 앉아 있는 모습을 내가 얼마나 싫어하는지 짐작이나 하겠나? 어쨌든 당분간은 자네가 그 자리에 앉게 된 것은 궁극적으로는 더 큰, 위대한 서비스를 위한 훌륭한 경험을 쌓는 것이라고 해둠세.

나는 자네가 내 곁에 있었으면 하는 아쉬움을 말로 다 표현할 수 없네. 그리고 언젠가 자네와 나의 파트너십이 재개되기 바라네. —그러나 빠르면 빠를수록 더 좋네!

자네를 아끼는 오랜 친구

프랭클린 D. 루즈벨트

'잊혀진 사람들'

그 무렵, 그러니까 정확히 1932년 4월 7일, 짧은 라디오 연설을 통해서 그는 그의 보수파 정적들에게 대통령 지명전에 나서겠다는 도전장을 내었다. 그 연설은 그때 당시 논란을 불러일으켰고, 다른 여러 곳에서는 선동적인 정치가라는 욕설이 나오기도 했다. 그러나 그는 탁월한 자유주의 투사로서 맨 앞자리를 양보하지 않았다. 나는 의회가 주지사의 책상 위에 올려놓은 825개의 입법안을 처리하느라고 무척 분주했기 때문에 그의 연설문 작성에 깊이 관여할 수 없었다.

몰리는 아주 탁월한 연설문 초안을 기안했는데, 그 중에는 유명한 '잊혀진 사람들'이라는 문구도 포함되어 있었다. 그 연설은 단 10분짜리였지만 정말로 경탄하리만큼 잘 쓰인 것이었고, 실제로 몰리는 탁월한 문장을 구사하는 사람이었다. 그리고 그 연설문 속에는 루즈벨트가 대통령으로 당선되자마자 추진하고자 했던 – 브레인 트러스트에서 논의되었던 – 몇 가지 핵심적인 안을 담고 있었다.

그 연설의 핵심적인 주제는 든든한 번영이란 잊혀지고, 분산된 것처럼 보이지만 동시에 경제구조의 하층에 중요한 위치를 차지하고 있는 '잊혀진 사람들'에 대한 신뢰와 중앙집권적이 아닌 밑으로부터 구축되는 경제력을 기반으로 한 계획에 달려있다고 했다. '잊혀진 사람들'이라는 문구는 1883년 윌리엄 그래이엄 섬너(Wiliam Graham Sumner)가 한 논문에서 처음 사용했다. 그러나 몰리가 제안해서 루즈벨트가 사용했을 때는, 섬너가 염두에 두었던 것보다는 더 방대한 미국사회의 계층과 그들의 고달픈 삶을 표현하게 되었다.

적어도 루즈벨트에 관한 한 이 '잊혀진 사람들'은 추상적으로 연설문을 장식하는 사람들이 아니라 실제의 인물들이었다. '잊혀진 사람들'은 돈도, 권력도, 사회적 지위도 없는 사람들이다. 그들은 노동착취공장의 노무자이며, 많은 부채와 저소득을 감수해야만 하는 힘없는 농민이었으며, 날로 강해지는 독과점 세력에 대항해야 하는 소규모 사업가였으며, 물가상승과 얇은 월급봉투 때문에 걱정하는 가정주부, 갈 만한 교육시설이 없는 농촌의 청소년들이었으며, 아동 노동자, 실업자, 가난한 노인, 그리고 장애인이었다.

이 '잊혀진 사람들'이야말로 바로 루즈벨트가 대통령 재임시 가장 지대한 관심을 쏟았던 대상자들이었다. '잊혀진 사람들'에 대한 철학은 1921년 워싱턴 정가를 지배하던 철학, 즉 정부의 목표란 국가의 부(富)가 궁극적으로 모든 사람에게 혜택을 주게 하는 것이라는 신념에서 나타나듯, 기득권자, 권력층의 사람들에게만 번영을 제공하는 것이라는 철학에 정면 도전하는 것이었다. 그런데 루즈벨트는 번영이란 그런 방식으로 흘러내리지 않을 뿐만 아니라 경제 혜택이 가장 필요한 밑바닥에 닿기도 전에 너무 빨리 말라버린다고 했다.

10분간의 연설에 그의 철학을 기초로 한 열 가지 제안을 모두 요약해서 쏟아놓았다.

1. 생업을 농업에 의존하고 있는 농촌과 소도시 인구 절반의 구매력을 높일 것 (이 목적을 달성하기 위해서는 도시 노동자들의 취업과 농부들의 경제력 상호의존은 아주 필수적이다)

2. 가옥과 농가융자의 무차별 처분을 예방한다.

3. 대도시의 은행과 마찬가지로 가정과 농장에 소액을 융자하는 소규모 지역 은행에 대한 지원

4. 미국의 잉여제품은 외국에 판매하고, '물품의 상호교환'이 가능하도록 관세율을 인하한다.

그리고 그의 대통령 취임 연설을 미리 암시하듯 그는 경제대공황의 위기를 타개하기 위하여 필요하다면 의회에 전쟁수행권을 요청하겠다고 했다.

그는 **"이제 우리는 과감히 우리가 당면하고 있는 이 위기가 전쟁에 버금가는 것임을 인정해야 할 시기가 되었습니다. 우리의 총력을 동원하여 이 위기에 대처해야겠습니다."** 하고 말했다.

이제는 '브레인 트러스트'도 역동적으로 그 기능을 발휘하기 시작했다. 이 소그룹은 주지사를 처음에는 농담조로 '추밀원'이라고 불렀다. 그러나 그것도 우리끼리만 있을 때이며, 절대로 다른 사람들과는 우리의 일에 대해서 논의하지 않았다. 때로 몰리와 오코너, 그리고 나는 새로운 인물들을 물색해서 알바니에 데리고 가 주지사와 이야기하도록 했다. 대개 우리는 법정의 업무가 끝나는 늦은 오후에 기차로 그곳에 가서 저녁을 들곤 했다.

식사 때에 루즈벨트는 일반적인 이야기를 했고, 새로 등용된 인사를 질문과 대화로서 저울질해 보기도 했다. 커피를 한 잔씩하고 그의 작은 서재로 장소를 옮기면 그 때부터 일제 사격은 시작되었다.

몰리와 나는 우리가 새로 데리고 온 방문객의 경력 등에 대한 이야기를 주지사에게 하며, 우리가 논의하고 싶은 주제를 꺼내 놓음으로써

회의를 시작한다. 루즈벨트는 거의 언제나 우리가 논의하게 될 주제에 대해서 미리 독서를 해놓고 대개는 그 주제에 대한 솔직한 질문을 제기한다. 그는 자기의 생각을 주저 없이 표명했고 이에 대한 기탄없는 비평을 해주기를 기대했다.

참여자나 방문자가 주지사의 견해에 대해 비평하기를 꺼려하면 우리 모두는 그에게 거침없이 말하라고 격려했다. 어떤 때는 방문객이 자기가 준비해 온 메모를 큰 소리로 낭독하기도 했다. 그러면 루즈벨트는 계속해서 질문을 퍼부었다. 방문객으로부터 아이디어를 얻어내는 과정은 몇 시간이고 계속되었다.

루즈벨트는 메모를 하지 않았는데, 그는 우리가 방문객에게 그를 위하여 정리된 문건을 요청하리라는 것을 알고 있었기 때문이다.

이 그룹의 목적은 미래에 대한 어떤 청사진을 만들어 루즈벨트로 하여금 용납하거나 기각하도록 하려는 것이 아니었다. 적어도 루즈벨트는 그런 식으로 일하지는 않았다. 때로는 우리끼리도 의견일치를 보지 못했다. 그러면 우리의 구상과 논쟁, 찬·반론은 그의 앞에서 논의되고 토론되며 그야말로 실컷 두들겨 맞는다.

이렇게 하여 새로운 방향의 정책안이 윤곽을 띠게 되었는데, 이것은 루즈벨트가 즐겨하던 정부의 업무수행을 위한 일종의 '숙제'였다. 그는 백악관 시절에도 이 방법을 많이 사용하여 언제나 많은 도움을 받았다.

이러한 과정을 거치는 동안에 그의 구상은 분명한 관점을 가지게 된다. 때로는 본인이 새롭게 구상한 아이디어를 깨뜨리는 경우도 있었으며, 구체적인 정책으로 이어지는 완전히 새로운 돌파구를 제시하기도 했다. 자정이 되어 가면 우리는 뉴욕으로 가는 침대차를 타기 위해서 서둘러야 했다. 어떤 때는 논의와 논쟁이 너무 격렬해져서 기차 시간을 놓친 경우도 있었다. 그럴 때는 할 수 없이 주지사 저택에서 하룻밤을 지내야 했다.

나는 다음 날 아침 10시까지 법정에 나가야했기 때문에 언제나 침대차를 타거나 다음 날 새벽 첫 기차를 타야만 했다. 거의 대부분의 저녁시간과 주말을 이 그룹과의 일을 위하여 할애하였다. 그러나 매일 매일의 감독은 나보다 시간 여유가 있는 몰리가 맡았다.

4월 말이 다가올 무렵 주지사는 그의 연휴 차 웜 스프링스로 떠났다. 출발하기 전에 그는 나에게 그의 '추밀원'에 대해서 이야기했다.

"나는 이 그룹을 통해서 좋은 아이디어를 상당히 많이 얻고 있어. 내가 웜 스프링스에 가 있다고 해서 하던 일들을 소홀히 하지 말게나. 내가 돌아오면 아마 많은 자료가 필요할 걸세. 한 3주 후 쯤 주말에 내려오면서 준비한 자료들을 가져오면 어떨까? 거기서 함께 자료들을 살펴보자고."

"제가 내려갈 때 전화해서 알려드리겠습니다."하고 내가 말했다.

몰리, 타그웰, 벌과 나를 포함해서 우리는 노력을 두 배 이상으로 늘렸고, 이제는 자주 오후 늦게 모여서 저녁시간은 일을 했고 때로는 다른 사람들까지 포함해서 함께 보냈다. 우리는 자료들을 연설 형태로 만들려고 하지 않았는데, 그렇게 할만한 시간적 여유가 없었다.

토요일과 일요일에 몰리와 나는 다른 사람들이 제출해 놓은 여러 기안문을 읽으며, 그리고 우리가 나누었던 대화를 바탕으로 하여 잘라내고, 강조시키며, 재정리하고 단순화시켰다. 우리는 이제 루즈벨트가 특별한 정책을 고안하고, 그 위에다 무엇인가 덧붙일 수 있을 만큼의 충분한 자료들을 정리했다.

어떤 정책 목표에 대해서 그의 이해가 부족했다든가 또는 어떤 행동을 취해야 되는지 아이디어가 없었다는 것은 아니다. 그러나 그는 특별한 방법과 프로젝트, 그리고 입법안에 대한 구체적인 생각을 필요로 했던 것이다. 바로 그런 것을 루즈벨트가 명료하게 고안해 내도록 돕는 것이 우리의 몫이었다.

비행청소년에 대한 관심

예를 들면 그는, 일자리가 없어서 길거리를 배회하는 청소년들에 대한 관심이 많았다. 그리고 그들이 여러 해 동안 음식다운 음식도 못 먹었으며, 강요된 나태로 인해서 정신적으로도 산산조각으로 깨어지고 있었고, 직장을 얻는 것 못지않게 필요한 것이 한두 가지가 아니며, 그들이 의·식·주 문제를 해결할 수 있도록 직장을 찾아주는 것이 연방 정부의 의무라는 것 등을 익히 알고 있었다.

환경오염문제에 대한 관심

그는 또한 천연자원보호의 중요성을 인지하고 있었으며, 그 중에는 오랫동안 소홀히 취급해 왔던 산림관리도 포함되어 있었다. 이러한 문제의 해결을 위해서 창설된 것이 '민간 환경 보호대(Civilian Conservation Corps : CCC)'였는데, 이것은 루즈벨트가 대통령 취임식을 하자마자 태동을 본 것이었다. 이것이 바로 루즈벨트가 구상하는 일반적 목적 달성에 적용할 수 있는 구체적인 문제 해결방법의 한 예였다.

그로 하여금 그러한 제안을 할 수 있도록 하고 그들을 공식화하는 것이 '브레인 트러스트'의 사명이었다. 나는 4월 20일에 왜 내가 웜 스프링스를 방문하느냐는 기자들의 질문 공세를 받으며 도착했다. 우리가 얼마나 은밀하게 임무를 수행했는지에 대한 예로서 내가 도착한 다음날 뉴욕 타임즈지에 실린 기사 한 편을 소개한다.

"고등법원 판사인 사뮤엘 I. 로즈만이 오늘 저녁 뉴욕으로부터 도착했다.

주지사 부인과 미스 마가리트 레드 핸드가 40마일이나 떨어져 있는 조지아주의 뉴난까지 마중을 나가서 파인 마운틴 별장까지 모시고 갔다. 판사는 일요일까지 주지사의 손님으로 묵게 될 것이다. 로즈만 판사가 알바니에서 주지사 정책고문으로 일할 당시와 같이 그는 그대로 루즈벨트의 인정을 받았다. 이번 방문이 민주당 대통령후보 지명전에 대한 의회의 입장과 일말의 관계가 있는지의 여부는 밝혀지지 않았다. 루즈벨트의 측근은 이번 방문은 순수한 사교 방문이라고 했다."

나는 이틀 밖에 머무르지 않았다. 루즈벨트는 아틀란타에 있는 오그레솝 대학에서 연설을 하기로 되어 있어서 내가 준비해 온 자료들을 면밀히 검토할 수 있는 시간을 내었다. 그는 기안문들에 대하여, 그리고 그것을 준비한 사람들에 대하여 많은 질문을 했다. 그는 아주 만족해했고, 우리의 일이 계속 되도록 당부를 거듭했다.

오그레솝에서의 연설은 아주 중요한 연설이 되었다. 그리고 그 연설문의 초안은 아주 특별한 상황 속에서 준비되었던 것이다. 어느 날 주지사와 함께 웜 스프링스에 있던 소규모의 기자단, 그러니까 AP 통신사의 월터 브라운, 뉴욕 타임즈의 제임스 키에란, 뉴욕 데일리의 루이스 라펠, 뉴스위크지의 어니스트 K. 린들리 등과 주지사, 그리고 미씨와 함께 소풍을 나갔다. 그들은 모두 즐거운 하루를 보냈다. 분위기가 무르익자 그들은 루즈벨트의 최근 연설에 대해서 치근거리며 질문을 하기 시작했다.

"그렇다면 얘기 좀 해보세." 하고 그가 아주 기분 좋게 말했다.

"당신들 말이야. 내 연설이 마음에 안 들면 한번 내 연설문 초안을 당신들이 직접 기안해 보면 어떻겠나?"

뉴스위크지의 린들리가 즉각 지원을 했고, 그의 지원은 받아들여졌다. 다른 기자들도 한몫 거들고 편집도 시도했으나 초안작성은 거의 린들리의 작품이었다. 주지사는 가필을 거의 하지 않았다. 그리고 문맥도 평상시의 연설문 스타일과는 사뭇 다른 점이 있었다.

그 연설문의 주제는 "국가는 과감하고, 끈질긴 실험 정신을 요구한다."는 것이었다. 사실 이 주제는 뉴딜 프로그램 수행의 표어가 되었다.

"어떤 방법을 하나 찾아냈으면 실천해 보는 것은 당연한 일이 아니겠습니까? 만일 그 방법이 틀렸다면 솔직하게 인정하십시오. 그리고 또 새로운 방법을 강구하는 것입니다. 그러나 중요한 것은 무엇인가 해보아야 하는 것 아니겠습니까!"

그 연설은 경제재건과 안정을 위한 또 하나의 루즈벨트 프로그램의 기본적인 구상을 예측하게 하였다. 즉, 생산자들을 위한 자본 축척보다는 소비자들의 구매력을 강화한다는 것이었다.

"우리의 침체된 경제 질서에 생명을 부여하기 위해서 해야 할 일이 있다면 과감히 해봅시다. 만약에 우리가 보다 현명하고 평등한 국민총소득의 분배를 해낼 수 없다면 우리 경제는 더 이상 지탱될 수가 없습니다."

이 연설은 졸업식 축사였으며, 젊은 졸업생들에 대한 마지막 말은 다소 과장된 것처럼 보이기는 하지만 추구하고 있는 위대한 사회를 표현한 것이었다.

"우리는 열정과 상상력과 사실에 직면할 수 있는, 때로는 그 사실이 용납하기 어려운 것이라 해도 과감히 받아들일 수 있는 용기가 필요합니다. 우리는 우리 국민을 고통 속에 몰아넣은 경제 제도의 결함을 필요하다면 과감한 방법을 동원해서라도 바로 잡아야 합니다. 여러분들의 과제는 세상 속으로 걸어 들어가는 것이 아니라, 여러분 앞에 있는 세상을 다시 만들어야 하는 과제를 안고 졸업하는 것입니다. 이 과제를 수행함에 있어서 여러분들이 가지고 있는 최상의 아이디어를 동원할 수 있도록 용기와 신뢰와 비전이 여러분과 함께 하기를 기원합니다."

루즈벨트 자신도 이러한 이상실현을 위하여 많은 시도를 했고 앞장섰다는 것을 어느 누구도 부정하지 않을 것이다.

시카고의 대통령 지명전 : 1932년의 뉴딜 정책

루즈벨트가 웜 스프링스에서 돌아온 후 브레인 트러스트는 더욱 분발해서 일을 계속했다. 주지사가 참여하든 않든 하우는 한 번도 이 그룹의 회의 때 동석한 적이 없다. 사실 나는 그가 얼마나 우리들의 일에 대해서 알고 있었는지도 모른다. 그러나 루즈벨트가 민주당의 지명자로 확정되고 이 그룹이 다소 공식적인 성격을 띠기 전까지는 이 그룹에 대해서는 그에게 소상하게 이야기하지 않았다.

웜 스프링스에 있는 동안 루즈벨트에게 제시한 기안문과 지난 몇 달 동안 나눈 대화를 기초로 하여 지명수락 연설이 점차적으로 그 윤곽을 잡아가고 있었다. 그것은 간혹 이 그룹 멤버들의 조력도 있었지만, 거의가 몰리에 의해서 작성되었다. 이 연설문을 기안하면서 몰리는 자주 루즈벨트와 의논했다. 작업이 끝난 후 몰리는 원본을 루즈벨트에게 주고 사본을 가지고 시카고의 민주당 청사로 가지고 갔다. 오코너, 펄, 타그웰도 시카고로 떠났다.

지사는 지명전이 계속되는 동안에 우리 부부를 알바니로 초대해서 주지사관저에 머물도록 했다.

"연필 좀 많이 가지고 오게나." 하고 전화를 했다.

"지명수락 연설문을 대폭 수정해서 최종본을 만들어야겠어."

"그동안 애써서 만든 연설문이니 잘 사용될 기회가 있었으면 좋겠어요." 하고 내가 말했다.

"염려 말게, 그렇게 될 테니." 하고 그가 자신 있게 말했다. 그러나 전당대회가 계속되는 동안 그 연설문은 여러 차례 쓰레기통에 들어갈 뻔 했었다.

지명전이 공식적으로 시작되기 전부터 주지사 공관은 분주해지기 시작했다. 저택에 있는 주지사의 작은 서재와 시카고의 콩그레스 호텔 민주당 본부 사이에 직통전화가 개통되었다. 그 전화는 다시 확성기에 연결되어 루즈벨트가 하는 말을 하우와 할리가 '몰아온' 각 주의 대표들이 들을 수 있도록 했다.

오랜 기간의 국정수행에 관한 그의 경험과 그가 구축한 대인관계 때문에 그는 많은 대표자들의 이름을 부를 수 있었을 뿐 아니라 부인과 자녀들, 그리고 친척들의 이름까지도 기억하고 있었다. 그는 가끔이 탁월한 기억력을 아낌없이 발휘해서 주변 사람들을 놀라게 했고, 이름을 불리며 대화를 하게 된 사람들을 흐뭇하게 했다.

전당대회가 계속되는 동안 그는 모든 대회 절차에 대한 소상한 보고를 받았으며, 시카고에 있는 당 지도자들의 모든 중요한 결정에 참여했다. 루즈벨트 팀이 큰 실수를 한 것은 전당대회 초기에 과반수의 원칙을 최다득점자의 원칙으로 대체하려던 시도였다. 루즈벨트는 최다 지지원을 갖고 있었지만 과반수의 지지는 아니었다.

지명전이 진행되고 있는 시점에서 우리에게 유리하도록 원칙을 변경한다는 것은 불공평했다. 이 시도는 시카고에서의 루즈벨트에 대한 반감의 분위기를 불러일으켰고, 만일에 이 불미스러운 분위기가 오랫동안 지속되었더라면 루즈벨트는 지명전에서 낙선할 수도 있었다.

다행히도 루즈벨트는 적절한 시점에서 생각을 바꾸고 과반수 원칙이 적용되도록 했다. 6월 30일 후보지명과 찬조연설의 날이 왔다. 지명후보자들의 명단은 끝없이 길게 느껴졌다. 그리고 찬조연설도 다음날 아침 3시까지 계속되었다.

바로 그 늦은 시각에 곧장 투표로 들어가자는 결정이 내렸다. 투표를 세 번이나 했지만 어느 누구도 과반수를 얻지 못했다.

각 투표소는 시간이 많이 걸렸기 때문에 아침 9시가 지나도록 계속되었다. 다른 문제를 결정하기 위한 전당대회 초기에 있었던 근접한 몇 가지 투표에 뒤이은 이 밤샘회의는 주지사 저택에서 대기하고 있던 우리를 불안하게 만들었다. 대회가 계속되면 될수록 몇 주 동안 생각을 모아 애써 준비해 놓은 지명수락연설의 빛을 볼 수 없을 것만 같았다.

초안에서 준비한 대로라면 그것은 한 시간짜리 연설문이었다. 지사와 나는 자주 그 연설문을 검토했지만 달리 어떻게 더 줄일 수가 없었다. 몇 해가 지난 후 루즈벨트는 공식 석상에서 절대로 30분 이상 연설하지 않는다는 자신만의 결단을 잘 지켰던 것 같다. 그러나 이 수락연설은 루즈벨트가 대통령이 되면 국가적인 차원에서 전개할 정치철학과 사회적 사고를 망라한 것이어서 참으로 언급할 분야가 방대했다.

이 연설문은 이미 오래전에 완성된 것이었지만, 어느 누구도 이 연설문의 맺는말 부분을 완성하지 못하고 있었다. 결론은 대개 연설문의 전반적인 맥락에 다른 것을 더 이상 추가하거나 정보를 제공하지는 않지만, 어떤 영감을 불러일으키고자 한다.

어떤 웅변에도 이 맺는말은 필요하다. 그리고 잘 쓰인 맺는말은 어떤 논점을 부각시키거나 자신감을 부여하고 사기를 북돋운다. 맺는말은 연설문의 전 내용이 완성될 때까지 미루어둔다. 전당대회의 흥분과 동요의 와중에서 아직도 연설의 맺는말은 미완성이었다.

후보지명과 찬조연설의 밤이 아침녘까지 밀려오자 연설의 단조로움이 이제는 견디기 힘들 지경이 되었다. 주지사는 연설문의 말미를 본인이 직접 손대보겠노라고 했다. 그리고 몇 차례의 시도를 했다. 그러나 시카고 본부로부터, 그리고 미국 전역으로부터 수많은 전화가 걸려왔으므로 그는 연설문 작업에 집중할 수가 없었다. 겨우 한 차례 끝내고는 우리 모두에게 큰 소리로 읽어주었다. 우리 모두는 이구동성으로 못쓰겠다고 했더니 그는 애석해 하며 찢어버렸다.

나는 여러 방해 요인 중에 하나를 아주 잘 기억한다. 루이지애나 상원의원인 킹 휘시가 주지사와 통화하고 싶다고 교환이 알려왔다. 주지사와 그 상원의원은 한 번도 만난 적이 없었으나 수화기를 들자마자

"헬로, 프랭클린 날세. 나 킹 휘시야." 하고 롱 상원의원이 말했다.

"잘 지내고 있어. 자네도 잘 지내길 바라고, 이번 지명전을 결정적으로 휘어잡을 묘안이 하나 있네." 하고 그가 말했다.

주지사는 잘 듣고 있었다. 킹 휘시 상원의원은 계속했다.

"자네가 대통령으로 당선됨과 동시에 군인 보너스를 지지할 의사가 있다

는 성명서를 즉각 발표하게."

"글쎄……. 나는 사실상 그 보너스 제도를 지지하지 않기 때문에 그럴 수 있을 것 같지 않구만." 하고 볼멘소리로 말했다(실제로 루즈벨트 대통령은 1935년에 이 법안을 거부했고, 1936년에도 대통령의 재가를 요청할 때 다시 거부했다).

"이해하겠네만……. 자네가 개인적으로 이 보너스 안을 강하게 지지한다는 입장을 밝혀야만 되네. 그렇지 않으면 이 지명전의 당선 가망은 없는 것 일세." 하고 킹 휘쉬가 단호하게 말했다.

루즈벨트는 그에게 감사하다고 했다. 그러나 본인은 그런 성명을 낼 수 없노라고 반복해서 말했다.

"그렇다면 정말 자네는 절호의 기회를 망치게 되네!" 하고 킹 휘시는 전화를 끊었다.

밤이 점점 더 깊어가고, 1차, 2차, 3차 투표 결과가 발표되는 동안 우리 모두는 과감히 터놓고 말을 못했지만 아마도 그 상원의원의 말이 옳았던 것이 아닌가 하는 생각을 하게 되었다.

새벽 3시경 주지사의 저택에 앉아 있는 우리의 모습은 한 폭의 그림처럼 보였다. 주지사 부부와 그의 모친, 그리고 나는 라디오에 귀를 기울이며 앉아 있었다. 그는 소매를 걷어 올린 셔츠를 입고 계속해서 담배를 피워 물었다. 그의 곁에는 전화가 있었고, 자주 전화를 걸었다. 그는 찬조연설을 관심 있게 듣고 있었다. 잘된 것은 고개를 끄덕이며, 지지를 표하고, 어떤 것은 고개를 저으며 실망감을, 때로는 연설이 지나치도록 과장된 것에 대해서는 큰 소리로 웃었다.

나는 루즈벨트의 아들 엘리엇이 라디오를 귓가에 가까이 대고 뒤로 걸상에 파묻혀 깊이 잠든 모습을 본 적이 있다. 내 집사람도 내 걸상

쪽으로 기댄 채 졸고 있었고, 미씨와 그레이스도 소파에 앉은 채로 곤하게 자고 있었다.

뒤쪽 정원 차고 밖에는 기자단이 송신 장비와 타자기를 갖춰 놓고 있었다. 그들은 시카고로부터 중계되는 방송을 큰 소리로 틀어놓고 있었다. 주방에서는 때에 맞춰 잠이 깨도록 뜨거운 커피를 내어다 주었고, 루즈벨트 부인은 계란프라이를 곁들어 주었다.

투표결과가 발표될 때마다 자기의 아들이 처음 투표에서 지명되었어야 할 뿐 아니라 그것도 만장일치였어야 한다고 생각하는 루즈벨트의 모친은 만장일치가 아니어서, 그리고 필요한 투표수가 나오지 않아서 실망하고 있었다.

가장 참기 어려웠던 것은 소위 평소에 '친구'라고 생각했던 뉴욕주의 대표들이 프랭클린과 알프레드 E. 스미스에게 반대표를 던지고 있다는 뉴스를 라디오로부터 들어야 한다는 것이었다. 첫 번째 뿐 아니라 두 번째 투표에서도 반대표를 던지자 루즈벨트의 모친은 이제는 더 이상 견딜 수가 없으므로 곧장 하이드 파크로 돌아가겠다고 했다.

루즈벨트의 모친은 전당대회에 완전히 기분이 상했으며, 이제 더 이상 알고 싶지도 않다고 했다. 물론 우리 모두는 그대로 남아 있었다. 그리고 아침 일찍 저택의 집사에게 부탁을 해서 시내의 기호품 상점에 가서 소시지를 좀 사오도록 했다. 부엌에 가서 소시지를 삶아가지고는 차고에 있는 기자들과 저택 안 라디오 주변에 둘러 앉아 있는 피곤한 사람들에게 두루두루 나누어 주었다.

소시지 몇 개하고 커피 한 잔을 들고 작은 방으로 가서 내가 한번 연설문의 맺는말을 써보리라고 생각을 했다. 이 시점에서의 내 생각은 지금까지 연설문을 쓰려고 애쓴 것은 헛고생을 한 것이고, 지명 수락

연설은 루즈벨트가 아닌 다른 후보가 하게 될 것이라고 거의 확신하고 있었다. 그럼에도 불구하고 연설을 하게 되든 필요 없게 되든 일단 준비된 연설문을 끝내야만 하겠다고 생각했다.

뉴딜(New Deal) 정책

시카고에서 최종적인 결정이 나기까지 기다리는 동안 사실 나 역시 초조했고 긴장했었기 때문에 무엇인가 할 일이 필요했다. 내가 이렇게 자세히 이야기하는 이유는 별로 많이 생각하지도 않고 단 두 마디로 그 연설문의 맺는말을 써넣었지만 단 일주일 내에 민주당 후보를 상징하는 새로운 철학과 프로그램이 되어버렸다는 것을 강조하기 위함이다.

나는 '잊혀진 사람들'을 위한 과감하고 끈질긴 실험을 집중적으로 전달하고자 하는 생각이 있었으며, 그 두 가지 핵심은 **"미국 국민들에게 새로운 처우(new deal)를 해드릴 것을 여러분 모두와 제 자신에게 약속합니다."**였다.

나도 물론이지만 내가 쓴 두 마디의 글귀를 읽고 루즈벨트도 이 연설문의 맺는말이 이렇게 예기치 못한 바람을 일으킬 것이라고는 전혀 생각지 못했다. 실제는 그도 뉴딜(new deal)이라는 두 마디의 단음절에 별다른 의미를 부여하지 않았었다. 그 문구가 유명해지자 많은 기사들이 쏟아져 나왔다.

루즈벨트가 그 연설문을 시카고에서 전달했을 때 나에게나 그에게는 생각지도 못했던 새로운 각도에서 그 의미를 재조명하는 평론가들도 있었다. 특히 어떤 평론가들은 루즈벨트의 뉴딜은 테오도어 루즈벨트 대통령의 잘못된 과거를 청산한다는 의미의 스퀘어 딜(Square Deal)

과 우드로 윌슨 대통령의 '새로운 자유'를 혼합하려는 뉴 프리덤(New Freedom) 의도로 쓰였다고 논하기도 했다. 그러나 그 글귀가 쓰여졌을 때나 연설로 전달되었을 때에도 그러한 의도는 전혀 없었다.

그것은 만약 루즈벨트가 대통령으로 당선된다면 지난 12년간 워싱턴 정가를 짓누르던 고루한 정치 · 경제 사고는 완전히 종식될 것이며, 정부의 최고 관심사는 경제구조의 상층을 점유하고 있는 금융과 기업의 권력이 아니라 이제부터 인간군상의 최하위층에 묻혀있는 국민이 될 것이며, '잊혀진 사람들' 즉, 여성과 아동들을 위해서는 손에 든 카드의 패를 바꾸어서라도 그들이 경제적 경쟁에서 더 잘 살아남고 행복을 추구할 수 있도록 해주는 것이었다.

나는 루즈벨트도 그 이상의 것을 생각하지는 않았을 것이라고 생각하는데, 그 이유는 내가 메모지에 몇 단락을 써서 건네주었더니 맺는 말로서는 그만하면 되겠다고 별 생각 없이 말했기 때문이다. 뉴 프리덤(New Freedom)이나 스퀘어 딜(Square Deal)에 대한 논의는 없었고, 심지어는 '뉴딜'이라는 문구, 그 자체에 대해서도 논의를 한 적이 없었다. 적어도 나는 루즈벨트와 내가 그 문구에 대해서 말한 적이 없음을 안다.

국민의 희망적 상상력을 자극한 '뉴딜'

나는 가끔 왜 이 별스럽지도 않은 단어가 그렇게도 루즈벨트 대통령이 도입하게 되는 거대한 사회개혁 프로그램을 상징적으로 온 만방에 대변하게 된 이유에 대해서 생각해본 적이 있다. 그러나 만족스러운 해답을 얻을 수가 없었다. 그 문구는 그저 단순히 국민들의 희망적 상상력을 자극했고 그래서 부각된, 아주 간결하면서도 포괄적이어서 여러 다양한 개념들을 포함했었던 것 같다.

두 번째 투표가 끝난 그날 아침 8시에 휴회 제안이 들어왔다. 루즈벨트의 반대파들은 이제 완전히 루즈벨트를 저지했다는 생각 때문에 휴회를 거부했다. 그러나 세 번째 투표 후 휴회 제안은 동의를 얻어 통과되었다.

주지사 저택에 있던 사람들은 모두 한숨 자려고 애를 썼다. 그러나 나는 그날 아침 전당대회장으로부터 걸려오는 몇 차례의 잦은 전화 때문에 루즈벨트를 깨워야만 했다. 협상과 흥정이 온종일 오갔다. 그리고 그 결과는 이제 역사가 되었다.

저녁식사 바로 전에 시카고와 연결된 직통전화가 울렸다. 우리는 주지사가 **"잘했어! 좋아! 훌륭해!"** 하는 응답소리만 들을 수 있었다. 그는 활짝 웃으며 수화기를 놓았다. 전화를 받는 중에 그가 보여준 중압감과 비밀스러움은 시카고에서 어떤 사태가 일어나고 있는 것인지는 모르지만 상당히 의미심장하다는 것을 짐작하게 했다. 그러나 그는 한마디 말도 안 했다.

그는 다이닝 룸의 식탁에 음식이 나오는 창구 쪽으로 자리를 조금 옮겨서 평소와 같이 그가 식탁의 상석에 앉아서도 시카고 직통전화를 썼으면 좋겠다고 했다. 그렇게 하지 않으면 전화를 쓸 수가 없었다. 그는 약간의 징크스가 있었기 때문에 **"자기가 앉는 자리를 바꿔서 자기의 운이 바뀌는 것이 싫다"**고 했다.

그가 우리에게 구태여 얘기하지 않아도 행운을 믿는다는 것을 알고 있었다. 그는 날씨와 기타 사소한 일에 대하여 약간의 미신을 믿었다. 예를 들면 그는 성냥 하나를 그어서 담배 세 개에 불을 붙이는 것이나 식탁에 열세 명이 앉는 것, 또 13일이 되는 날 여행을 시작하는 것을 싫어했다. 그는 틀림없이 아주 중요한 전화를 기다리고 있었다.

미씨가 한마디 했다.

"주지사님은 카나리아를 삼킨 고양이처럼 보여요."

그는 고개를 끄덕였다. 그리고 환한 표정으로 웃기만 하고 말을 하려들지 않았다. 그는 이렇게 어린애 같은 장난기가 있었다. 우리 모두는 궁금해서 견딜 수가 없었지만 그는 아주 우리가 궁금해 하는 것을 완전히 즐기고 있었다. 그는 침묵하며 저녁식사를 끝냈다.

드디어 기다리던 전화가 걸려왔다. 일찍 걸려 왔던 전화는 바로 이 전화를 위한 서곡이었음도 알게 되었다. 왜냐하면 이 두 번째 전화는 다음 투표에서 캘리포니아와 텍사스의 대표단이 가너의 지지를 철회하고 루즈벨트를 지지하겠다는 결정을 알리는 전화였기 때문이다. 이 전화는 루즈벨트의 지명을 의미했다. 저녁식사가 끝났을 때 다시 서재로 건너갔다. 이번에는 확신에 찬 기대로 라디오를 경청했다. 그리고 오래지 않아 우리가 기다리던 결정이 도착했다.

캘리포니아의 순서가 되어 맥아두 상원의원이 입을 열자마자 우리도, 그리고 온 미국도 이제 교착상태는 끝나고 루즈벨트가 선택되었다는 것을 알았다. 알바니시도 알았다. 왜냐하면 맥아두 상원의원의 연설이 두 번째 문장으로 넘어감과 동시에 자동차들이 주지사관저 앞으로 몰려들기 시작했기 때문이다.

군중들은 관저 앞 잔디정원으로 몰려들어 환호하며, 이 지명에 대한 그들의 지지를 보여주었다. 아주 소수인 우리 그룹만을 제외하고는 산만해 보이기까지 한 이 커다란 저택은 지난 5일 동안 거의 방치되어 있었는데, 이제는 갑자기 혼란스럽고 분주한 활동의 구심체가 되었다.

친지들과 측근들이 대통령 후보에게 인사하러 몰려들었다. 따로 경비병도 없었으므로 원하기만 하면 그냥 걸어들어 올 수 있었다. 사진기자들을 위해 무도장에는 커다란 조명등이 밝혀졌다. 지역 주민들의 환호하는 표정을 취재하고 루즈벨트 후보로부터 몇 마디 말을 얻어내려고 불편하게 차고에 박혀 있던 기자들이 튀어나왔다.

루즈벨트는 지난 밤 대회과정을 긴장으로 지켜보느라 피곤했고, 또 하루 종일 활동하느라 피곤해 있었다. 그러나 그는 방문객들과 사진기자, 기자들과 밝은 표정으로 환담하며 악수를 나누고 있었다. 그는 흡족해했고, 기쁨을 애써 숨길 필요가 없었다.

그는 나에게 메모지를 부탁했다. 그리고 그 흥분의 와중에도 가너, 맥아두 두 상원위원에게 친필로 전보문을 썼다.

결국 애써서 준비한 지명 수락연설은 빛을 보게 되었다. 하우는 주지사가 도착하기 전에 준비된 대로 대회장에서 그 연설문을 낭독하겠다고 했다. 그래서 나는 잠자리에 들기 전에 새로 수정된 연설문 전체를 시카고의 루즈벨트 본부에 있는 속기사에게 개인 전화로 불러주라고 지시했다. 시카고에서는 그대로 접수해서 하우에게 전달되었고, 아마 그가 다 읽었을 때쯤이면 상당히 늦은 시간이었을 것이다. 나중에 알게 된 일이지만 그는 그 연설문을, 아니 그 어느 부분도 별로 좋아하지 않았다고 한다.

이제 주지사가 관행을 깨고 곧바로 직접 대회장에 나가서 후보지명을 받기로 결정하자 과연 그가 어떤 교통수단을 이용할 것이냐에 대한 아주 기분 좋은 추리가 뒤따랐다. 애당초에는 마지막 투표가 시작되기 전에 기차로 가서 마지막 결정이 날 때까지 시카고에서 기다릴

예정이었다. 몇몇 경쟁 후보들은 이미 거기에 와 있었다. 그러나 루즈벨트에게는 그런 평범하고 재미없는 일정은 아예 안중에도 없었다.

그는 공직자의 홍보활동은 드라마 같은 연출이 필요하다는 것을 알고 있었고, 1932년 당시 미국 국민들의 심리를 잘 파악하고 있었다. 그는 실망과 비애에 차 방황하는 미국이 무엇인가 새로운 것, 깜짝 놀랄 만한 것, 그리고 무신경의 나태를 종식시키고 새로운 희망을 줄 수 있는 무엇인가를 고대하고 있으리라는 것을 알고 있었다.

그는 국민들로 하여금 그의 방법은 도전적이고 과감하며, 일단 당선되면 행동에 돌입하여 그것도 아주 신속하게 행동에 옮길 것이라는 것을 알게 하고 싶었다. 바로 이러한 구상을 했기 때문에 시카고 행은 결정된 것이다. 이것은 전통과 나태, 그리고 지연을 파괴함과 동시에 새롭고 과감하며 직접적인 행동을 상징하는 것이었다.

마침 알바니 공항에 3발 엔진 비행기 한 대가 있다는 소식이 전해졌다. 그리고 기자들은 그들의 2 + 2 = 4 라는 계산을 해내는 초자연적인 능력에 의해 주지사가 비행기편으로 시카고에 갈 것이라고 예언했다.

아래의 6월 29일자 AP통신사의 기사는 그 당시 주지사와 기자단 간에 오갔던 악의 없는 농담을 보여준다. 기자단이 주지사에게 시카고행 비행기를 기다리느냐고 질문했더니, 그는 긍정도 부정도 하지 않았다.

그는 그저 웃기만 했다. 그는 아주 심각한 표정을 지으며 **"이제 제 계획을 말씀드리지요."**

"나는 자전거편으로 시카고에 가려고 합니다." 하고 말했다.

"나는 5인승 자전거를 사용하려고 합니다. 아버지가 제일 앞에 타고서 핸들을 잡고, 짐이 두 번째, 그 다음엔 엘리엇, 프랭클린 2세, 그리고 마지막 자리에 존이 앉습니다. 샘은 세발자전거로 따라올 것입니다"

전통적인 절차에 따른다면 후보는 전당대회가 끝난 후 약 2개월 동안 기다리고 있다가 전당대회위원회가 아주 근엄하게 약 60일 내로 대통령 후보로 지명되었다는 것을 통보하도록 되어 있다. 그래야만 비로소 후보 수락연설을 하게 되어 있다.

후보지명을 받기 위해 직접 전당대회장까지 가는 것은 루즈벨트가 만들어 놓은 유일한 선례는 아니다.

그러나 이때 이용한 교통수단은 최초였다. 1932년대의 비행기 여행이란 오늘날처럼 흔하지 않았고 대통령 후보가 비행기를 타고 선거전에 나선 것은 이것이 최초가 되었다.

후보지명이 있은 다음 날 우리는 시카고 행 비행기를 타러 공항으로 나갔다. 일행은 주지사 내외와 아들 엘리엇과 존, 미씨, 그레이스, 크로스, 주지사 비서, 두 경호원, 밀러, 구네리치, 그리고 나였다. 내 아내는 뒤에 남기로 했다.

시카고로 가는 기내에서 스미스(前 주지사)의 친지들이 행여나 홧김이나 실망으로 인해서 본인은 물론 새 지명자에게 나중에라도 후환을 불러일으킬 수 있는 말들은 하지 않도록 입단속을 하도록 했다. 내 아내가 이야기를 한 사람 중의 하나는 스미스 지사의 절친한 친구인 버나드 L. 쉬엔타그였다.

쉬엔타그 판사는 내 아내의 제안을 받아들여 뉴욕의 하몬역으로 가서 시카고로부터 도착한 스미스를 마중했다. 그리고 함께 뉴욕시로 돌아왔는데 그것은 순전히 스미스가 대통령 후보지명전에서 낙선한 것에 대하여 침묵하도록 종용하기 위함이었다.

그 시절에는 중간에 쉬지 않고 강행하는 장거리 비행은 아주 위험했었다. 우리 비행기는 버펄로와 클리브랜드에서 주유를 하기 위하여 경유했다. 우리는 시카고 대회장에 약 2시쯤 도착할 계획을 세워두었다. 그 시간쯤이면 부통령 후보 지명전도 종료가 되었을 테고, 대표자들도 수락연설을 들을 준비가 되어 있을 것이다. 그러나 바람이 너무 세게 불어서 우리의 계획대로 비행하기가 어려웠다.

비행기가 이륙하자 우리는 곧 수락연설의 마지막 손질에 들어갔다. 우리는 대회장과 계속 연락 중이었고, 우리가 늦어지는 바람에 대표자들이 지루해하고 있다는 전갈을 받았다. 어떤 이들은 떠날 채비를 하고 있었다. 우리는 연설문을 대폭 줄여야만 했다.

한편 대회장에서는 주지사가 도착할 때까지 대표단들이 지루해하지 않도록 온갖 수단이 동원된 여흥이 제공되었다. 가수들이 나와 노래하고 피아노를 쳤으며, 밴드는 계속해서 연주를 해댔고, 대표자들의 지정좌석은 공석이 되기 시작했지만 일반 시민들이 들어올 수 있는 좌석은 점점 더 메워지기 시작했다. 라디오 보고가 들어올 때마다 우리는 예정시간에서 자꾸 뒤처지고 있었다. 우리가 그렇게 무진 애를 쓰며 희망을 가지고 준비한 연설문을 가차없이 축소시키는 것은 참으로 고통스러운 과정이었다.

주지사는 거친 비행기 여행을 개의치 않는 것 같았다. 그리고 대회장에 도착하자마자 그는 즉흥 연설에서

"제가 늦게 도착해서 송구스럽습니다. 그러나 하나님이 내려주시는 바람을 제가 어떻게 조절할 수는 없었습니다만, 다행히 제가 해군 출신이라는 점

에 대해서는 감사를 해야겠습니다." 하며 청중을 웃겼다.

한번은 버팔로와 클리브랜드 사이를 지나는 동안 일을 하다가 주지사가 있는 쪽을 바라보는 그 순간 나는 '아! 바로 여기에 고뇌와 걱정을 떨쳐버리고 필요하다면 모든 것을 감내할 수 있는 강철과도 같은 의지를 가진 사람이 있구나'하는 확신이 들었다. 주지사는 후보지명을 받으러 가고 있었지만 그가 미국의 대통령으로 당선될 것은 너무나 분명한 일이었다. 그런데 그는 아주 곤한 잠에 빠져 있었다.

우리가 오후 4시 30분쯤 시카고에 도착했을 때 공항에는 엄청난 군중이 몰려와 있었다. 나는 할리와 하우, 그리고 몇 명의 브레인 트러스트 회원들도 그곳에 나와 있는 것을 보았다. 이제 단단한 땅을 밟게 되어 안도의 숨을 내쉬며 비행기 밖으로 나왔는데, 몰리가 상당히 격앙된 표정으로 나를 잡아끌었다.

"자네가 이 문제에 대해서 어떻게 좀 해야 되겠어!" 하고 그가 말했다.

"하우가 지명수락 연설을 읽어봤는데, 하나도 마음에 안 든다니 큰일 아닌가. 그래서 지난밤 한잠도 안자고 새 연설문을 만들었어. 지난밤에 자네가 전화로 보낸 것은 제쳐놓고 새로 작성된 연설문을 루즈벨트가 발표하도록 설득할 모양이야. 말도 안 되는 소리하지 말라고 얘기를 해보았지만 아무 소용이 없었어. 바로 저쪽에서 주지사에게 이야기하고 있어."

나는 루즈벨트가 타고 있는 자동차를 향해 갔다.

"괜찮아요, 프랭클린. 이 연설문이 준비해 놓은 것보다 훨씬 낫고, 대회장으로 가시는 동안에 읽어보면 내용도 친숙해질 겁니다."

"그러나 루이스" 하고 지사가 대답한다.

"자네도 알다시피 내가 손수 작성하지 않은 연설문을 발표할 수는 없어.

그리고 난 아직 한 번도 그걸 읽어보지도 않았잖아. 멍청이같이 들릴 거고, 나는 도저히 그런 짓은 못하네."

그러나 루이스의 고집도 대단했다.

"좋아 루이스. 대회장까지 가는 동안에 한번 읽어는 보겠네."

그는 과히 기분 나쁘지 않게 그의 오랜 친구를 다루겠다는 표정으로 나에게 웃음을 보냈다. 그러나 동시에 그는 루이스가 원하는 것을 하지 않을 것임이 분명했다. 나는 루즈벨트가 그의 차로 시카고의 거리를 지나치면 길가에 늘어선 수십만 군중들에게 손을 흔들며, 모자를 벗어 친근하게 인사하며 '헬로'하고 큰소리로 이쪽저쪽으로 인사하던 모습을 생생하게 기억한다. 때때로 그는 무릎 위에 놓인 루이스의 연설문을 내려다보았다.

몇 년이 지난 후 나는 이 에피소드에 대해서 '그가 어떻게 모자를 흔들며 동시에 그 연설문을 읽었는가' 하고 재미있게 이야기하는 것을 여러 차례 들었다. 이야기를 할 때마다 그의 손 흉내와 '헬로'하는 목소리는 더욱 커졌다.

그날 밤 늦게 후보수락 연설이 끝난 후, 호텔 방에 둘러앉았을 때 군중들이 모여 있는 거리를 지나면서 어떻게 할런지를 결정했노라고 얘기해 주었다. 몇 차례 훑어보니까 루이스가 준비한 첫 페이지는 준비해 온 연설문의 첫 페이지와 쉽사리 대치될 수 있을 것처럼 보였다. 그래서 그렇게 하기로 마음을 먹었다. 그리고 나머지 부분들은 그대로 남겨두었다.

물론 나는 나중까지 이런 사실을 모르고 있었다. 대회장에 도착했을 때 그는 늦게 도착한 것에 대하여 즉석에서 양해를 구한 후 연설문을 발표하기 시작했는데, 나는 비록 짧은 순간이었지만 완전히 새로운 문장들이 쏟아지는 데 아연실색하지 않을 수 없었다. 앞부분의 단락이 지난 후부터야 나는 내가 기억하고 있는 친숙한 문장들이 나오기 시작하는 것을 알 수 있었다.

루즈벨트의 연설문을 작성하던 여러 사람 중 하우만이 유독 자기가 작성한 자료가 삭제되면 노골적으로 고통과 불만을 이야기하곤 했다. 그러나 이번의 경우에는 그의 자료 중 한 페이지만이 사용된 것에 대하여 만족해했는데, 사실은 서두의 한 페이지는 그가 쓴 모두였다.

루즈벨트는 오늘 밤의 연설을 상당히 의미가 있다고 생각했는지 그의 연설문 원본에 따로 메모를 해두도록 했는데, 현재 하이드 파크에 있는 루즈벨트 도서관에 보관되어 있다. 그 내용은 아래와 같다.

1933년 3월 15일

이것은 시카고 전당대회장에서 발표한 후보 수락 연설의 원본임.

이 연설문은 알바니 소재 주지사의 저택에서 후보 수락 연설이 있기 전날 밤인 새벽 1시에 완성되었으며, 토요일 새벽 비행기 편으로 시카고로 가는 길에 수정했음.

시카고 공항에 도착하자, 하우는 자유당 정책의 평가와 확충에 근거한 10~12매의 연설문을 내놓았음.

본인은 첫 페이지만이 괜찮다고 생각하여 그것만을 사용하기로 하고 나머지는 폐기했음. 그 첫 부분은 이미 준비된 나머지 연설 부분과 잘 조화되었음. 본인이 작성했던 첫 페이지 대신 사용되었음.

프랭클린 루즈벨트

수락연설은 우레와 같은 성원으로 전달되었다. 그리고 만일 루즈벨트가 당선된다면 워싱턴의 생각과 행동은 완전히 새로운 것이 될 것이라는 메시지가 미국 전체를 휩쓸었다. 그 연설은 지난 3개월 동안 우리가 주지사와 함께 논의했던 내용들을 함축적으로 요약한 것이었다.

그 속에는 진보적 정부와 자유주의적 사고, 경제주체 간의 상호의존성, 금주법, 공공사업에 의한 고용창출, 개선된 토지사용과 고용창출을 위한 삼림관리, 잉여농산물의 과잉공급을 막기 위한 농업생산 기획, 과세인하와 쌍무적 무역협정, 농가와 주택구입용 융자이자 감소, 실업구제에 대한 정부의 책임, 그리고 국가의 부(富)로부터 보다 평등한 혜택을 받을 수 있는 국민의 권리 등에 관한 것이 총망라되어 있었다.

아마도 수락연설의 전반적인 철학적 입지는 마지막 부분의 네 단락에 가장 잘 표현되어 있다.

대통령 후보 수락 연설문

"근대 미국 역사에 있어서 오늘날처럼 두 최대 정당 간의 핵심적인 이념적 좌표가 이렇게 극명하게 차이가 있음을 나타낸 적이 없었습니다. 공화당 지도자들은 국민들이 필요로 하는 물질적 지원에 실패했을 뿐만 아니라 국가적인 비전을 제시하지도 못했습니다. 그 이유는 재난이 오면 희망을 포기했으며, 국민들로 하여금 그들이 추구하는 안전하고 보장된 삶의 터전으로 돌아올 수 있는 방향을 제시하지 못했기 때문입니다.

지난 몇 년 동안 정부의 정치적 철학 속에서 잊혀졌던 온 나라의 남·녀 국민들은, 국가의 부에 대한 혜택을 보다 더 받기 위하여 이 자리에 선 우리에게 좌표를 제시해 주기를 바라고 있습니다. 농장과 대도시와 군

소도시와 촌락의 수백만의 시민들은 옛날의 풍요했던 삶과 생각의 세계로 언젠가는 되돌아 갈 수 있는 희망을 버리지 않고 있습니다. 이분들의 희망은 기필코 희망으로 끝나지 않고 실현될 것입니다. 저는 여러분과 제 자신, 그리고 미국민 여러분께 새로운 처우(New Deal)를 약속합니다.

오늘 이 자리에 모인 여러분들은 능력과 용기로 새 질서를 만들기 위한 선각자가 됩시다. 이것은 단순한 정치적 캠페인이 아니며, 전 국민적 동원령의 선포입니다. 저 혼자만의 선거 승리를 위해서가 아니라 반듯한 미국을 온 국민에게 다시 돌려주기 위한 성전(聖戰)에 승리할 수 있도록 여러분들께서 저를 도와주시기 바랍니다."

수락연설이 있은 다음 날 신문에 삽화가 하나 등장했다. 농부가 그의 곡괭이를 짚고 서있는 모습이었는데, 그는 경제공황으로 찌들대로 찌든 희망을 잃은 백성들의 모습을 상징적으로 나타내고 있었다. 지침과 희망이 뒤섞인 표정으로 머리 위에 날고 있는 비행기를 올려다보고 있었는데, 그것은 루즈벨트의 비행기였다. 비행기 날개에는 "뉴딜(New Deal)"[4)]이라는 글자가 새겨져 있었다.

---

4) 뉴딜 제법안의 작성에 대통령 측근의 경제·법률 분야에서 진보적인 학자와 전문가 그룹, 즉 브레인 트러스트(brain trust)가 기용된 사실은 유명하다.
이렇게 하여 1933년에 입법화된 주요 정책은 다음과 같다.
① 긴급은행법(緊急銀行法)을 제정하여 재기 가능한 은행에는 대폭적인 대부(貸付)를 해줌으로써 금융공황으로부터 은행을 구출하여 은행업무의 정상화를 도모하였다.
② 금본위제(金本位制)를 폐지하고 관리통화법(管理通貨法)을 도입하여 통화에 대한 정부의 규제력을 강화하였다.
③ 농업조정법(農業調整法)을 제정하여 농업의 구제를 도모하였다. 이것은 주요 농산물의 생산제한으로 과잉생산을 없애고 농산물가격의 하락을 방지하여 균형가격(均衡價格)을 회복하려는 의도에서였다. 또, 농민에게 자금원조를 해줌으로써 농업구제에 대한 시도를 하였다.
④ 전국 산업부흥법(産業復興法)을 제정하였다. 이것은 각 산업부문마다 공정경쟁규약(公正競爭規約)을 작성하게 하여 지나친 경쟁을 억제시켰으며, 생산제한과 가격협정을 인정하고 적정한 이윤을 확보시키는 한편 노동자의 단결권과 단체

이때야 비로소 새로운 대중적 문구가 하나 등장했었나 싶었지만, 그때만 해도 우리 중 어느 누구도 이 문구가 그렇게 파격적인 것이 되리라는 상상을 하지 못했었다. 내가 아는 한 루즈벨트 팀에서나 민주당 국가위원회의 어느 누구도 이 문구를 의도적으로 활용하겠다는 생각도, 결정도 한 적이 없다.

그러나 이 두 단어는 곧바로 민주당의 정치적 교두보와 민주당 대통령 후보의 철학을 대변하는 함축된 두 단어로 채택되었다. 뿐만 아니라 아주 빠른 시일 내에 이 단어는 미국 전역에 확산되었고 독특한 정치적 신념을 추구하는 표어가 되었으며, 그것은 아직도(1952년－편자 주) 유효하다.

브레인 트러스트[5]의 등장

후보 수락연설이 있은 후 얼마 되지 않아 브레인 트러스트는 뉴욕시 루즈벨트 캠프 호텔에 본부를 정했다. 이 본부에는 거실이 하나, 사무실용 방, 그리고 손님 방 하나 등 모두 다섯 개의 방이 있었다. 우리는 이곳에서 여러 가지 쟁점사항을 논의하기 위하여 일주일에 3~4 차례 만나서 저녁식사를 했다.

교섭권을 인정하는 동시에 최저임금과 최고노동시간의 규정을 약속하여 노동자에 대한 안정된 고용과 임금을 확보하게 하려는 데에 그 뜻이 있었다.

⑤ 테네시 강(江) 유역 개발공사(開發公社)를 설립하였다. 이것은 이 지역의 발전(發電)과 치수관개용(治水灌漑用)의 다목적댐을 건설하여 종합적인 지역개발을 실행하려는 것으로서, 정부에 의한 전력(電力)생산사업이라는 점에서도 획기적인 정책이었다.

⑥ 자원보존봉사단(資源保存奉仕團)·연방임시구제국(聯邦臨時救濟局)을 설립하였다. 이것은 정부자금에 의한 실업자와 궁핍자(窮乏者)의 구제책으로 설립한 것으로서, 지방자치단체의 구제활동을 연방정부가 원조하려는 시도이기도 하였다.

5) 브레인 트러스트(Brain Trust) : 대통령의 정책자문, 연설문 작성 등 선거와 관련하여 핵심 보좌역을 맡은 사람들. 루즈벨트 대통령은 '수뇌들의 집단'이라고 불렀다.

우리는 간혹 정부 업무수행에 경험이 많은 사람들 또는 국가적 관심사에 대해서 이야기할 수 있는 사람들을 워싱턴으로 초대했다. 그 중에는 유명한 상원의원들도 많이 포함되어 있었는데, 특히 그 중에서도 휴 존슨은 거의 단골손님이 되다시피 했다. 우리는 반드시 모든 쟁점에 합의를 하는 것은 아니어서 때로는 열띤 논쟁이 밤늦도록 지속되기도 했고 다음 날 저녁까지 미루기도 했다.

로버트 K. 스트라우스는 간사역할을 담당해 낮 동안에도 이 그룹의 활동을 조정하고 우편물 관리를 하는 등 실제적인 운영을 담당했다. 나의 역할은 고등법원의 업무 때문에 제한적일 수밖에 없었기 때문에 몰리가 의장 겸 감독으로서 임무를 수행했다.

그해 여름 그는 다저스 카운티에 있는 우리 집을 자주 찾았으며, 여러 가지 업무를 함께 검토한 후 가까운 거리에 있는 하이드 파크까지 차를 몰아가곤 했다.

루즈벨트가 대통령 후보로 지명된 후에야 '뉴딜(New Deal)'이라는 합성어가 대중으로부터 환영받는 명칭이 되었던 것처럼 이 그룹도 비로소 그 이상한 명칭을 부여받게 된다. 우리의 활동 내용은 일반 대중들에게 알려진 것이 전혀 없었지만, 루즈벨트의 가까운 친지들에게는 알려지게 되었다. 벌써 이때쯤 하우는 우리의 활동에 대해서 잘 알고 있었지만 별로 달갑지 않게 생각하고 있던 터였다.

어느 날 주지사와 담소를 하던 중 그가 우리 그룹을 **'당신네 수뇌들의 집단**(your brains trust)'이라고 불렀다. 그 일이 있은 지 얼마 후 주지사가 신문기자들에게 자기를 만나러 하이드 파크에 오게 될 한 그룹이 있다고 말했다. 우리에 대한 하우의 태도는 냉소적이었지만 주지사는 계속해서 우리 그룹을 '**수뇌들의 집단**'이라고 불러주었다.

다음 날 기자 한 사람이 우리 그룹을 기사로 다루었는데 우발적으로 수뇌들(brains)에서 복수형을 나타내는 's'가 누락되어 브레인 트러스트(brain trust)가 되어버렸다. 이 원래의 그룹이 해산된 다음에도 계속해서 대통령의 자문으로 등장하는 인물들을 브레인 트러스트(Brain Trust)로 부르게 되었다.

바로 이 뉴욕 루즈벨트 캠프 호텔의 작은 방에서 조금씩 모아진 자료가 정리되어 대통령 후보 수락 연설문의 기초는 준비되었고, 그 자료들은 다시 루즈벨트의 유세현장으로 또는 관저가 있는 알바니로 보내져 토론의 자료가 되었다.

1933년 3월 대통령 선거 유세가 끝나고 상당시간이 지난 후 대통령의 막중한 집무수행으로 분망하던 때에 대통령이 손수 애써서 작성한 아래의 서신은 그가 브레인 트러스트와 이를 통해서 받았던 도움을 어떻게 생각했는가를 잘 말해주고 있다.

백 악 관

샘에게 1933년 3월 9일 워싱턴

내가 의회에 제출한 첫 입법안을 의회가 어떻게 처리할 것인가를 기다리는 중일세. 그 법안을 준비하느라고 오늘 새벽 2시까지 일을 했는데, 자네가 없이 그런 일을 하려니 좀 허전하다는 생각이 드는구먼. 자네와 지난 4년간 그렇게 가깝게 일해서인지 다른 사람들과 일하기가 쉽지는 않네.

선거유세 동안 자네가 나에게 보여 준 충성심, 그리고 희생적으로 나를 위해서 일해 준 것에 대해서 자네에게 진심으로 고맙게 생각하고 있음을 알아주었으면 하네. 자네가 항상 내 곁에 있지는 않았지만 나는 자네가 담배연기가 꽉 찬 방에서 문을 걸어 잠그고 얼마나 열심히 일했다는 것, 그리고 아마도 자네와 렉스, 레이가 선거유세기간 중 가장 큰 공을 세웠다는 것도 알고 있네.

자네가 언제든지 나를 만나러 오거나 전화해도 된다는 것을 구태여 말할 필요가 없겠지. 내 도움이 필요한 일이 있다면 언제든지 알려주게. 자네 내외를 워싱턴에서 자주 만났으면 좋겠네. 자네와 나의 관계는 굳이 서신 왕래나 대화가 없다 해도 변함이 없을 만큼 너무나 가까운 사이였네. 나는 내가 자네에 대해서 어떻게 생각하고 있는지, 그리고 자네에게 얼마나 감사해 하고 있는지를 알아만 준다면 더 기대할 것이 없겠네.

변함없는 친구
프랭클린 루즈벨트

1932년의 선거유세는 이미 긴 역사의 드라마 한 편이 되어 있었다. 루즈벨트에게는 선거유세전이라기보다는 승리의 여행과도 같았었다. 그는 초조해 하고 전전긍긍해 하는 국민들에게 신선한 퍼스낼리티와 사고, 그리고 새로운 희망을 안겨주었다.

여기에서 루즈벨트의 그 수많은 연설문들에 대해서 모두 이야기할 수는 없다. 그러나 이것만은 말해 둘 필요가 있다는 생각이다. 즉 NRA(National Recovery Act, 국가재건법)와 실업구제를 위한 적자재정을 제외한 그 밖의 초임 대통령으로서의 주요시책, 즉 뉴딜 프로그램으로 대변되는 모든 주요한 시책은 이미 그의 수많은 연설문 속에서 미리 선을 보인 것들이었다.

선거가 끝난 후 이미 연설문을 들었거나 신문 등을 통해 읽어보았던 시민이라면 어느 누구도 루즈벨트의 뉴딜 프로그램이 발표되었을 때 놀랄 필요가 없었다. 예외가 있다면 10월 19일 '균형예산'에 관한 피츠버그에서의 연설이다. 수년이 지난 후 대통령은 가끔 연설문을 준비할 때 시간에 쫓겨서 충분한 논의나 고려를 할 여유가 없는 것이 불만스럽다고 했다. 특히 그가 마음에 걸렸던 연설 내용은 국가의 지출을 줄이겠다고 했던 부분이다.

국가의 지출을 줄이겠다고 한 것은 분명히 민주당의 선거공약이었다. 그러나 유세 초기부터 루즈벨트는 국민의 고통을 덜어주기 위한 여러 가지 시책을 예고했는데, 이것은 필연적으로 국가의 지출증가를 불가피하게 했다. 만일에 루즈벨트가 그 연설문 작성에 좀 더 시간을 할애할 수 있었더라면 피츠버그에서 전달된 그런 형태는 피할 수 있었으리라 확신한다. 국가예산의 지출을 반드시 줄이겠다고 천명하지는 않았을 텐데, 결국 그는 본의 아닌 우를 범하게 되었다.

연방예산이 자꾸 비대해지고 균형을 잃어가고 있던 1935년과 1936년 정적들은 그의 연설문에서 그의 공약을 인용하여 그가 공약을 지키지 않는다고 비난했다. 그러한 비난에는 충분한 근거가 있었다. 그러나 위험이 임박한 것을 뻔히 알면서도 피츠버그의 공약을 지키려고 무모한 노력을 했더라면 그는 국가에 치명적인 해를 입혔을 것이다. 적자재정이라는 정책을 택하지 않았던들 곤경에 빠진 나라를 구하기 위하여 그가 제시했던 여러 가지 프로그램을 시행할 수가 없었을 것이다.

그럼에도 불구하고 피츠버그의 연설로 인해 야기된 그에 대한 비난은 오랫동안 그를 괴롭혔다. 4년 후 1936년 대통령 선거전이 시작되기 전 그는 나에게 이렇게 말했다.

"내 선거유세의 첫 연설은 1932년에 내가 피츠버그에서 연설을 했던 바로 그 야구장에서 하겠네. 그리고 그 연설에서 1932년 내가 왜 그렇게 말할 수밖에 없었는지를 해명해야겠어. 청중들을 납득시킬 수 있는 연설문의 초안을 자네가 한번 준비해 보게."

그러나 1932년에 발표한 연설문의 내용을 소상하게 기억하고 있을 수는 없었다. 그래서 복사본을 만들어 면밀하게 검토하며 읽어보았다. 나는 그날 저녁 대통령 서재에서 대통령을 만나, 만일 대통령이 그 연설에 대해서 언급을 하겠다면 오직 한 가지 외에는 달리 해명할 길이 없다고 했다. 다소 놀라움과 희망찬 표정으로 나를 돌아보며, "괜찮군! 어떤 해명을 제시하겠나?" 하고 물었다.

"대통령 각하, 오직 한 가지 해명방법은 1932년에 그런 연설을 한 적이 절대로 없었다고 단호하게 부정하십시오."라고 대답했다.

우리 둘은 큰 소리로 웃었다. 어떠한 형태로든 해명을 하래야 할 수가 없었다. 그러나 그는 완전히 부정하는 것만을 제외한 최상의 방법을 택했다. 문제의 연설에 대해서는 한 마디의 언급도 하지 않고 지난 4년 동안 적자재정정책을 채택할 수밖에 없었던 정황을 설명하는 것이다. 그는 국가경제를 구출하고 민주주의를 수호하기 위하여 국가의 재정이 필요했으며, 더 나아가서 국민들의 욕구와 인간의 고통을 염두에 둔다면 얼마든지 정당화될 수 있는 정책이었다고 설명했다.

1932년 대통령 선거결과를 기다리는 것은 사실 별로 박진감이 없었는데 그 결과는 너무나 뻔했기 때문이다. 우리 부부는 65번가에 있는 루즈벨트 저택에 초대되었고 그의 몇몇 친구도 동참했다. 나는 초저녁에 생전 처음 보는 두 사람이 주지사 가까이에 스스럼없이 앉아 있는 것을 보았다. 나는 그들이 누구냐고 물어보았는데, 그들은 미국 정부의 비밀 경호요원이라고 했다.

친구들과 어울려 즐겁게 식사를 하는 바로 저 사람이 오늘밤 내로 대통령 당선자가 될 수도 있으며, 미합중국은 벌써 그를 보호하기 시작한 것이다. 이제부터 그는 평생 단 한순간도 이 감시자들의 눈에서 벗어날 수 없게 되었다.

1932년 루즈벨트는 42개 주에서 승리했다. 그리고 22,821,000 대 15,761,000로 7백만 표를 앞질렀으며, 선거인의 투표는 472 대 59였다.

선거가 끝난 후, 대통령은 여러 가지를 의논하던 중 이제 '브레인 트러스트'는 어떻게 하면 좋겠느냐고 물었다. 나는 그 그룹이 본래의 목적대로만 수행하도록, 즉 정책연구와 연설문 작성을 위한 자료를 수집하는 보좌관으로서, 때때로 대통령이 그의 정책 구상을 여러모로 논의하고 토론하기 위한 그룹으로서, 그리고 그들 스스로도 여러 가지 아이디어를 토론하게 하는 그룹으로서 그대로 남겨두자고 했다.

만일에 그들이 워싱턴의 행정직을 임명받게 되어 그들의 모든 시간과 관심을 임무 수행에 쏟게 된다면 그것은 참으로 애석한 일이 될 것이라고 말했다. 한 가지 과제가 아무리 중차대하다고 해도 그것은 대통령이 간여해야 할 큰 그림의 한 부분에 지나지 않으며 브레인 트러스트는 이 거대한 틀 속에서 조언하고 논의하는 것이 더 도움이 될 것이라고 생각했다. 그들의 도움이 진정으로 필요하다면 개인적으로 관여해야 할 어떤 공직과 연루되지 않는 것이 바람직하다고 나는 생각했다. 행정직을 맡게 된다면 결국 연방정부가 관심을 갖는 아주 작은 영역의 대변자가 되어버릴 것이다.

대통령을 위해서는 숲을 보아야 하는 것이 본연의 임무임에도 불구하고 그들은 나무를 쳐다보며 염려할 것이다. 대통령은 나의 조언에 동의하지 않았다. 몰리는 국무성 차관보, 타그웰은 농림부 차관, 벌은 한동안 재정재건협회에서 일했고 훗날에는 라구아디아 행정관, 그리고는 국무성 차관이 되었다. 존슨은 미국 산업부흥국의 국장이 되었다.

나는 뉴욕에 잔류하기로 했는데 레만 주지사가 나를 고등법원 판사로 재임시키겠다는 의사를 비쳤으며, 그리하여 나는 1933년 9월에 다시 임명되었으며 1943년 10월까지 고등법원 판사로 재직하다가 대통령이 제 2 차 세계대전 종결업무에 참여할 수 있도록 사표를 권유해서 그 자리를 떠났다.

나는 항상 대통령이 본래의 브레인 트러스트를 해산하고 구성원들의 역할을 바꾸었던 것은 실책이었다고 생각했다. 자문과 조언의 역할을 수행하는 한 그들은 대통령에게 상당한 도움이 될 수 있었다. 그룹 토의를 통해서만 가능했던 자연스러운 통제와 검토는 개별 행동에서는 기대할 수 없었으며, 워싱턴에서 공직을 맡게 된 브레인 트러스트의 팀원들은 이런저런 형태로 대통령을 거북하게 만든 경우도 있었다.

종국에는 그들과 대통령은 길을 달리해야만 했다. 몰리, 타그웰, 휴 존슨 등의 나중 경력을 생각해 보면 포타맥 강변에 즐비해 있는 행정적 권력 속에는 브레인 트러스트를 성공적으로 끌었던 익명의 유용함을 배제하는 그 무엇이 있었던 것 같다. 1933년까지 지속된 이 그룹이 수행했던 유일한 기능은 연설문 작성이었다. 그러나 브레인 트러스트 팀으로서는 다시 일하지 못했다.

선거가 끝난 몇 달 후 '브레인 트러스트'라는 어휘는 오리지널 팀원들 뿐만 아니라 나중에 워싱턴에 합류한 인사들에게도 적용되었다. 해리 홉킨스, 딘 아치슨, 톰 코코란, 벤 고헨, 윌리암 우딘, 조셉 P. 케네디 등 많은 인사들이다. 공직에 있지는 않았지만 대통령이 어떤 자문이나 도움을 요청했던 사람들, 공직에 있으면서 문제 해결을 위해 자주 대통령이 면담했던 사람들까지도 브레인 트러스트의 회원으로 불리게 되었다.

대통령 임무를 맡게 된 첫해를 그는 '위기의 해'라고 명명했다. 그러나 그가 '위기'라고 한 것은 단순히 침체된 경제, 실업, 빈곤, 절망감 등만을 염두에 두었던 것이 아니다. 그가 더 염려했던 것은 미국의 민주주의 그 자체였고, 미국 국민들이 '과연 생계를 유지할 수 있는 기회를 위하여 어떤 형태의 허울 좋은 보장을 용납할 것인가'를 결정해야 될 시점에 와 있었다고 생각했다.

1933년 지도자로서의 그의 과제는 분명했다. 그것은 '당면한 물질적 결함을 고치는 일'이었다. 그러나 그 과제는 그렇게 단순한 것이 아니었다. 만약에 우리가 미래에도 사유재산제도를 유지하려면 우리의 경제제도 속에 깊이 파고든 통증의 원인을 제거해야 한다고 생각했다. 그는 이러한 목적 달성은 동시에, '상호의존적으로 달성되어야 할 과제'라고 생각했다. 그의 이러한 두 가지 의도는 1933년 3월 4일 첫 취임연설에 잘 나타나 있다. 그 연설의 의도에 대해서는 대통령 자신이 밝혀둔 바가 있다.

미국민을 감동시킨 연설

내가 가장 중요하게 생각하는 것은 미국인들과 미국의 정신을 꽉 붙들어 매서 공포를 종식시키고자 하는 것입니다.

"내가 가장 중요하게 생각했던 것은 할 수만 있다면 미국인들과 미국의 정신을 꽉 붙들어 매서 공포를 종식시키고자 하는 것입니다. 나는 실천에 옮길 프로그램을 약속한 바 있는데, 그 첫째는 국민들로 하여금 다시 생

업에 전념할 수 있도록 하는 것이며, 둘째는 우리가 당면하고 있는 이 위기를 자초한 권력의 남용을 끝내는 일입니다."

이것은 대통령이 행했던 수많은 연설 중에서 형태나 내용에서 뿐만 아니라 그 성과에 있어서도 가장 탁월한 연설이었다.

그 연설문 속에는 루즈벨트를 연상시키는 "**국민 여러분이 두려워 할 것은 두려움, 그 자체일 뿐입니다.**"라는 불후의 명언도 포함되어 있었다.

이 연설이야말로 그 자신이 가지고 있는 용기와 그가 추구하는 목표를 분명히 함으로써 국민들에게 용기를 주고 사기를 북돋을 수 있는 루즈벨트 특유의 능력을 잘 보여준다. 이 연설은 마치 온 나라를 감전시킨 듯 그 효과는 대단했다.

이 연설은 짧았지만 그가 특별회기 중 미국의회에 강경히 요청하기로 공약했던 프로그램의 진수를 모두 포함하고 있었다. 그는 또한 국가가 당면한 위기를 타개할 수 있도록 최대한의 행정부 권한을—예를 들면 외세의 침입을 당했을 때 부여할 수 있는 정도의—부여하도록 요구했다.

이 연설은 대통령이 친필로 초안을 기안했던 아주 극소수에 지나지 않는 연설문의 하나이다. 그는 이것을 1933년 2월의 어느 날 한밤에 하이드 파크에서 노란 색깔의 공무원 노트에 썼다. 원본은 현재 하이드 파크 루즈벨트 도서관에 소장되어 있으며, 아래와 같은 타이프로 친 메모가 붙어있다.

취임 연설 원본 작업

1993년 3월 25일

이 대통령 취임 연설의 원본은 1933년 2월 27일 월요일 하이드 파크에서 작성되었다. 본인은 이 초안을 9시경에 시작해서 새벽 1시 30분경에 마쳤다. 몇 차례의 수정작업이 있었으나 최종본은 이 원본과 크게 다르지 않다. 대통령의 친필로 쓴 원본 속에는 '공포(fear)'라는 어휘가 들어있지 않았다. 연설문의 초본은 아래와 같다.

"친애하는 국민들께서는 오늘 우리나라가 당면하고 있는 상황의 긴박성 때문에 제가 성실하며 과감한 대통령 취임 연설을 하기를 기대하실 것이라고 확신합니다. 과연 이 시대야말로 차분한 연설이나 현실성 없는 기대를 증대시켜서는 안 될 것입니다."

친필로 쓰인 이 연설문이 타자로 옮겨졌다. 대통령 당선자는 워싱턴에 도착하자 메이플라워 호텔의 객실에서 타자로 정리된 연설문을 다시 한 번 수정했다. 최종본은 연설이 있기 전날인 3월 3일에 타자로 다시 정리되었다. 위에서 지적했던 문장에서 대통령이 손수 원래의 부정적이던 문장을 강하고 긍정적으로 수정했으며, '공포(fear)라는 어휘도 첨가되었다. 문장으로 된 것을 손쉽게 수정하듯 루즈벨트는 연설에서도 그렇게 할 수 있었다. 대통령 취임식이라는 미국 최대의 행사를 목전에 두고서도 말이다.

대통령 취임연설

"친애하는 미국 국민들께서는 오늘 우리나라가 당면하고 있는 상황의 긴박성 때문에 본인이 취임사를 할 것이라고 기대하시는 것을 확신합니다. 이 순간이야말로 정직하고 용감하게 오직 진실만을 이야기해야 할 시점입니다. 또한 조금도 주저함이 없이 우리가 당면한 상황을 직시해야 될 시점입니다. 우리가 과거에 그럴 수 있었던 것처럼 우리는 이 당면한 현실에 굴복하지 않고 살아남을 것이며, 번영을 되찾을 것입니다. 그러므로 여러분께 분명히 말씀드립니다만 우리가 두려워해야 될 것은 공포 그 자체 뿐입니다.

우리를 좌절시키던 정체불명하고 근거도 없고, 정당화할 수 없는 공포는 우리의 후퇴를 앞으로 전진시킬 수 있는 노력을 필요로 했습니다. 우리나라가 어려움에 직면했을 때마다 정직하고 과감한 지도자들은 승리를 위해서 반드시 필요한 국민적 이해와 지지를 얻어냈습니다. 저는 국민 여러분께서도 이 지도자에게도 어려움을 타개해 나갈 수 있는 그러한 지지를 해주실 것이라고 확신합니다."

취임 연설을 할 순서를 기다리던 동안에도 대통령은 그가 듣고 있던 연설문에 손으로 다시 한 문장을 써 넣었다. 흔들리는 이 나라를 이끌고 나갈 채비를 하며 그의 마음속에 얼마나 많은 생각이 오고 갔나 하는 것을 거의 충격적으로 보여주는 장면이었다.

"오늘은 헌신의 날입니다."

연설문을 읽으면서 그는 '헌신'이라는 단어 앞에 '국가적'이라는 어휘를 하나 집어넣었다. 그가 어떻게 해서 구체적으로 '공포'라는 문장을 구상해 내었는지 미처 알아내지 못했고, 공교롭게도 대통령에게 그 출처에 대해서 한 번도 물어보지 못했었다. 나는 그저 그가 하이드 파크에서 기안했던 초안 속에 들어있던 것이라고 생각했고, 그의 '좋은 착상' 중의 하나였을 것이라고만 생각했었다. 그의 친필로 된 연설문을 면밀히 검토하게 된 최근에 와서야 그 문장은 그가 워싱턴에 도착한 후 써넣었던 것임을 알게 되었다.

나는 연설문의 내용에 대해서 알 만한 사람들 모두에게 물어보았다. 그것은 대통령이 직접 써넣었던 것이며, 대통령이 고안해 온 완전히 독창적인 것이었는지도 모른다. 그러나 헨리 데이빗 소로우(Thoreau)가 공포에 대해서 썼던 것과 아주 흡사하기도 하다. **"공포 그 자체보다도 더 무서운 것은 없다."** 루즈벨트의 부인 엘레노 여사에 의하면 취임식 전날 한 친구가 소로우의 책 한 권을 건네주었고, 그것은 그가 연설문을 다듬는 동안 호텔에 있었다고 한다. 루즈벨트는 잠자리에 들기 전 짧은 독서를 위해서 손에 닿는 책을 집어 드는 습관이 있었다.

아마도 이 책이 그렇게 손에 잡힌 것이고, 그 문장도 그 책을 통하여 그의 뇌리에 떠올라 연설문에 쓰였던 것 같다.

이 문장은 나중에 대통령이 당면하게 되는 여러 위기상황 속에서 하나의 이정표로 쓰였고, 개인적으로도 평생 동안의 이정표가 되었다. 그는 여러 차례 비판의 대상이 되기도 했었지만 위기상황에서 행동하기를 주저했기 때문에 비난을 받았던 적은 없었던 것 같다. 그는 취임 후 대범하고 용기있는 리더십을 국민들에게 보여주었으며, 국민들 또한 국내 · 외적으로 위기에 처했을 때 대통령으로부터 그러한 리더십을 기대했다.

1933년 3월 취임 날부터 보여주기 시작한 그의 단호한 리더십은 그가 임종할 때까지 조금도 변질되거나 약해지지 않았다. 때로는 1937년의 '방역' 연설처럼 너무 앞서나가는 면도 있었다. 그러나 단순히 추종하는 것만으로는 만족하지 않았다.

1933년 3월 12일 최초의 '난롯가의 담화'

알바니 시절의 연설과 워싱턴 시절에 자주 사용했던 다른 형태의 연설은 1933년 3월 12일에 최초로 했던 '난롯가의 담화'이다. 대통령이 이 연설을 택했던 것은 국민들에게 직접 이야기 할 수 있는 수단이었기 때문이다. 더 분명히 말하자면 국민 한 사람 한 사람에게 개별적으로 이야기하고 싶었던 그의 열망을 담고 있었다. '난롯가의 담화'의 기능은 정부의 복잡한 문제를 단순한 일상의 용어로 피부에 와 닿는 설명을 하고자 했던 것이다.

그는, 만일 국민들이 사실을 이해할 수 있다면, 정부의 시책이나 정책의 배경을 이해할 수 있다면, 만일에 국민들에게 정부가 신뢰를 얻어 발생되고 있는 여러 가지 사태에 대한 진솔한 설명을 해준다면, 그들은 대체로 올바른 길을 선택할 것이라고 확신했다. 그는 지도자로서 국민들에게 이러한 사실을 전해주는 것이라고 생각했다. 국민들은 또한 대통령에게 가장 위대한 힘의 원천이 되었고, 대통령은 국민들에게 복잡 미묘한 정부의 문제도 설명해 줄 수 있었다. 그는 이러한 역할을 쉬운 용어로 분명하고 신뢰받을 수 있도록, 설득력 있는 목소리를 통해서 해냈다.

대통령 취임 이후 8일 만에 하게 된 첫 번째 '난롯가의 담화'는 온 나라의 숨통을 막아버린 은행위기에 대한 주제를 다루었다. 미국 국민들은 난공불락의 성처럼 든든하게만 여겨지던 은행들이 하나 둘 문 닫는 것을 보며 황당함과 놀라움을 금치 못하고 있었다. 붕괴된 은행들은 수백만 미국인들이 평생 동안 힘들게 번 돈들을 가지고 있었다.

취임 후 이틀째인 3월 6일 대통령은 은행들이 보다 건실한 기반을 가지고 개점할 수 있도록 모든 은행을 폐쇄시키는 대담한 결정을 내렸다. 이러한 조치는 전통적인 금융 업무에 대해서 경험이 많은 사람들까지도 이해하기 어려운 것이었다. 대부분의 국민들에게는 상대성 원리와 핵분열처럼 이해할 수 없는 것만큼이나 난해한 시책이었다. 그래서 대통령은 방송을 통해서 국민을 이해시키고 그가 어떤 구상을 하고 있는가를 알리고자 했다.

재무부는 아주 학술적이고 포괄적인 연설문 초안을 준비했다. 대통령은 이 연설문을 가지고는 국민들을 이해시키지 못할 것이라고 생각했다. 그래서 그것을 수정을 할 생각도 하지 않고 제쳐두고 그가 생각하는 연설문을 따로 작성하기 시작했다.

그는 아주 쉽고 평범한 용어로 받아쓰게 했는데, 그가 찾고 있는 어휘는 그가 한두 명의 친구들과 대화를 할 때 사용할 수 있는 격식없는 것들이었다. 그는 어느 누가 들어도 이해할 수 있는 언어를 찾아 쓰고자 했다. 그리고 모두가 쉽게 그를 이해했다. 국민들의 신뢰는 회복되었다. 그렇게 암담한 시대에는 당황함으로 인한 공포 때문에 혼돈과 붕괴를 야기할 터이므로 신뢰의 구축은 필수적인 것이었다.

'난롯가의 담화'가 전달되는 실제 분위기는 일반적으로 난롯가와 연상되는 조용하고 은밀한 분위기와 전혀 딴판이었다. 그 방에는 진짜 '벽난로'가 있었지만 텅 비어 있었다. 그 방에서 대통령은 3~4개의 마이크와 독서용 램프, 물주전자 등이 있는 책상 앞에 앉는다. 6~7천만 명의 청취자들로 하여금 담화 내용을 잘 들을 수 있도록 하기 위하여 여러 가지 장비가 동원된다.

담화를 직접 듣도록 초대된 친지들, 집안 손님들, 그리고 선발된 관료들이 앉을 수 있도록 30여 개의 의자가 준비된다. 청중들은 10시 30분 방송을 위하여 10시 10분부터 자리를 잡고 앉게 하고 나면 담배를 피워 문 대통령의 휠체어가 연설문과 함께 10시 20분쯤 들어온다.

여러 방송사의 기술진과 기자들이 마이크를 시험하는 등 야단법석이다. 장비들은 벽의 양쪽에 몰아서 흩어져 있기 때문에 발을 디딜 틈도 없었다. 개조된 백악관은 자체의 방송실도 가지고 있었으나 '난롯가의 담화'를 위해서 사용될 지하실의 방은 이러한 방송의 용도로서 사용될 것이라고는 아무도 생각하지 못했다. 일단 자리를 잡고 앉으면 대통령은 손님들, 그리고 아나운서들과 친근한 담소와 인사를 나눈다.

10시 30분이 임박해 오면 분위기는 더욱 긴장감이 감돈다. 대통령은 직접 수많은 청중을 대하듯 아주 긴장된 표정으로 담배를 끄고 그의 연설문 원고를 잘 펴놓고 물 한 잔을 마신다. 그리고 신호가 떨어지고 조용해진 후 엔지니어가 고개를 끄덕이면 모든 아나운서들이 간결하고 야무진 목소리로 이 방송은 백악관에서 직접 중계하는 것이며, "**미합중국의 대통령이십니다.**" 하고 말한다. 그리고 곧 이어서 맑고 낭랑한 목소리로 루즈벨트가 "**국민여러분**" 하고 답례한다.

대통령의 긴장은 곧 사라지고 모두 조용히 앉아 그의 연설을 경청한다. 우리 몇 사람은 등사본으로 나누어 준 연설문을 함께 보아가며 귀를 기울인다. 그가 연설을 마치면 우리는 모두 기립한다. 그리고 방송국들은 '성조기를 높이 들고(The Star-spangled the Banner)'를 연주한다. 대통령의 연설이 끝났다는 신호가 들어오면 우리는 모두 앞으로 가서 그에게 말을 건넸다. 그 분위기는 참으로 활기있고, 대화와 축하와, 그리고 작별인사가 있고 초대 손님들은 서서히 물러간다.

대통령은 신문기자들과 영화사 사진작가들이 연설문을 낭독하는 대통령의 모습을 찍도록 뒤에 남는다. 그가 읽어야 할 부분은 그가 직접 정한다. 촬영이 끝나면 위층 오벌 룸으로 올라가서 음료와 샌드위치를 좀 들고 연설에 대한 이야기를 나누고 이때쯤부터 날아 들어오는 전보들을 읽고는 잠이 든다.

그가 대통령으로서 첫 임기를 보내는 동안 내가 워싱턴을 방문하는 것은 전적으로 개인적인 사교의 차원에서였다. 우리 내외는 간혹 저녁식사에 초대받거나, 주말 휴가 또는 포도맥강을 거슬러 내려가는 휴가에 대통령을 따라 나서기도 했지만 공적인 임무를 수행하도록 요청받은 적은 거의 없었다.

그는 1935년 5월 22일 세쿼이아 강변을 여행하던 중 군(軍)의 보너스 법안 거부 연설을 준비하고, 1936년 1월 연두교서의 문체를 좀 다듬어 달라는 요청을 받은 적이 있었다.

몰리가 공적으로 워싱턴에 있는 한(1933년도) 연설문 작성은 대체로 그의 책임이었다. 그해 말 그가 워싱턴을 떠난 후에도 가끔 연설문 작성 작업에 조력하곤 했다. 다른 사람들이 연설문 작업을 하는 경우에도 몰리가 최종 결재를 했다.

도날드 리치버그, 루이스 하우, 윌리엄 블릿, 휄릭스 프랑크 푸터(그 당시 하버드법대 교수), 휴 존슨, 렉스 타그웰 등 모두는 1933년~1934년 동안 각기 다른 시점에서 대통령을 보좌했으며 연설문 작성 과제를 도왔다. 톰 코코란과 벤 고헨은 1934년에 등용되었으며, 그 당시는 몰리가 감독 역할을 했다. 그러나 1935년 초부터는 몰리의 지시를 받지 않고 독자적으로 업무를 수행했다. 대통령 취임 후 첫해가 되는 1933년 그의 '뉴딜 공약'을 이행하기 위해 과감하고, 직접적이며, 간결한 입법 제안이 미국 의회에 신속하게 상정되었다[6].

---

6) 3월 9일 : 건실한 기법을 갖춰 은행 업무를 재개하기 위한 입법
3월 10일 : 정부 운영의 효율화를 위한 입법
3월 13일 : 포도주와 맥주 판매 허용을 위한 금주법의 수정
3월 16일 : 농업구제 입법(AAA)
3월 29일 : 증권판매감시 입법(SEC)
4월 3일 : 농업금융 입법(FCA)
4월 5일 : 민간 식림치수단 설립 입법
4월 10일 : 테네시 계곡 공사단(TVA) 설립 입법
4월 13일 : 가정 융자구제 입법(HOLC)
5월 4일 : 철도구호 입법
5월 17일 : 미국 산업부흥국(NRA) 설립 입법
5월 20일 : 유류산업구제 입법

라디오를 통한 '난롯가의 담화'를 경청하는 시민.

첫 취임 후 전 미국의 은행 폐쇄라는 국가적 위기상황 하에서도 대통령은 국민과의 대화를 피하지 않았다.

국민과의 담화

대통령 재임 선거전
난롯가의 담화
1936년 연설문 작성 전략
절대로 상대 당이나 정적을
비방하지 않는다
대통령 재선과 사법부 개혁

선거유세를 들으며
감동하는 사람들

루즈벨트의 마음속 한가운데를 늘 차지하고 있던 '잊혀진 사람들'

국민과의 담화

대통령 재임 선거전 (1936년)

루즈벨트는 12년 5주 동안 대통령으로 재임하는 동안 대략 1,500만에서 3,000만 통의 서신을 국민들로부터 받았다. 그 중 약 1,500만 통은 F. D 프랭클린 도서관에, 약 100만 통은 국립문서고(National Archives)에 보존되어 있다. 이 서신들은 미국이 국·내외적으로 전례없는 곤경에 처해있을 때 대통령의 '난롯가의 담화'에 대한 국민들의 반응이었다.

미국의 역사상 최장집권을 했던 루즈벨트의 임기는 미국이 경제적 위기에 당면했을 때 시작하여 가장 오래된 외지에서 전쟁이 계속되는 동안 막을 내리게 된다. 실로 그의 임기는 미국의 경제, 사회, 정치적 역사의 분기점을 만들었다.

루즈벨트는 연방정부의 역할과 대통령직을 본질적으로 바꾸어 놓았다. 그리고 루즈벨트는 다른 어느 역대의 대통령보다도 자신을 국민들 앞에 꾸밈없이 나타내었다. 대통령으로서 국민들과의 의사소통 경로를 완전히 바꾸려 한 그의 노력은 가히 혁명적이라 해도 과언이 아니다. 그것이 바로 '난롯가의 담화'로 알려진 또 하나의 연설문들이다.

처음 담화는 루즈벨트가 초임 대통령이 된 후 8일 만에 시작되었으며, 마지막 담화는 사망하기 3개월 6일 전에 방송되었다.

루즈벨트는 국·내외의 문제를 담화의 소재로 삼아 전 국민을 대상으로 하였으며, 대통령 취임 당시 미국민의 62%가 라디오를 가지고 있었기 때문에 이것이 가능했다. 임기 말에는 미국민의 90%가 라디오를 소유했다. 진주만 폭격이 있은 후 이틀 후인 1941년 12월 9일에는 79%의 가정에서 담화 방송을 청취했고, 미국이 전쟁참여를 선포했던 1942년 2월 23일에는 80%의 국민들이 대통령의 담화를 청취했다.

난롯가의 담화

전반적으로 의회는 대통령이 요구하는 법안들을 하나씩, 그러나 아주 빠른 속도로 통과시켰다. 은행의 위기사태에 관한 '난롯가의 담화'가 있은 후 대통령은 1933년에 세 차례 더 '난롯가의 담화'를 발표했다. 이러한 담화는 국민들에게 유용한 정보를 제공했고 대통령과 국민들과의 관계를 더욱 돈독하게 만들었다. 뿐만 아니라 국민들로 하여금 대통령의 리더십에 대한 신뢰감을 높였으며, 대통령이 추구하는 목표를 아주 분명하게 설명할 수 있었다. 따라서 이러한 실험과정에서 불가피하게 야기되었던 어떤 실수도 용서되었다.

5월 7일에 방송된 첫 담화 이후 은행위기가 어떻게 진전되고 있으며, 그 후에 취해진 절차에 대한 설명을 했다. 즉, 민간환경보호대 설립, 테네씨 밸리 프로젝트(TVA), 가택과 농장이 저당으로 넘어가는 것을 방지하기 위한 입법, 직접적인 실업구제, 앞으로 도입될 일반 공공사업, 농가구조, 철도 건설법, 금(金) 거래의 규제, 해당 장관에 의해 외국에서 논의가 진행되고 있던 국제금융, 무장해제에 관한 것도 담화의 주제로 삼았다. 그는 이 모든 주제들을 30분간의 연설 속에 담아내었으며 "**현명하고 사리에 맞는 시작**"이었다.

그는 다시 7월 24일에 전파를 통해 "**우리의 경제 재건은 단순한 목표**

와 견고한 기반 위에 세워져야 한다."고 설명했다. '뉴딜'의 바퀴를 움직이기 시작한 뒤 지난 100일 동안의 붐비는 사건들은 단순히 아무렇게나 계획을 수집해서 나열했던 것이 아니라 각기 다른 요소들을 질서정연하고 논리성 있게 연결시킨 것이라고 설명했다. 그는 여러 법령과 행정부의 지시에 대해서 언급했으며, 이들이 각각 개혁과 재건이라는 두 가지 목표를 어떻게 지지하는가 설명했다.

10월 21일에는 그 해의 마지막 담화가 있었는데 대통령은 그가 시도하는 프로그램이 어떻게 국민들에게 직접적인 혜택으로 나타날 것인가를 설명하기 시작했다. 1934년이야말로 개혁과 재건이 계속된 해였다. 반면에 개혁에 대한 반대의 목소리가 높아지기 시작한 해이기도 하다.

뉴딜을 노골적으로 반대하여 중도폐기하거나 본래의 계획대로 밀고 나가기를 지지하는 입장으로 양분화되었다. 따라서 1934년의 연설문이나 메시지는 그의 프로그램에 반대하는 세력에 대해 입장을 강하게 표명하는 것이었다. 그는 이 시점에서 하나의 기록을 갱신하고 있었는데, 그것은 1934년 11월 뉴딜 정책에 대한 국민의 지지여부를 투표로 묻는 의회 캠페인이 있었기 때문이다.

뉴딜 정책에 대한 지지를 국민투표로 재확인

같은 해에 루즈벨트는 여러 입법을 상정했고 행정부의 지시를 내렸지만 '난롯가의 담화'는 두 차례밖에 없었다. 처음 담화는 1934년 6월 28일 의회의 회기가 끝난 후였다.

담화는 무엇을 설명하기보다는 오히려 논쟁에 가까웠으면서도 아주 단순하고 단도직입적이어서 반론의 틈을 주지 않았다. 대체로 세 가지 질문이 담화의 핵심이 되었다.

"사는 것이 지난해에 비해 금년이 더 나아졌습니까?"

"이와 같이 좋아지기 위해서 개인적으로 너무 희생이 컸다고 생각합니까?"

"그리고 재건과정에서 개인의 자유를 상실했다고 주장하는 꽤 많은 이기적인 사람들과 끈질긴 이론가들의 비판처럼 여러분들도 자유와 권리, 그리고 헌법이 보장하는 행동의 자유와 선택을 상실했다고 생각합니까?"

하고 반문했다.

그는 반론자들을 '의심 많은 도마'이며, 자신들만을 위한 특권에 연연한 사람들이라고 공격한 후, 더 좋은 가정, 개선된 토지활용, 수자원 개발, 사회보장제도와 같은 밝은 미래를 위한 과감한 프로그램을 제시했다. 그는 반론과 공격이 이어질 것이라는 점도 예상했다.

"진보를 두려워하고 겁내는 사람들은 우리가 시도하는 과업에 대해 이상하고 새로운 명칭을 붙여줍니다. 어떤 때는 '파시즘', 또는 '공산주의', '통제주의자', 또 그러다가는 '사회주의자들'이라고 합니다. 그렇게 함으로써 아주 단순하고 실용적인 것을 복잡하고 이론적인 무엇인가로 포장하려고 합니다. 저는 실제적인 정책을 좋아하는 사람입니다. 우리가 지금 시도하는 것은 미국 국민들이 전통적으로 오랜 세월 동안 추구해 왔던 우리의 이상을 실현하기 위해 필요한 것입니다."

우리가 지금 시도하는 것은 미국 국민들이 전통적으로 오랜 세월 동안 추구해 왔던 우리의 이상을 실현하기 위해 필요한 것입니다.

그의 다음 담화는 3개월 이후인 9월 30일이였고 주제는 아주 단순했다.

"더욱 확대된 자유와 평범한 미국 시민들의 안정을 보장하기 위하여 우리는 전진할 뿐이다."

그러나 그의 프로그램에 대한 공격은 더욱 거세졌고, 대통령은 '반동변호사', '정치평론가' '개혁파, 재건과 구제는 위헌적'이라고 말하는 반론자들에게 일일이 대응했다.

1934년의 뉴딜 정책은 의회선거와 함께 국민투표에 부쳐졌는데, 파격적인 선거결과에 루즈벨트 자신도 놀랐다. 민주당은 상하 양원에서 더 많은 의석을 확보했다. 국민들은 그의 프로그램을 이해했고 지지했다. 그의 개혁과 재건 프로그램은 1935년에도 계속되어 사회보장, 천연자원보호, 공공사업규제, 공공사업, 세제개혁 등을 위한 부차적 입법 요청이 뒤따랐다.

뉴딜정책에 대한 국민들의 전폭적인 지지

루즈벨트가 1934년의 선거에서 그의 프로그램에 대한 반대파를 제압하기는 했지만 1935년 대법원은 입법결정으로 프로그램을 흠집내기 시작했다. 이러한 결정은 그때까지 달성해 놓은 성과를 유명무실화시켰을 뿐 아니라 '앞으로 뉴딜 정책의 본래 목표를 효과적으로 달성시킬 수 있겠는가' 하는 의구심마저 갖게 하였다.

1936년 연설문 작성 전략

1936년 현충일을 맞은 5월 30일 주말에 대통령은 우리 부부를 포터맥강 유람선에 초대했다. 나는 이것을 단순히 사교적인 나들이로 업무가 주어지리라는 생각은 하지 않았다. 배에 오르자마자 대통령은 재선을 위한 임박한 선거운동에 대해서 이야기를 시작했다. 메인주와 벨몬트주를 제외한 여타의 주는 대통령에게 아무런 문제가 없었지만 1936년 봄 대통령 재선의 전망은 그렇게 밝아 보이지만은 않았다.

반대자들은 선거전략을 구상하고 있었다. 한때 잘 결속되었던 민주당은 틈이 생기기 시작했고, 그 중에서도 남쪽지방의 보수적인 민주당

세력은 뉴딜정책이 자기들의 전통적인 성향에 맞지 않는다고 생각하기 시작했다.

뉴딜 정책에 대한 당 내의 도전

당시 미국 자유연맹(The America Liberty League)이 조직되었는데, 이 연맹에는 유력한 민주당 지도자들 여러 명이 포함되어 있었고, 목적은 루즈벨트의 재선을 방지하는 데 있었으므로 루즈벨트 정책의 대부분은 미국이 신봉하는 자유주의 이념에 위배된다고 주장했다. 이 연맹에 가입했던 많은 사람들은 수년이 지난 후 이러한 주장이 얼마나 무모했었는지를 수긍하게 되었다.

그러나 이러한 주장이 강력하게 표출되던 1936년 루즈벨트의 측근이자 전 대통령 후보들, 즉 데이비스(John W. Davis)와 스미스(Alford E. Smith)마저도 그러한 주장에 동조하며 앞장서게 되었다. 루즈벨트 자신은 물론 그의 동료들은 이러한 역습을 심각하게 받아들였다.

임박한 선거에서 승리가 어려울 것이라는 예측을 뒷받침하는 몇 가지 요인도 있었다. 그것은 루즈벨트의 집권으로 흔들리던 미국을 어느 정도 안전한 궤도에 올려놓자, 4년 전만 해도 미국인들을 사로잡았던 두려움을 까맣게 망각해 버렸던 것이다.

1932년 선거 때만 해도 마치 중환자 같던 국민들이 이제는 그들이 짚고 있던 목발을 의사 앞에 팽개치듯 던져버리고는 '공산당 정책'에 대해 성토하기 시작했다. 나는 대통령을 만난 김에 민주당의 정치지도부가 아주 가소롭게도 이번에는 대통령으로부터 거리를 두려고 하는 것이 분명하다는 것을 말해 주었다. 그런데 그는 흥분하거나 염려하지 않았다. 그는 웃으면서 말했다.

"이제 겨우 5월이야. 그리고 11월까지는 여러 가지 상황이 바뀔 수 있어. 선거전에서는 항상 대세가 바뀌고 유권자들의 정서도 걷잡을 수 없이 변

하게 되어 있어. 10월까지만 기다려 봐. 그때 가서 유권자들이 알아야 할 모든 사실들을 알도록 할 테니까……. 지금은 신문을 봐도 아무런 자료가 없잖아!"

적어도 신문의 85%는 대통령을 지지하지 않았으며, 이러한 반대의사의 표명은 아주 분명하고도 노골적이었다. 오늘 이 배에 함께 탑승하고 있던 또 한 손님은 스탠리 하이 부부였는데, 1935년 선거유세 때, 연설문 작성에 도움을 주었던 사람이고, 앞으로의 선거유세에 조력할 사람이라고 소개했다.

그런데 하이는 4년 전 1932년 선거당시 공화당에서 활동하던 인물이었다. 그리고 이 사람은 훗날 1940년, 1944년, 1948년의 선거전에서 다시 공화당 쪽으로 건너가서 그쪽의 후보를 도와 루즈벨트 대통령과 트루만 부통령 후보를 반대하게 된다. 돌이켜 보건대 1936년 그가 잠시나마 민주당 캠프에 등장했던 것은 한낱 정치적 탈선에 지나지 않았던 것 같다. 어쨌든 그는 뛰어난 문필가였으며 사심없는 동반자였다.

내가 기억하고 있는 한 그는 어느 루즈벨트의 연설문 작성자에게도 찾아볼 수 없는 대단한 문장력의 소유자였다. 그는 인간적으로도 친밀했고, 대개의 연설문 작성자들이 가지고 있는 고질병의 하나인 논쟁을 좋아하거나 옹고집도 없었다. 대통령의 연설문을 준비하는 데 한 가지 걸리는 게 있다면, 결국 대통령의 연설문은 역사에 관련될 뿐 아니라 역사를 만드는 작업, 그 자체가 되므로 문장과 의미를 놓고 집요하게 따지고 논쟁해야 된다는 것이다. 이런 경우에는 원래 쓰인 대로 한 문장을 그대로 놔둘 것이냐, 아니면 변경할 것이냐, 아예 삭제해 버릴 것이냐 등을 두고 집필자들 간에 귀한 시간을 낭비하는 경우도 있었다. 그러나 하이와는 이런 문제로 전혀 신경을 쓸 필요가 없었다.

처음 하이를 만났을 때 대통령은 이번 선거운동에서 함께 일하라는 지시는 하지 않았다. 그는 단순히 뉴욕에 캠페인을 벌이던 때 우리의 경험과 고충에 대해서 하이에게 말해 줄 수 있으면 하는 기대로 우리를 만나게 했던 것이다. 대통령은 1928년 처음 호보켄 나루터에서 나를 만났고, 내가 준비해서 가지고 있었던 붉은색 마닐라 파일에 대한 이야기를 그에게 해주었다. 호보켄 나루터는 처음 주지사로 출마하던 때를 말하고 있으니, 미국 대통령 재임을 준비하는 포터맥 선상과는 너무 거리가 먼 이야기다.

그럼에도 불구하고 그 붉은 마닐라 파일이 긴 시간을 연결시켜 주는 듯싶었다. 대통령은 이번 유세전에도 똑같은 자료를 똑같은 방식으로 정리해서 가지고 다니고 싶다고 했다. 그런데 민주당 전당대회가 시작되기 2~3일전 전당대회 기간 동안 대통령이 백악관에서 함께 지내기를 원한다는 전화가 미씨로부터 왔다. 그래서 나는 대답했다.

"원래 나의 소임은 연설문 작성이었으므로 대통령에게 별로 도움이 될 것 같지 않다"고…….

루즈벨트가 대통령으로 재임한 지난 4년 동안 대통령선거에 도움이 될 만한 현안에 대하여 별 관심을 가지지 않았었다. 다시 미씨로부터 전화가 왔다.

'전당대회의 어려운 기간 중 가까이 있었으면 좋겠고, 대통령 신경 안 건드리고 조용히 일 잘 하는 것도 알고 있으니 어서 돌어오라.'는 것이었다. 1932년 알바니 주지사 관저에 들어와 전당대회를 도와 달라고 했던 것과 똑같은 요청을 이번에도 해온 것이다.

나는 1936년 민주당 전당대회가 시작되기 전날인 일요일 백악관에 도착하였고, 대통령의 서재 건너편 방에 숙소가 정해졌다. 일본 비행기들로부터 진주만 공격받아 백악관에 드나드는 손님들로 인해 아주 붐비기 전까지 나는 이렇게 백악관을 드나드는 생활을 했다. 포터맥 선상에서 만났던 하이도 백악관의 한 사무실에서 근무하게 되었고, 우리는 곧바로 대통령 후보지명 수락연설 작성 작업을 시작했다. 점심식사 후 대통령이 우리 두 사람을 서재로 불렀는데 거기에는 전당대회의 임시의장인 버클리 상원의원과 의장직에 임명된 로빈슨이 있었다.

그들이 준비한 의장수락 연설을 한번 들어보라고 우리를 부른 것이었다. 이것은 정견발표의 내용이 대통령의 정책과 맥을 같이 하는지 점검하기 위함이며, 예기치 않은 절차가 돌발하지 않도록 하기 위함이었다. 버클리와 로빈슨이 나간 후에 대통령은 우리에게 저녁식사 후에 전당대회위원회에서 정견발표문 초안을 준비하고 있는 의원들이 올 테니 그때 다시 그들과 합석해 달라는 요청을 했다.

대통령의 후보지명 수락연설이 전당대회위원회가 아니라 백악관의 연설문 집필진에 의해서 작성된다는 것은 공공연한 비밀이었다. 그리고 이것은 백악관에서 작성한 것과는 큰 차이가 있게 마련이다. 핵심적인 사안은 향후 어떻게 정책을 실현해 나가겠다는 대통령의 의지가 수락연설에 분명하게 나타나야 한다. 저녁식사 후 대통령의 서재에 나타난 사람들은 대통령과 민주당의 거물급을 포함해 일곱 명이나 되었다. 법무차관이 장황한 연설문을 읽어냈고, 내용과 양식에 대한 토론이 뒤따랐다. 대통령은 간략하고 단순한 연설문을 요구했다.

나는 이렇게 많은 사람들이 한꺼번에 참여해서 좋은 연설문이 나올 수 없다고 생각했다. 그리고 내 경험에 따르면 3~4명 이상이 관여한 연설문 작성이 만족스럽게 되는 것을 본적이 없었다. 수가 많으면 많을수록 논쟁과 토의는 더 길어지고 생각하고 집필하는 시간은 짧아진다. 시간은 흘렀지만 정견발표문은 나오지 않았다. 속기사들이 대기중이었으나 12시가 되어도 거의 흰 백지를 그대로 들고 앉아 있었다. 드디어 자정이 지나자 블럿이 말을 꺼냈다.

"이렇게 밤을 지새워 보았자 나올 것이 없습니다. 우리 중 누가 책임지고 초안을 작성해서 내일 함께 봅시다. 그리고 나는 샘 로즈먼이 이 일을 맡아주기를 제안합니다." 라고 했다.

대통령과 다른 사람들도 모두 동의했고 회의는 곧 바로 여기서 끝났다. 모두가 지치고 더워서 빨리 귀가했으면 하는 눈치들이었다. 하이와 나, 대통령과 미씨만 남았다. 백악관의 대통령 집무실로 건너가서 정견발표문의 초안을 구상해 보자고 제안했다.

사실 나는 사전에 연락을 받은 적도 없고, 평소에 준비를 한 것도 없기 때문에 이 작업에 뛰어든 것을 상당히 어렵게 생각하고 있었다. 더구나 나는 정당의 정견발표문을 작성하는 것은 고사하고 단순히 읽어 보는 것조차도 신경을 써본 적이 없는 터였다. 그러나 선택의 여지는 없었다. 그리고 대통령은 빨리 작업을 시작하라고 성화다. 그리고 침실로 휠체어를 향하면서 말했다.

"내 생각에는 금년 정당정견발표문은 아주 짧았으면 좋겠어. 그리고 아까 토론시간에 말했듯이 미국독립선언문 즉, '우리는 이러한 진실을 자명한 것으로 받아드립니다.'하는 문장을 밑에 깔았으면 좋겠어. 자, 여기 와그너 등 여러 사람이 준비한 초안이 있으니 참고로 하고, 모두 결집해서 아주 짧은 것으로 하나 만들어 보게."

이렇게 지시를 받은 미씨와 하이, 그리고 나는 집무실로 들어갔다. 미씨는 곧바로 물러났고 하이와 나 단둘만 남았다. 하이가 타자기 앞에, 나는 그의 곁에 앉아 초안을 그날 만들어냈다. 대통령이 희망하던 대로 아주 짧은 연설문이었으며, '독립선언문'의 문구를 그 기반으로 삼았다. 그것은 짧은 것이었지만, 뉴딜정책의 기조를 아주 잘 묶어내었고, 특히 이 정책을 어떻게 실행하겠다는 의지가 잘 표명되었다. 그러나 좀더 정책 토론을 거쳐야 할 부분이 남아 있었다. 가장 시급한 사안은 '뉴딜정책의 핵심인 재건과 개혁안을 거의 무효화시켜버린 고등법원의 최근 결정에 어떻게 대응하는가' 였으며, 외교 정책의 강령 따위에 대해서는 하나도 준비된 것이 없었다.

독립선언문과 뉴딜 정책의 기조

하이와 나는 밤을 꼬박 새우다시피하여 작업했다. 대통령이 아침식사 시간에 초안을 읽도록 해주기 위해서는 항상 이런 식으로 일하는 것이 연설문 작성팀의 근무 습관이다. 경비실 수위와 속기사들도 중요한 연설문 작성할 때는 각료실에서 이런 식으로 작업이 진행되고 있음을 잘 알고 있었다. 다행히 식당의 직원들 또한 이런 사정은 잘 이해해 주었다. 그러나 이번에는 아직 이렇게 밤늦게 일하는 습관이 잘 알려지지 않아서 샌드위치나 커피가 준비되지 않았다. 하이와 나는 새벽 3시 반경 백악관 건너편에 있는 차이나 타운 식당에 가서 아침을 먹었다. 다시 돌아와서도 마지막 원고 정리를 했고, 타이핑을 해서 다음날 아침 대통령의 아침상과 함께 올려 보냈다.

스탠리 하이는 호텔로 돌아갔고 나는 백악관 내의 내 숙소로 갔다. 한 시간 정도 쉰 다음 샤워를 했다. 스탠리가 월요일 아침 일찍 내 방으로 건너와서 함께 대통령의 침실로 갔다. 대통령으로부터 고등법원의 의결에 대한 반론을 준비하도록 지시를 받은 도날드 리치버그가 벌써 와 있었다. 대통령은 우리의 마지막 초안을 큰소리로 읽더니 좋다고 했다. 우리는 리치버그가 준비한 내용 중 몇 가지 사소한 부분만을 수정해서 최종 정견발표문에 포함시켰다.

우리 모두는 다시 내 방으로 건너가서 마지막 연설문을 정리하고 있는데 블릿이 외교정책노선에 관한 초안을, 그리고 해리 홉킨스는 제안된 정책강령을 가지고 들어왔다. 잠시 후 오벌 룸에는 지난밤에 모였던 사람이 다시 모였고, 리치버그와 홉킨스 두 사람이 합세했다. 논의가 더 계속되고 약간의 수정을 거친 후에 최종정견발표문이 완성되었고, 정리된 최종안이 필라델피아의 대회장에서 대기 중인 와그너 상원의원에게 전달되면 끝나는 것이다.

그런데 로버트 라 훨렛트에게서 전화가 왔다. 그는 이렇게 말했다.

"홉킨스가 자네에게 전해준 정책 강령은 내가 알기로는 대통령이 사용할 것인데 그것은 내가 홉킨스에게 주었던 강령이고, 자네에게 털어 놓겠네만 그것은 우리 아버지가 1924년에 진보를 표방하면서 대통령 출마를 했을 때 사용했던 것과 똑같은 것일세. 청중들이 그것을 알아낼는지는 모르겠지만 어쨌든 자네는 그것을 알고 있어야 할 것 같아서 말해주는 것일세."

하는 것이었다.

나는 우선 고맙다는 말을 하고 대통령 집무실로 건너가 그 내용을 전했다. 그는 당장 그것을 삭제하고 새로운 내용으로 바꾸라고 했다. 그래서 와그너가 기다리는 동안 우리는 새로운 내용을 준비했고, 대통령의 재가를 받아서 필라델피아로 연설문을 보냈다.

백악관 초안이 일단 전당대회에 도착하게 되면 이 정책강령은 나중에 백악관 내에서 작성되는 다른 문건들과 마찬가지로 똑같은 '문서'

의 운명에 부딪치게 되어 여러 대표단과 필진을 거치는 과정에서 수많은 가필과 삭제를 거치게 된다. 문서를 잘 다듬는다는 이유 외에도 정책강령이 이러한 과정을 거쳐야 한다는 것은 바람직한 일이다.

결국 한 정당의 정책강령이란 백악관이나 후보의 입지보다는 전당대회의 작품이어야 한다. 그렇다고 해서 대통령의 의지가 완전히 무시된다는 것은 아니다. 일단 정책강령안 작업이 끝나자마자 대통령은 하이와 나에게 대통령후보 수락연설문을 준비하라고 했다. 이제는 1932년과는 달리 루즈벨트의 후보지명이 분명해졌기 때문에 전당대회에 참석하여 그 자리에서 수락연설을 하겠다는 것이었다.

그런데 우리가 모르게 대통령은 또한 몰리와 코코란에게도 수락연설문의 초안을 준비하라고 별도 지시를 한 바가 있었다. 연설문 준비는 이렇게 하는 것이 아니어서 좀 의아하다는 생각이 들었다. 다른 사안에 대해서 루즈벨트는 동일한 작업을 다른 팀에게 동시에 요청하는 습관이 있었다. 어떤 때는 이미 한 사람에게 임무를 맡겨 놓았다는 사실을 잊고 다른 사람에게 똑같은 요청을 하는 경우도 있었지만 내 생각으로는 임무를 맡은 사람 모르게 대통령 나름대로 두 사람으로부터 나오는 결과물에 관심이 있었던 것 같다.

루즈벨트 대통령의 업무지시 습관에 대해서 잘 이해하지 못하는 측은 다소 언짢아하기도 했지만, 오랫동안 대통령과 일해 본 사람들은 이상하고 효율도 떨어지는 업무 방식에 익숙해 있었고 그저 최선을 다할 뿐이었다. 대통령은 이 점에 대해서 간혹 사과의 표시도 했었지만 이 습관을 완전히 버리지는 않았다.

연설문 작성팀에게는 이런 경우가 없었지만 몰리가 끼게 될 때는 예외였다. 나는 루즈벨트를 잘 알고 있었으므로 이해할 수 있었다. 루즈벨트가 대통령으로 취임한 이후 몰리는 가장 가까이서 가장 지속적으로 대통령의 연설문 작성을 했던 사람이다. 루즈벨트도 인간인지라 최대의 약점이 있다면 자신과 가까이에서 일하던 사람들을 해고시키지 못한다는 점이다. 그는 차마 몰리에게 이제 연설문 작성은 딴 사람에게 맡겨야 한다는 말을 꺼내지 못했다. 그러나 이제는 몰리의 정치적, 경제적 관점이 보수·우경화되어 대통령의 견해와는 너무 거리가 생긴다는 것을 알았기 때문에 다른 사람으로 바꾸고자 했었다.

대통령과 몰리가 더 이상 공동의 이상을 추구하지 않으면서 함께 연설문을 준비한다는 것은 너무나 고통스럽고 당혹스러울 수밖에 없었다. 그러나 루즈벨트는 자신이 생각하는 대로 냉정하고 완전하게 선을 긋지 못했다. 이런 사실이 다른 사람들에게 알려지는 것은 불가피한 일이다. 대통령은 수락연설 초안이 몰리와 코코란에 의해서 준비된 것이지만 우리가 준비한 것이 마음에 드니 둘을 합해서 하나로 만들어 보라고 지시했다. 결코 쉬운 일은 아니었다. 몰리와 코코란의 초안은 미국은 확신과 희망, 그리고 자선을 국가적 기반으로 하여 '근대 문명 속에서 자유를 위해 투쟁하는 국가'라는 아주 온건하고, 화해적인 연설문이었다.

반면에 우리가 준비한 초안은 국민들이 과거에 쟁취한 정치적 자유를 잘 보완하기 위해서는 반드시 경제적 자유를 실현해야만 한다는 공격적이고 육박전이라도 불사할 듯한 연설문이었다. 이 연설문은 공화당이든지 민주당이든지 뉴딜 정책의 기초를 전복시키려는 세력에 대한 선전포고문과 같은 것이었다. 따라서 화해적인 요소는 발 들여놓을 틈조차 없었다. 따라서 이렇게 서로 지향하는 바가 다른 이 두 연설문의 내용을 하나로 묶어 낸다는 것은 거의 불가능한 작업이었다.

그러나 우리는 온 정성을 다했다.

이 연설문이 읽혀지기 3일 전 대통령은 몰리와 코코란, 하이, 그리고 나를 저녁식사에 초대했다. 나는 그날 저녁 그 작은 식당에서 처음이자 마지막으로 루즈벨트가 신사라는 사실을 망각하고 그야말로 '막가는 사람'으로 변해 버리는 것을 목격했다.

루즈벨트는 몰리의 보수 성향에 대해서, 그에게 영향을 주는 '부유층의 새로운 친구들'에 대해서, 그리고 현 행정부에 대한 비평이 두드러진 그의 최근 집필에 대해서 비꼬기 시작했다. 대통령은 점점 화가 나 있었고, 두 사람 간의 대화는 아주 거칠어졌다. 몰리도 이렇게 밀리는 것이 싫었던지 루즈벨트 대통령이 남의 비판을 받아들이지 못하기 때문에 자꾸 틀린 길로 나간다는 투로 응수했다.

나는 루즈벨트가 존슨과 몰리에 의한 자신의 정책에 대한 노골적인 비난 때문에 몹시 화가 나 있기는 했지만, 대통령으로서 그의 노여움과 언어가 좀 지나치다는 생각을 하지 않을 수 없었다. 그것은 비단 다른 사람들과 동석을 하고 있어서만이 아니라 그들은 그가 초청한 손님들이기도 했기 때문이다. 우리는 이 고통스러운 저녁식사가 끝나서야 겨우 한숨을 내쉴 수 있었다. 나는 루즈벨트 자신도 곧바로 자신의 행동에 대해 후회했으리라고 확신한다. 하지만 이 두 사람이 어떻게 다시 예전과 같은 관계를 회복할 수 있을까 싶었는데, 결국 그러지 못하고 끝났다.

대통령과 결별하고 난 후 몰리는 루즈벨트와 그의 정책에 대한 노골적인 비판을 주저하지 않았다. 잡지나 신문을 통하여 그는 예전 친구인 대통령을 무자비하게 공격했다. 루즈벨트의 행정부에서 상당한 영향력을 행사했던 휴 존슨, 제임스 할리, W. S. 블릿, J. 존슨도 몰리와 같은 부류의 사람들이 되었다. 이들은 모두 전적으로 루즈벨트 덕택에 정부의 고위직까지 올랐던 사람들이다. 루즈벨트 대통령이 아니었더라면 미국의 역사에 그들의 이름 석 자를 올려 보지도 못했을 인물들이다.

그들의 비판이 각광을 받게 되는 이유는 한때 그들이 모시던 인물을 비판하기 때문이라는 것을 까맣게 잊은 듯하다. 한 가지 재미있는 사실은 이들 모두는 대통령으로부터 쫓겨나 대통령이 더 이상 그들의 야망을 달성시켜 주기를 거부하는 시점에 이르러서야 대통령이 비난받아야 할 오류가 많은 사람이었다는 것을 발견했다는 사실이다. 참으로 희한한 우연이 아닐 수 없다.

1936년 대통령 수락연설에서 루즈벨트는 처음으로 미국의 반대세력을 공격하는 연설을 했고, 그 자리에서 처음으로 그들을 **'경제 황족'**이라는 호칭을 붙여 주었다. 미국은 18세기 왕정파들과 영국의 골수 보수 토리당의 끈질긴 반대에도 불구하고 정치적 자유를 획득한 사실을 상기시켰다. 그러나 기계와 철도, 스팀엔진, 전기, 전봇대, 대량생산, 대량유통의 새 시대의 활력이 합세하여 새 문명의 터전을 가져다 주었지만, 동시에 자유를 희구하는 사람들에게 새로운 문제를 가져다 주었다고 설파했다.

"영국의 토리정당과 똑같은 이름을 쓰는 '경제 황족'들은 경제력을 동원하여 보통사람들이 향유하고자 하는 경제자유의 평등을 막아내려고 합니다. 제가 주장하는 뉴딜정책은 자유라고 하는 것을 이래도 좋고 저래도 좋다는 것이 아니라는 것을 천명하기 위함입니다. 만일에 보통 사람들에게도 평등한 투표권을 보장하는 것이 우리가 추구하는 것이라면, 시장에서도 평

등한 기회를 보장받아야 합니다."

즉, 경제적 안정을 보장할 수없는 투표권은 별 의미가 없다는 것이다. '경제 황족'이라는 표현은 하이가 제안했던 것이며, 루즈벨트 대통령이 즐겨 사용하던 문구이기도 하다. 수많은 국민들의 삶을 좌지우지하는 소수에 의한 경제 권력의 집중에 대하여 대통령이 어떤 생각을 가지고 있으며, 이러한 문제의 해결을 위하여 정부기구를 어떻게 사용할 것인가에 대한 의지를 분명히 보여주는 일면이다. 대통령은 이 문구를 좋아했고, 필라델피아의 정당대회에서 아주 멋지게 사용했다.

1936년 1월 그의 신년사에서 루즈벨트는 외부로부터의 침입과 외국에서 확산되고 있는 전제주의 정권 등 외교문제를 집중적으로 언급하는 연설을 했다. 그의 수락연설에서도 점점 악화되는 독재의 문제에 대해서 이러한 독재의 항거에 지쳐있는 다른 나라 사람들을 구체적으로 언급하기도 했다. "**그들은 생명을 부지해 보자고 자유의 유산을 포기했으며 민주주의를 포기했다.**"고 지탄했다.

미국에서의 민주주의를 건실하게 발전시켜야만 민주주의를 사장시킨 나라들의 민주주의를 재생시킬 수 있습니다.

루즈벨트 대통령은 "**미국에서 민주주의를 건실하게 발전시켜야만 민주주의를 사장시킨 나라들의 민주주의를 재생시킬 수 있을 것**"이라는 깊은 신념을 피력했다.

"우리는 미국과 온 세계가 지켜내야만 할 위대하고 값진 정치 형태를 보존해내기 위하여 전쟁을 하고 있는 것입니다. 우리 세대의 미국인들은 이제 운명과 재회를 하게 된 것입니다."

'**운명과의 재회**'라는 표현도 몇 해 동안 많이 사용되었던 유명한 문구인데 처음에 코코란에 의해서 제안된 것이다. 대통령은 그해 여름

휴가다운 휴가를 보내지 못했다. 그 대신 그는 미국의 여러 지역에 '비 정치적인 여행'을 많이 했다. 사실 대통령의 여행이야말로 가장 효과적인 정치적 여행이 된다. 그러나 그의 연설문이 비정치적이었는데, 그 이유는 연설문들이 대개는 코코란, 코헨, 블릿, 하이 등에 의해서 공동작업되었거나 단독으로 쓰인 것들이기 때문이었다.

그 중에 하나 8월 14일에 챠우타우쿼(Chautauqua)에서 발표한 연설문[1]은 주목할 만하다. 왜냐하면 몇 년 후 이것과 내용이 비슷한 연설을 여러 번 반복했기 때문이다. 이것은 거의 전적으로 외교정책에 집중된 것이었는데, 대통령은 당시 해외를 휩쓸고 있는 위기가 미국으로 불어 닥치는 것을 분명히 볼 수 있었으므로, 공식적으로 대통령의 견해를 피력하기 전 사적으로 이 문제에 대하여 지대한 관심을 가지고 있었다.[2]

유럽의 상황이 악화되자 루즈벨트의 초조함은 더욱 심해졌으며, 결국 챠우타우쿼의 연설에서 앞으로 불어 닥칠 폭풍에 대해서 보다 대담하게 언급해야 될 필요성을 느끼게 되었다.

그는 세계 정책을 관망하면서 미국이 '선한 이웃'으로 인정받을 수 있는 정책을 수행하고자 노력했던 점을 지적했다. 그는 또한 미국과 캐나다가 무기와 군대를 사용하지도 않고, 더구나 가시철망하나 없이 오랜 동안 유지해 올 수 있던 국경정책을 지적하면서 이것이야 말로 '3천 마일의 우정관계'라고 했다.

우리는 미국과 온 세계가 지켜내야만 할 위대하고 값진 정치 형태를 보존해내기 위하여 전쟁을 하고 있는 것입니다. 우리 세대의 미국민들은 이제 운명과 재회하게 된 것입니다.

---

1) 미국은 전쟁을 기피하는 고립주의자가 아니며 오히려 평화를 추구하는 나라라고 역설함.

2) Elliot Roosevelt(ed), 《The Roosevelt letters, being the personal correspondence of franklin D. Roosevelt》(Harrap, 1949)에 나와 있는 Edward M. House 대령, Jesse 대사; W.E. Dodd 대사에게 보낸 서신 참조.

그는 거의 예언자적인 관점에서

> "할 수만 있다면 전쟁에 가담하는 것을 피하려는 것만을 제외한다면, 우리는 절대로 고립주의자가 아니다. 동시에 우리는 이 세상 지상에서의 전쟁이 지속되는 한 아무리 평화를 사랑하는 국가라 할지라도 완전히 전쟁을 피할 수는 없다." 라고 말했다.

이 연설에 나타난 입장은 진주만 폭격이 개시될 때까지 대통령이 고수하던 외교정책의 핵심을 잘 반영시켜 주는 것인데, 그는 이것을 아래와 같이 요약했다.

> "나는 전쟁을 직접 목격했습니다. 나는 육지와 바다에서 전개되는 전쟁을 목격했습니다. 나는 부상당한 장병이 피를 심하게 흘리는 것을 보았습니다. 가스에 질식당해 폐에서 피 섞인 기침을 토해내는 것을 본적이 있습니다. 나는 진흙 구덩이에 버려진 시체를 보았고, 어린이들이 전쟁 중에 굶어 죽은 것을 보았습니다. 나는 자식을 잃은 어머니와 남편을 잃은 아내의 고통을 보았습니다. 나는 전쟁을 혐오합니다."

이 연설의 의도는 평화를 수호하고자 미국의 의지를 나타내는, 온 세계를 대상으로 한 연설이었지만 처절하게 실패한 연설이 되고 말았다. 이 연설문의 초안은 블릿이 작성한 것이며, 그는 **'나는 전쟁을 혐오'** 한다는 문구를 1917년부터 내 마음에 깊이 간직했었노라고 나에게 이야기했다. 미국이 제 1 차 세계대전의 선전포고를 발표한 후 바로 윌슨 대통령과의 사적인 담화 자리에서 대통령은 눈물이 글썽거릴 만큼 감격하여 극적으로 블릿의 손을 잡으며 그 표현을 사용했다고 한다. 루즈벨트도 자기가 해야 될 중요한 연설의 핵심테마로 이 **'전쟁을 혐오한다.'**는 문구를 생각해둔 바가 있었다.

다음해 많은 친구들에게 보내는 성탄 선물에 그는 이 문구를 특별히 인쇄해서 내보냈다. 이 연설문은 향후 몇 년을 두고 미국 국민들과 세계의 시민들에게 독재정권이 야기할 수 있는 위험을 경고하는 선언문처럼 사용되었다.

만약 루즈벨트가 '차우타우쿼'에서 행한 연설이 의도했던 대로 효력을 발생했더라면, 또는 더욱 강력히 평화를 구축해서 역사가 상당히 달라졌을 것이라고 한다면 이것은 한낮 한가롭게 역사를 추측하는 것에 지나지 않는 것일까?

그는 1937년 시카고의 유명한 **'경제적 고립정책'** 연설에서 이 **'나는 전쟁을 혐오한다.'**는 주제를 되살린다. 그러나 그때만 해도 국민들이 수용하기에는 그 주제가 너무 방대했고, 시기상조였다는 견해였다. 미국 국민들은 아직도 히틀러 독재정권에 맞서기에는 너무 먼 거리에 있었던 것이다. 나도 '차우타우쿼' 연설문 집필작업이나 그해 여름의 여타 연설문 준비에도 개입하지 않았다.

나는 1936년 내가 담당해야 할 역할은 다 끝난 것으로 생각했다. 나는 1936년 선거에 대해서 근원적인 관심만을 가지면 될 것이라고 생각했다. 그러나 내 생각은 완전히 빗나간 것이었다.

선거유세 초반에 대통령은 9월 29일 뉴욕주 시라큐스의 민주당 주전당대회에서 연설을 하기로 되어 있었다. 그러나 이즈음 대통령과 몰리의 관계는 더욱 악화된 상태였다. 그러나 프랭크 워커가 제안을 했기 때문에 몰리가 하이드 파크에 와서 선거유세 전반에 관하여, 특히 연설문 작성에 대하여 논의하기로 되어 있었다. 동시에 코코란, 하이, 그리고 나는 연설문의 초안을 준비하고 차후의 과제에 대해서도 준비를 하도록 전갈을 받았다. 대통령은 하이드 파크로 갔고 우리도 거기에서 합세하도록 되어 있었다.

하이와 나는 이틀 정도 걸려 연설문에 대한 기초 작업을 끝내고 기차로 하이드 파크에 갔던 기억이 난다. 우리가 논의했던 내용을 정리해서 삽입할 시간적 여유도 없었다. 우리는 차장에게 수하물 칸을 사용하도록 허락받아 옷가방을 책상으로 삼아 하이의 휴대용 타이프 라이터로 작업을 계속했다.

우리가 하이드 파크에 도착했을 때 대통령은 그가 지난해 6월에 했었던 것을 다시 반복할 채비를 갖추고 있었다. 대통령은 그가 우리를 초대해서 여기에 온 것을 몰리가 몰랐으면 했다.

자기 주변 사람들을 서운하게 하지 않고 가능하면 갈등을 피하고자 하는 그의 마음을 잘 설명해 주는 대목이다. 다른 사람들에게 연설문을 준비시켰노라고 솔직하게 몰리에게 말하지 않고, 몰리 혼자만이 그 과제를 수행하는 것처럼 생각하게 했다. 그는 뼈아픈 최종 결단을 뒤로 미룬 채 모든 사람을 화기애애한 분위기 속에서 일하도록 하고 싶었던 모양이다.

어쨌든 하이드 파크에 있는 동안 몰리의 눈에 띄지 않게 하라고 했다. 우리는 최선을 다했지만, 우리 팀 6명이 눈에 띄지 않게 숨어 지내기에는 하이드 파크는 그렇게 큰 장소가 아니었다. 영부인은 우리를 한 이틀 간 대통령 관저에서 2마일쯤의 거리에 있는 아파트에 숙소를 정해 주었다. 영부인이 쓴 아래의 편지는 그때의 정황을 흥미 있게 설명해준다.

샘에게,

나는 아파트 관리인인 넬리 요한슨에게 당신들이 아파트를 사용하는 데 드는 식사비 등을 지불했다는 이야기를 듣고 부끄러워서 어쩔 줄 몰랐습니다. 그 아파트는 내 소유이며 관저가 만원일 때 비상용으로 사용하는 곳입니다. 넬리가 잘 몰랐던 것 같고, 이야기를 안 해주면 곧잘 딴 짓을 합니다.

아파트가 묵기에 불편한 점이 없길 바랍니다. 그리고 8불짜리 수표를 동봉합니다. 사용료를 지불한 다른 분들의 몫도 돌려주시면 고맙겠습니다. 도로시에게 다음 월요일 연합이웃친선 지역모임에서 만나자고 전해줘요. 만일에 당신 부부를 그 전에 만나지 않게 된다면…….

엘레노 루즈벨트

다행히도 몰리를 둘러싼 이와 같은 숨바꼭질은 길지 않았고 유쾌한 여담거리로 끝났다. 몰리가 2~3일간 관저에서 머물다가 떠난 후에야 우리가 들어갈 수 있었다. 이때쯤 우리의 연설문 초안은 작성되었고, 대통령이 직접 작업에 참여하게 되었다. 이 연설문의 기본적인 목표는 선거유세의 첫 연설이 다 그러하듯이 후보자 간의 토론 주제가 되는 전반적인 쟁점을 제시해 놓는 것이다.

이즈음 공화당 우파의 지도자들은 뉴딜정책이야말로 미국의 전통과는 아무 상관도 없는 생소한 철학적 근거에서 출발한 것으로서 미국의 헌법제도를 완전히 전복시키려 하며, 미국민들의 자유를 위협하고, 더 나아가서는 당장에 공산주의 국가를 세우자는 것은 아니지만 궁극적으로는 그러한 목표를 지향하는 정책으로 몰아붙이기로 그 기조를 정해 놓은 상태였다.

미국의 보수신문들은 거의 열광적으로 이 기조를 지지했다. 어차피 루즈벨트를 반대하던 신문들도 이에 호응했다. 대통령은 이러한 반응을 피하거나 무시하지 않고, 그의 첫 연설에서 정면으로 부딪쳤다.

> "나는 미국의 민주주의에 변질을 초래할 어떤 정당한 방법이나 음흉한 계략을 모색한 적이 없으며, 공산주의 또는 어떤 이념도 거부합니다. 이것만이 나의 분명한 입장이며 나의 이러한 입장은 한 번도 여기에서 벗어난 적이 없었고, 미래에도 나의 입장은 시종일관 변함없을 것입니다."

이 연설문에서도 대통령이 핵심 내용을 강하고 분명하게 전달하기 위하여 생생한 시각적 상상력을 아주 잘 사용한 것을 엿볼 수 있다. 그는 1933년 경제공황 당시 미국의 산업이 붕괴되던 때를 국민들에게 연상시키며 "그때는 미국의 산업과 은행계의 쟁쟁한 지도자들이 나에게 워싱턴으로 찾아와서 제발 그들을 구해 달라고 간청했었던 기억이 새롭습니다."하고 말했다.

나는 대통령이 아래의 문장을 받아 삽입하도록 했을 때 그의 입가에 흐르던 흐뭇한 미소를 잘 기억한다. 결국 이 연설문이 전달되었을 때 모든 국민들은 환호로 응답했다.

> "1933년 여름에 명주모자를 쓰고 있던 노신사 한 분이 그만 선창가에서 강에 빠졌습니다. 불행히도 그는 수영을 못했지요. 젊은 친구 하나가 선창가로 달려가 물속에 뛰어 들어 그를 구해냈습니다. 그러나 명주모자는 물결에 휩쓸려 떠내려갔습니다. 겨우 목숨을 건진 노신사는 연신 고맙다는 인사를 하며, 목숨을 구해준 친구에게 칭송을 아끼지 않았습니다. 그런데 3년이 지난 오늘 그 노신사는 그때 모자를 건지지 않았다고 그 친구를 나무랍니다."

루즈벨트 대통령은 재임기간 중 그 떠내려간 명주 모자도 구했어야 한다고 생각하는 사람들로부터 끈질기게 공격을 받는다. 대통령이 얼마나 재치있고 효과적으로 평범한 언어를 잘 구사했는가 하는 것은 1935년 대법원에 의해서 국가재건법(National Recovery Act)이 위헌이라는 판정을 받았을 때에도 잘 나타났다. 이때 위헌결정이 내려진 이후 첫 기자회견을 하기 위해 준비를 서두르고 있던 어느 날 아침 여러 해 동안 홍보담당 비서였던 스티브 얼리가 들어왔다. 항상 그러하듯이 대화를 나누던 중 고등법원의 결정에 대해서 이야기하게 되었고, 별다른 생각없이 **"아직도 많은 사람들이 우리가 소달구지 시대에 살고 있는 것처럼 착각하고 있는 것 같다."**고 이야기했다.

대통령은 옷을 갖춰 입고 휠체어를 집무실 쪽으로 밀고 가라는 시늉을 할 때까지 말 한 마디 하지 않았다. 그는 곧 얼리의 표현이야 말로 모든 사람들이 쉽게 알아들을 수 있는 것이라고 직감적으로 생각했던 것 같다. 위헌 결정의 무모성을 설명하기에 이보다 더 분명한 표현은 없을 것이라고 생각했다. 20 여 쪽에 달하는 기자 회견의 내용을 항목 별로 짚어가면서 응답한 후에 이렇게 덧붙였다.

> **"지난 수년간 우리는 각 주 간의 경제활동을 현대문명의 관점에서 조명해 보고자 시도했습니다. 그러나 현재 위헌이라고 결정된 그 조항들이 헌법의 조항으로 통과될 당시 우리는 그야말로 소달구지 시대에 살고 있었습니다. 위헌으로 판명된 조항을 통과시켰던 1787년의 배경을 보자면 각 주 간의 교역은 전무했으며, 건국 초기 13주의 80~90%에 달하는 각 주는 그들이 속한 지역사회 내에서 자급자족을 할 정도였습니다."**

그런데 바로 이 '소달구지 시대'라는 표현이 모든 신문의 헤드라인을 장식하고 있었다. 그 이후로 술집에서, 이발소에서, 상점에서, 길거리에서 사람들의 입에 가장 많이 오르내리는 언어가 되었고, 대화의 핵심이 되었다. 그리고 많은 사람들은 이 표현을 루즈벨트의 고등법원과의 투쟁을 가장 상징적으로 잘 표현하는 것으로 기억하고 있다.

그는 1936년 시라큐스의 연설에서, 그리고 다른 곳에서 행해진 여러 차례의 연설에서 **"바로 이 자유적이고 진보적인 뉴딜정책이야말로 자연발생적인 공산주의의 위협으로부터 미국을 구출했노라."**고 연설했다.

맥콜레이의 말을 인용하여 **"위대한 사건의 음성이 우리를 독려 합니다. 생존을 유지시키고자 한다면 과감하게 개혁하십시오. 보수주의자들을 포함한 식견이 깊고 현명하고 사려깊은 사람들도 변천하는 세계에서 보존할 만한 가치있는 제도들도 오직 변천하는 시대에 적응함으로써만 지속적인 존재가 가능하다는 것을 잘 압니다. 나 자신도 바로 그러한 사고를 가진 자유주의자이기 때문에 그러한 의미에서는 보수주의자이기도 합니다."**

이 연설문을 발표한 후 워싱턴으로 돌아왔지만 곧바로 웨스트 버지니아와 펜실베니아로 선거유세 연설을 떠나게 되었다. 나는 그때 뉴욕에 있었는데 미씨로부터 '워싱턴으로 와서 대통령과 만나 그해 10월 1일에 피츠버그 야구장 포브스 필드에서 발표할 연설문 작성에 착수해 달라'는 전화를 받았다. 바로 그곳이 1932년에 국가예산을 줄여서 예산균형을 이루겠다는 연설을 한 곳이었다.

내가 워싱턴에 갔을 때 어느 누구도 피츠버그에서 행할 연설문의 단 한 줄도 준비해 둔 사람이 없다는 것을 알았고, 자료도 전혀 준비된 것이 없었다. 대통령은 국가의 재정문제에 대해서 언급하고자 했으며, 특히 뉴딜정책이 국가의 재정을 파산 위기로 몰아넣고 있다는 주장을 반박하고자 했다. 이 연설문 초안을 논의하기 위하여 대통령 집무실에 재무장관을 비롯한 여러 사람이 함께 모였다.

선거유세 여행 출발날짜가 이틀 후로 임박했기 때문에 황급하게 이 모임을 소집한 것임에 틀림이 없었고, 선거유세 특별열차가 이틀 후에 떠나기로 되어 있기 때문에 분망함과 긴박한 분위기가 깔려 있었다. 대통령 자신도 이 연설문의 내용에 대해서는 많은 것을 생각해 볼 겨를이 없었다.

선거유세 출발 전이 항상 그렇듯이 여러 가지 사항을 지시하는 데 많은 시간을 할애했다. 이러한 일들이 다소 사소해 보이기는 했으나 대통령은 개인적인 관심을 보였고, 시간적인 여유가 있다면 직접 지시하고 결정과정에 참여했다. 그날 저녁 대통령 집무실에서는 피츠버그로 연설문의 내용에 대한 논의가 진지하게 전개되었다. 그러나 별다른 구상이 떠오르지 않은 채 논의가 지속되자 재무장관이 입을 열었다.

"각하, 다음 주에 있을 은행장 대회에서 제가 발표할 연설문이 이미 준비되어 있는데 주제는 국가 재정에 관한 것입니다. 그 연설문을 포브스 필드에서 사용하시는 것이 어떻겠습니까?"

재무장관이 은행장들 앞에서나 전달할 내용의 연설문이 현직 대통령이 야구장에 모인 군중들 앞에서 재선을 호소하며 전달해야 될 연설문과 성격상 동일할 수는 없지만, 일단 예의상 그 초안을 한번 경청해 보기로 했다. 우리는 몇 분 동안 경청했다. 대통령은 그 연설문 가지고는 어림도 없다는 것을 금방 알아차렸다. 그러나 꾹 참고 끝까지 들어보기로 했다. 그런데 미씨는 그렇게 예의가 바르지 못했다. 2쪽이 거의 끝나갈 무렵 벌떡 일어나서는 아주 단호한 목소리로 말했다.

"연설이 이쯤 되면 옥외좌석은 텅텅 비고 특별초대석의 관객들도 떠나버

리고 말겠어요."라고 말한 뒤 훌쩍 방을 나가버리자 우리는 재무장관을 포함해서 모두 한바탕 웃어버렸다. 더 이상 그 연설문은 들어볼 필요가 없게 되었다.

여러 차례 대통령과 선거유세 캠페인 여행에 동참했었지만 1936년의 캠페인은 유난히도 어려웠던 것 같다. 나 혼자만이 대통령과 기차에 동승하고 있었으며 하이, 코코랜, 코헨 등은 워싱턴에서 연설문 자료를 준비하여 나에게 보내오도록 되어 있었다. 기차가 도착하는 역마다 전보 또는 우편이 준비되어 기다리고 있었다.

앞에서도 언급했던 대로 코코랜과 코헨은 1934년 몰리의 추천에 의해서 연설문 작성팀에 동참하게 되었다. 그들은 본래 주식교환과 공익설비교환규제 입법을 제정하기 위해 등용되었지만, 1935년부터는 연설문과 입법초안 작성을 위해 대통령과 함께 일하기 시작했고, 결국 대통령의 문제 '해결사'로서 중요한 역할을 수행하게 되었다.

내가 이들을 처음 만난 것은 순전히 사교적인 차원이었고, 1936년에 이르러서야 겨우 아주 심도있는 공동작업을 하게 되었다. 이 두 사람은 나름대로 아주 독특한 면이 있었으므로, 두 사람이 하나의 독특한 팀을 형성했다. 향후 4년 동안―1936년~1940년까지―이 두 사람은 루즈벨트에게 있어서 각료담당관이나 대통령 자문위원보다도 더 가까운 존재들이었다. 나는 4년 동안 이들과 아주 친해졌다. 지금은 딴 길로 들어섰지만 적어도 4년 동안은 뉴딜을 가장 효과적인 정책으로 엮어낸 장본인들이다.

한편 워싱턴 주변 정가에서 톰으로 알려진 한 젊은이가 있었다. 그는 아주 열정적인 루즈벨트 신봉자였다. 수년에 걸쳐 그는 워싱턴 정가 주변의 여러 관련 부처와 기관에 소개되었는데, 나중에 루즈벨트는 충성스런 많은 젊은 변호사들을 톰으로부터 소개받았다. 워싱턴 주변 정가에 그의 손길이 닿지 않는 곳이 없었다.

그 당시 그는 1%의 오차도 허락치 않는 완전무결한 뉴딜정책의 옹호자였다. 적어도 그에 관한 한 뉴딜의 원칙에 대한 배신이나 방해는 모두가 범법에 해당했다. 일단 누구든지 뉴딜 정책의 정신에 추호라도 회의를 가진 사람이라는 의심을 받으면 그의 동료가 될 수 없었다.

그는 뉴딜정책을 실현하기 위해서는 때로는 공격, 감언이설, 투쟁, 위협 등이라도 동원할 용의가 되어 있는 팀 멤버였다. 그는 따뜻했고 재치도 있었으나, 치밀하고 관용스러운 면도 있었다.

또 한 사람 벤은 상상력이 풍부했고 좀더 치밀하고 신중하며, 그리고 다소 철학자적인 소양이 있는 변호사였다. 그러나 내성적이어서 항상 수줍어하며 뒤쪽에 서 있었다. 톰은 항상 온갖 뉴스를 가지고 백악관을 분주히 드나들었으나 입법 초안이 작성되거나 기존의 것을 정교하게 다듬어야 할 때는 벤에게 요청했고, 벤은 이런 일을 잘 해냈다.

톰은 상원의원들의 집무실을 드나들면서 뉴딜정책을 지지하도록 입씨름을 했는데 그가 이런 임무를 잘 수행할 수 있었던 것은 어떤 반대논리라도 뒤집을 수 있을 만큼 준비가 철저했기 때문이다. 그러나 만일 상원의원이 논리적으로 정리, 문서화된 자료를 요청하면 이것은 벤의 몫이 되었다. 이들은 서로의 역할을 잘 분담해서 수행했다.

톰은 행동지향적이었고, 벤은 이론가였다. 그리고 그들은 서로의 장점을 알고, 이해하고 존중했다. 그리고 항상 상대방의 역할이 더 중요하다고 칭찬하였으나 엄밀히 말해서 두 사람은 보완적 관계의 좋은 모델이었다.

사람들은 거의 예외없이 톰의 능력을 높이 평가했다. 그리고 그는 여러 사람을 즐겁게 해줄 수 있는 재능을 가지고 있었는데, 즉흥적으로 피아노를 칠 수 있었고, 많은 노래를 부를 줄 알았다. 뿐만 아니라 사람들과도 어울리는 행동, 웃음을 좋아했는데, 그의 인기는 워싱턴 정가뿐 아니라 사교계에서도 아주 대단했다. 그는 누군가를 만나서 어떤 정보를 얻어내거나 행동을 취할 이유를 찾기 위해서가 아니라면 파티에 참석하지 않았다. 그는 파티에 나가 광범위한 친구들 속에서 중요한 인사들에 관한 중대한 소식이나 풍문을 다 얻어 들었다.

아마도 루즈벨트 대통령의 가장 인간다운 면모 중의 하나는 그가 아주 재미있는 '가십(gossip ; 풍문)'을 좋아한다는 것이다. 그는 옛 친지들의 아주 오랜 가족이나 친구들에 관한 추억담 나누기를 즐겨했다. ―지금은 어디에 살며, 무엇을 하고 있으며, 자녀들은 누구와 결혼해서 어디에 살고 있으며 하는 등등― 동시에 그는 워싱턴의 사교계에 벌어지고 있는 사건들에 대해서 듣기를 좋아했다.

그리고 워싱턴 정가의 유명인사에 관한 이야깃거리가 있으면 잠시 집무를 중단하면서까지도 들어보려고 했다. 이런 쪽에 관한 한 톰은 항상 이야깃거리가 풍부했다.

뉴딜정책에 대한 그의 정렬은 필요하다면 정치적으로 직접 '한바탕 해내고' 싶은 유혹도 받았지만, 대체로 간접적인 방법으로 일을 하고자 했다. 그는 의원들에게, 그리고 필요하다면 어느 누구에게도 어떻게 큰 압력을 행사해야 하는지를 잘 알고 있었다.

뉴딜에 대한 반대론자들이 등장할 때마다 이를 제압해야 될 강경한 논리의 개발은 거의 언제나 톰의 몫이었다. 그리고 연설문에 어떤 내용이 꼭 들어가야 한다고 생각하면 쉽게 포기하지 않았다. 그리고 인용할만한 문구를 항상 준비해두고 있었다. 1936년 대통령 선거전에서 그는 자신이 귀중하게 생각하던 한 아이디어를 기회가 있을 때마다 연설문에 삽입하고자 애썼던 적이 있었다.

한번은 대통령이 상호 연결고리의 관계에 있는 이사들과 은행장들이 소규모기업을 규제할 목적으로 산업의 감독을 집중시킨 것에 대하여 언급한 적이 있는데, 그때 이후 톰은 기회 있을 때마다 **"연결고리를 가지고 있는 변호사"**들이란 표현을 사용하고자 했다.

대통령은 그 표현을 별로 좋아하지 않았다. 그래서 연설문 초안의 여기저기에 끼어든 그 표현을 지워버렸다. 약간 변형된 모습으로 다시 등장하기는 했으나 연설문에서 사라지지 않았기 때문에 우리 사이에서는 **"톰처럼 끈질겨라!"**는 말을 자주 농담으로 하곤 했다. 이것은 그리 대단한 사건은 아니지만 톰의 집요함을 잘 나타내준다. 결국 톰은 그의 목표를 시카고에서 달성하고 나에게 전보를 쳤다.

> **"연설문은 아주 훌륭했어. '연결고리'를 맺고 있는 변호사들이라는 표현의 덕을 단단히 보았지. 그랜드 래피즈에서 우편물을 확인하게. 그리고 요청한 대로 자네의 원고를 전보로 보냈네."**
>
> 톰 코코랜

벤은 백악관 모임에 참석하기를 즐기지 않았다. 그 대신 사무실에 남아서 한밤중이 지나도록 독서하고, 연구하고 집필하기를 좋아했다. 여러 해 동안 우리와 함께 움직이자고 했으나 별 소용이 없었다. 대통령이 강권을 발동한 후에야 겨우 정기적으로 참여하기 시작했다.

그러나 벤이 이렇게 백악관과 거리를 두고 있었지만 그의 뉴딜정책에 대한 공헌은 결코 톰에게 뒤지지 않는다. 그도 역시 100% 뉴딜정책 신봉자였으며, 또한 상대방의 반대 입장을 충분히 이해하고 있었다. 그러나 그의 실제적인 논쟁은 톰보다 훨씬 더 온건한 편이었다.

이 두 사람은 루즈벨트의 2차 대통령 임기 동안 대통령의 짐을 많이 덜어주었다. 그들은 대통령 임기 동안에 중요한 대부분의 찬조연설을 통해서 자유주의적이고 진보적인 정치철학을 표출시킬 수 있도록 도왔다.

스탠리 하이는 만일에 임기를 중간에 그만두지 않았더라면 대통령에게 좀 더 많은 도움을 주었을 것이다. 나는 이미 앞부분에서 그가 '경제 황족'이라는 표현으로 연설문 작성에 큰 공을 세웠다는 예를 든 적이 있다. 나는 특히 1936년 10월 4일 상상력이 잘 발휘된 시카고 캠페인의 연설을 아주 높게 평가한다.

"뉴딜정책을 반대하는 산업지도자들 중 어떤 이들은 자신들이 얼마나 고질병에 걸려 있는지를 모르고 있습니다. 그런데 나는 그들의 병이 얼마나 깊은지 너무나 잘 압니다. 나는 그들의 체온검사표를 가지고 있습니다. 나는 이미 4년 전에 철저한 개인주의자들의 무릎이 어떻게 떨리고 있었으며, 그들의 심장이 어떻게 고동치고 있는지를 진단한 바 있습니다. 그들은 워싱턴으로 몰려왔습니다. 그때는 워싱턴이 그들에게는 위험한 관료주의의 소굴처럼 보이지 않았던 모양입니다. 그렇지요. 절대로 그렇게 보였을 리 없고 마치 응급실 같아 보였던 것입니다.

그들이 모르고 있는 것은 고통을 끝내줄 주사 한 대와 이 병을 치유할 처방이었습니다. 그리고 성급하게 그 처방만을 요구했습니다. 우리는 곧바로 두 가지 요청에 응했던 것입니다. 이제 그때의 환자들은 아주 탈 없이 잘 지내고 있으며 그 중에 몇 사람은 이제 자신의 목발을 의사 앞에서 버릴 만큼 건강해졌습니다."

불행히도 스탠리 하이는 전문적인 글쟁이었으므로 시사지에 기고하고 싶은 유혹을 견디지 못했다. 그가 제안하는 의견이나 행동 방향의 대부분은 거의 예외없이 대통령의 연설문에 나타난 내용과 연관이 되어 있어서 따로 떼어서 생각할 수 있는 것이 하나도 없었다.

그런데 문제는 대통령이 연설문에서 다루게 될 내용을 먼저 대중매체에 흘려서 대통령의 입장을 거북하게 만드는 경우가 빈번했다. 그럼으로써 대통령뿐 아니라 당시 부통령이었던 거너를 비롯하여 정계 고위층 인사들의 심기를 거슬리게 했다.

그가 기고한 글 중에는 언젠가는 대통령이 민주당 내의 보수파를 모두 제거하겠다는 내용도 있었다. 의심할 여지없이 우리와 마찬가지로 스탠리 하이는 가끔 대통령이 남부 민주당원들의 보수적 성향이 그의 정책 수행을 어렵게 한다는 말을 들었던 것이 분명하다. 그런 내용을 공개적인 글로 발표하는 스탠리가 아무런 거부감 없이 동시에 친밀한 백악관의 일꾼으로 인정받기란 거의 불가능한 일이었다.

연설문 작성자는 필히 익명으로 남아 있어야 하며, 정치적 사안에 대해서 공개적인 입장표명을 한다는 것은 바람직하지 못하다. 결국 스탠리는 좀 더 오래 있지 못하고 백악관에서 떠났다.

우리와 함께 일했던 짧은 기간 동안 그는 그의 진보적인 색깔을 여과 없이 보여주었고, 1936년 유세기간 동안의 여러 연설문에 나타난 자유주의적인 입장도 그의 펜 끝을 통하여 잘 나타났다.

그렇듯 친밀하게 공동작업을 해왔으나 몇 년 후에는 서로 대립되는 정당을 대표해서 일하게 된 것이 참으로 안타깝고 이해하기가 어려웠다. 나는 그가 어떤 연유로 1940년, 1944년에 루즈벨트에 도전하는 공화당 캠프에서 일하게 되었는지 알 수 없다.

그는 직업적인 글쟁이로서 마치 변호사와 같이 어느 쪽에 서있던 그 쪽의 입장을 잘 옹호할 수 있는 능력이 있었던 것 같다. 그러나 루즈벨트 대통령을 보좌하던 시절의 스태리에게서 볼 수 있었던 힘 있고 섬광 같은 수준의 문장력을 찾아 볼 수 없었다.

루즈벨트만이 줄 수 있었던 영감, 그리고 그의 글 속에는 더 이상 루즈벨트 특유의 방향설정과 사고의 흔적이 없었으므로 스태리의 글은 과거와 같은 활력을 유지할 수 없었음을 나는 알게 되었다.

약 100여 명이 탑승한 선거캠페인 전용열차는 객차 수만 해도 11량이나 되었으며, 1936년 10월 8일에 워싱턴에서 출발했다. 우리 부부는 이론상으로는 객실을 하나 배정 받았지만, 붉은 마닐라 파일로 쌓여있는 수많은 선거자료들 때문에 사실 객실도 아니었다.

나는 어차피 거의 잠을 자지 않았기 때문에 그 방을 취침용으로 사용하지 않았다. 캠페인 여행이 끝난 다음에 나는 적어도 6kg의 체중을 줄이게 되었노라고 자랑스럽게 이야기할 수 있었다. 캠페인에서의 고생은 어느 누구에게도 불평을 할 이유가 되지 못했던 것이다.

캠페인의 열기와 흥분은 실로 대단했으므로 잠을 설친다던가 목욕을 제대로 못하거나 식사 때를 거른다든가 또는 신문을 제대로 읽지 못한다든가 하는 것은 하나도 문젯거리가 되지 않았다. 선거운동을 해보지 않았던 사람에게 기차가 역에 도착할 때마다, 새로운 도시에 도착할 때마다, 그리고 대강당이나 야구장에서 수많은 군중들의 환호를 받는 감격을 표현한다는 것은 거의 불가능한 일이다.

선거운동이 이렇게 유쾌할 수도 있었을까? 1932년 대통령 초선 유세의 캠페인 당시의 낙심스럽고 필사적이던 모습과는 달리 이번 1936년 캠페인의 모습은 얼마나 대조적인가! 이 회고록을 집필하면서 그 당시의 100쪽에 달하는 캠페인 연설문을 다시 읽어보니 쟁점 사안들을 어떻게 이렇듯 완벽하게 잘 다루었나 하는 점에 새삼 놀라지 않을 수 없었다.[3)]

캠페인의 핵심 테마는 아주 단순하고 분명했다.

"루즈벨트 행정부는 지난 4년 동안 파산위기에 있던 산업, 농업, 취업, 그리고 은행을 소생시켰으며, 경제 · 사회제도의 비합리적인 요소를 제거했으며, 만일 이번에 민주당이 재선에 승리한다면 국가재건과 개혁정책은 지속될 것이지만 만일 실패한다면 지금까지 이룩해 놓은 모든 것은 허물어 질 것이다."라는 것이었다.

일단 캠페인이 궤도에 오르게 되면 대통령후보에게는 잘 다듬어진 연설문을 준비할 수 있는 시간적 여유가 없다. 그러나 새로 도착하게 되는 곳에서 만나게 되는 정치지도자, 시민, 그리고 어느 누구와도 대화하고 질의에 응답해야만 한다. 이러한 경황 중에도 워싱턴에서, 그

---

3) 1936년 당시의 선거유세 캠페인 연설문 주제는 :
10월 9일 : 농업, 농업협동조합과 상호 호혜적 매매계약
10월 10일 : 농업정택의 과거, 현재, 미래, 그리고 작물보험제도
10월 12일 : 공업, 농업, 광업정책
10월 13일 : 농업분야에 있어서의 뉴딜의 성과
10월 13일 : 행정부의 청소년 정책의 성과
10월 14일 : 행전부의 기업정책 수행성과 등이었다.

리고 세계 방방곡곡으로부터 날아오는 공문들을 읽고 처리해야만 한다. 캠페인이 계속됨과 동시에 행정부의 업무도 계속되어야 한다.

연설의 부담은 여기에서 끝나는 것이 아니다. 정거장에 도착할 때마다 짧은 연설을 해야 하는데 기차가 떠날 때에는 호루라기를 불기 때문에 '**호루라기 정치 연설**'로 알려졌고 이때의 연설은 아주 효과적이었다. 으레 기차가 도착할 시간에 맞추어 많은 군중들이 자동차로, 마차로, 말을 타고, 자전거로, 또는 걸어서 대통령을 보려고 역 광장으로 모여든다. 아이들은 아빠의 목마를 타고 앉아 큰 눈으로 대통령을 직접 볼 수 있게 된다. 이때 전달되는 내용은 다른 곳에서 하루 이틀 전에 행했던 연설을 반복하되 지방의 특수한 사정을 다소 가미하는 형태였다.

루즈벨트의 연설을 자세히 들여다보면 그는 미국 여러 곳 안 가본 곳이 없는 것 같다. 그리고 항상 그가 방문했던 작은 지역의 이야기를 서두로 꺼내면서 그 지역 유지의 이름도 언급하면 이를 알아들은 군중들이 환호하고 자랑스러워하는 모습을 본다.

10월 11일 와이오밍주 쉐이엔 포트워렌에서 행한 연설을 예로 보자.

"이곳에 다시 와서 여러분을 만나게 되니 반갑습니다. 여러분께서 아시는 대로 나는 여기에 처음 오는 것이 아닙니다. 아마도 1920년인가 제가 포트 D. A 러셀을 방문했던 것 같습니다. 바로 4년 전에는 제 친구였던 상원의원을 추모하기 위하여 이 도시의 이름을 워렌으로 개명할 때에도 방문했었습니다. 오늘 다시 이곳에서 여러분을 만나게 되어 참으로 기쁘게 생각합니다. 여러분이 편히 쉬시는 일요일이어서만이 아니라 오늘은 바로

제 아내의 생일이기도 합니다. 그래서 오늘 이곳에서 가족 모임의 파티를 하게 되었습니다."

10월 12일 콜로라도주 그릴피의 연설

"여러분, 안녕하십니까? 저는 방금 아침식사를 끝냈습니다. 저의 오랜 친구인 플래트 카밍스의 소개로 다시 이곳을 찾게 되어 대단히 기쁘게 생각합니다. 제가 지난번에 여기 왔을 때는 제가 부통령으로 출마하던 1920년이었고, 그때는 제 아내가 제 곁에 있었습니다. 그때 이후로 실로 많은 것이 변했습니다."

지역방문의 연설은 이런 식으로 진행되었고, 행여 처음 방문한 곳에서는 처음이라고 솔직히 말한 후 지역의 특색이나 인물에 대해서 언급하고자 애를 썼다.

10월 9일 아이오와주 다부큐

"여러분, 저는 오늘 다부큐를 방문하게 되어 대단히 기쁩니다. 저는 지난해 봄부터 이곳을 방문할 계획을 세웠었습니다. 저는 이 지역의 명사 한 분과 의논하면서 이 자랑스러운 주의 자랑스러운 시를 방문하겠다는 계획을 세웠으나 애석하게도 그 분은 오늘 저와 동행하지 못하게 되었습니다. 루이스 멀피는 아주 탁월하고 친절한 분이었고, 저의 절친한 친구이기도 합니다. 오늘 저는 이 자리에서 골치 아픈 정치 이야기를 하는 대신에 루이스 멀피의 장례식 추도문 한 부분을 낭독해 드리겠습니다. 제가 이렇게 하고 싶은 것은 이 추도문은 정치성이 없기 때문이기도 하지만, 동시에 미국 전체를 위해서 훌륭한 정부가 얼마나 필요한 것인가를 잘 이야기 해 주기 때문입니다."

10월 10일 아이오와주 크래이스톤

"아이오와주 중에서도 특히 그래이스톤을 방문하게 된 것을 기쁘게 생각합니다. 여러분들 금년에 가뭄으로 인해 얼마나 고생하셨는지를 잘 알고 있습니다. 여러분이 아시는 대로 저는 미국 전역을 돌아다니고 있기 때문에 직접 가뭄으로 인한 피해상황에 관한 정보를 접하고 있습니다.

또 가뭄과 관련된 염려의 차원이 아니더라도 또 다른 이유 때문에 오늘 이곳에 오게 되어 반갑습니다. 그것은 바로 제가 잘 아는 헨리 윌리엄스가 이곳에서 15마일 떨어진 곳에서 출생했기 때문입니다."

10월 10일 아이오와 패시픽 장션

"지난 2~3일 동안은 참으로 흥미로운 일이 많았습니다. 제가 여러분의 옥수수 밭을 살펴보니 이 지역의 여러분들은 가뭄을 잘 견뎌내신 것 같습니다. 우리는 지방정부, 그리고 워싱턴 연방정부 간의 상호협동이라는 원칙을 기반으로 하여 서부로부터 이곳에서 이르기까지 가뭄으로 인한 문제를 해결하고자 상당히 애를 쓰고 있습니다. 이제 조금씩 그 효과가 나타나기 시작하는 것 같습니다."

간혹 대통령은 예상을 뒤엎고 지방의 관심사가 아닌 국가적 관심사에 대하여 말문을 열 때도 있다. 이럴 땐 취재진들이 물속의 상어 떼처럼 야단법석이었다. 기차가 잠시 역에 도착하는 동안 본사에 특종기사를 보내려고 기를 쓰는 모습들이 어떤 때는 아주 아슬아슬하기도 하다. 전보를 치려고 내렸다가 기차가 떠나기 시작하면 겨우 잡아타는 경우가 많기 때문이다.

일단 캠페인이 시작되면 대통령은 연설문을 작성할 틈이 생기지 않기 때문에 우리는 워싱턴을 출발하기 전에 필요한 연설문을 미리 준비해 놓는다. 그때에는 그래도 전혀 틈이 없었던 것은 아니어서 대개는 기차가 다음 목적지를 향해서 움직일 때 연설문을 준비하기도 했다. 간혹 우리는 겨우 24시간, 운이 좋으면 48시간 정도의 준비시간을 갖는다. 그러나 이런 중압감이 밀려올 때는 한 시간이 60분보다 훨씬 더 짧게 느껴졌다. 그러한 느낌을 갖게 하는 또 하나의 이유가 있다. 그것은 대통령이 연설하기 위해 기차에서 내려 유세장으로 옮길 때마다 대통령을 따라다니고 싶은 유혹을 뿌리칠 수 없기 때문이다.

우리는 연설문을 작성했지만 대통령의 입으로부터 흘러나오는 내용을 직접 들어보고 시민들의 반응을 느껴보고 싶은 것이다. 대통령의 연설 전에는 지구당에서 준비한 화려한 팡파르가 울려퍼지고 대통령의 오픈 카는 비밀경호원의 차 뒤를 곧바로 따라간다. 경찰의 저지선을 뚫고서라도 대통령에게 접근하려는 국민들의 환호하는 모습을 보고 싶은 유혹을 뿌리칠 수 없는 것이다.

대통령도 군중들이 유세장 안에 있든 도로변에 있든 그들을 좋아했다. 그는 군중들로부터 자신이 추구하는 자유정신의 수호를 위한 끊임없는 투쟁의 힘과 결단력을 얻어냈다. 또한 군중들 역시도 대통령에게 그가 추구하는 국민들의 삶의 질 향상과 세계 평화를 추구하는 그의 방법을 지지한다는 확신을 갖도록 해 주었다.

연설이 끝나면 대통령 일행은 다시 기차로 돌아간다. 철도변에 늘어서서 마지막 환호와 작별의 인사를 나누기 위하여 지역의 유지들과 정치인들이 자동차를 타고 대통령 행렬의 뒤에 합세한다. 이제 대통령은 그가 기차에서 내리고 탈 때에 사용하는 램프 앞에 차를 멈춘다.

그가 램프를 이용하여 기차 안으로 들어가려고 준비하기 시작하면 몇 년 동안 대통령을 수행하던 시끄러운 기자들을 포함해서 주변의 모든 사람들이 조용해진다. 친구 뿐 아니라 심지어 정적까지도 누구를 막론하고 이 중증 장애인이 램프의 손잡이를 크고 강한 손으로 꽉 움켜쥐고 어깨와 팔뚝의 근육을 최대한으로 사용하면서 아주 힘겹게 기차에 오르려고 애쓰는 것을 보면서 감동받지 않거나, 숙연해지지 않을 수가 없었다.

그렇게 해서 기차의 문에 닿으면 그제야 그는 국민들이 오래 동안 기억하는 루즈벨트 특유의 잔잔한 미소를 지으면 답례한다. 그러면 군중들도 마지막으로 한 번 환호하고 그는 좌석에 앉는다. 기차의 커튼을 내리고 두꺼운 창문으로 군중의 환호를 차단한 후 이제 대통령은 보좌관들과 친지들에게 둘러싸이는 시간을 갖는다.

이때는 좀 쉬어도 된다. 대통령은 노련한 대중연설가이지만 언제나 연설 전에는 초조해 한다. 일단 연설이나 축제가 시작되기 전까지는 마음의 여유를 갖지 못한다. 그저 연신 담배만 피워댈 뿐이다. 물을 마시면서 손을 떨기도 한다. 소개를 받기 전 기다리면서도 의자에서 안절부절 못한다. 그러나 일단 일어나서 **"친애하는 국민여러분"** 하고 입을 열기만 하면 여유 있고, 군중들과 완전한 교감을 이루며, 그가 전달하고자 하는 내용에 초점을 맞추어 최대의 효과를 얻도록 연설하는 아주 딴 사람이 되어버린다. 초조함의 표시는 온데간데없이 사라진다.

조용한 기차로 돌아온 다음에는 반시간 정도 농담도 하고 맥주를 마시며 분위기를 전환한다. 그리고 연설과 청중에 대한 이야기도 한다. 특히 연설문 중 잘 넘어간 부분, 그리고 예상과는 달리 실패한 부분 등에 여러 가지 흥미로운 이야기를 나눈다.

길거리에서 군중들과 만나노라면 항상 새로운 사건이 발생하기 마련이다. 예를 들면 대통령 가까이에 접근한 한 할머니가 대통령에게 조그만 선물로 주려고 하다가 자신의 시계를 떨어뜨린 일 (나중에 주인을 찾아주느라고 애를 먹었지만), 대통령과 악수를 해 보려고 기를 쓰고 군중 속에서 밀치고 나오는 사람들, 시야를 넓히려고 처마 끝에 매달리는 사람들 등 이러한 예는 수없이 많다.

대통령은 기회가 있을 때마다 그가 만난 정치지도자들이 이번 선거의 전망에 대해서 어떻게 생각하는지 이야기 듣기를 좋아했다. 그는 항상 좋든 나쁘든 진실에 접하기를 원했었다. 그러나 대통령이 듣기에 좋은 소리를 하고 싶어하는 사람들이 많았기 때문에 진실을 접한다는 것은 쉬운 일이 아니었다. 그러나 선거전망에 대해서 조금도 가차 없이 진실을 말해 줄 수 있는 사람이 있었는데, 당시 미국의 정치지도자들 가운데 가장 능력 있고 총명한 에드워드 J. 플랜이었다. 그 밖에도 시카고의 에드워드 켈리, 프랭크 워커, 그리고 제임스 A. 할리가 있었다.

대통령은 항상 한쪽에서 얻은 정보를 다른 쪽에 가서 검증해 보고자 했다. 우리도 역시 지역 정치가들 못지않게 지역주민들과 가까운 대화를 하고자 노력했으며, 대개는 숨김없고 다소 비관적인 전망을 감지해 내곤 했다. 우리는 또한 우리가 실수한 점은 무엇인가를 분명히 규명해 내어 앞으로는 똑같은 실수를 반복하지 않으려 했으며, 또한 우리가 터득한 것을 서로 비교·검토하는 것을 게을리 하지 않았다. 밤새도록 기차가 달리는 동안 우리는 한담을 나누기도 했지만 다음 날 저녁에 전달할 연설문의 내용에 대한 진지한 토론도 했다.

대통령은 '연설문파일'을 훑어보거나 음료를 마시면서 비서에게 새로운 내용을 받아쓰게 한다. 그리고는 "잘들 자게나." 하고 밤 인사를 한 다음에 휠체어가 겨우 지나갈만한 통로를 지나 침실로 간다. 그리고는 불을 밝히고 아침식사 시간 이후부터 쌓여진 신문들을 살펴보기 시작한다.

그가 "잘들 자게나." 하고 인사를 하는 것은 나름대로 의미가 있다. 다음 날 저녁에 발표할 연설문을 준비해서 아침식사 때까지 그 초안을 대통령에게 전달하려면 잠 한번 제대로 자본다는 것이 얼마나 낙관적인 기대인가를 암시하기 때문이다.

실제로 잠을 자기는커녕 우리는 좀 조용한 칸으로 옮겨 가서 그때부터 일을 하기 시작한다. 기차 안에는 대개 3~4명의 속기사들이 동행하며 교대로 잠을 자면서라도 연설문이 준비되는 대로 타이핑 작업에 들어간다. 탈리, 도로시, 브래디, 로버타, 바로우스가 동행하고 있었는데 그들도 모두 새우잠을 잔다.

우리는 최대한 시간을 아껴서 한 번쯤 식당칸으로 건너가 커피와 간식을 든다. 그리고 그날 저녁 전달된 연설문에 대한 기사거리를 준비하고 있는 기자들과도 맞부딪치게 된다.

나는 대통령의 연설에 대한 기자들의 반응, 그리고 신문사설에 어떤 내용이 실리게 될 것이며, 국민들의 반응 등에 관한 의견 교환을 반드시 거르지 않고 한다. 신문기자들과 이러한 대화를 나눌 수 있다는 것은 상당히 도움이 되었다.

기자 중 몇 사람은 아주 공개적으로 루즈벨트에 대하여 비판적이었기 때문에 그 사람들의 말은 들어 볼 필요조차 없었다. 반면에 어떤 기자들은 루즈벨트 추종자들이어서 그들의 이야기는 완전히 편파적일 수밖에 없었다. 그러나 대개는 거의 철칙으로 캠페인이 어떻게 전개되고 있는지를 기탄없이 이야기 해주었고, 앞으로의 연설에 도움이 될만한 아이디어까지도 제시해 주곤 했다.

대통령의 선거 캠페인 기차에 동승한 기자들은 나름대로 경험과 식견이 풍부하고 여론의 흐름을 사려 깊게 판단할 수 있는 사람들이다. 정치야말로 그들의 생활이다. 나는 다른 어느 집단보다도 경험이 풍부한 대여섯 명의 정치부 기자들로부터 국민들의 반응에 대한 것을 많이 배울 수 있었다.

우리는 점차 신문기자들과 그들을 대표로 하는 신문이 정치적으로 어떤 노선을 지지하는지를 알게 되었다. 대다수의 신문들은 루즈벨트에 대해 노골적으로 호전적이었지만 그 반대의 신문 기자들은 루즈벨트 옹호자들이었고, 본인들 스스로 그 사실을 우리에게 은밀히 알려주었다.

오랜 기간 동안 캠페인이 계속될 시기에는 일요일을 제외하고는 연설문 작성자들이 새벽 3~4시 전에 취침을 하는 것은 아주 드문 일이다. 속기사들은 아침 식사시간까지 초안을 정리해야 되므로 더 늦게 자리에 든다. 때로는 아침 7시, 8시까지 깨어 있는 경우도 있었다. 교대근무를 하기 때문에 오전 내내 잘 수도 있을 것이다. 그러나 대통령이 으레 아침식사를 하면서 초안을 읽기 때문에 최소한 한 사람은 깨어서 대기해야 한다. 대통령의 아침식사가 끝나면 우리는 다시 모여 앉는다.

그때쯤이면 대통령이 초안을 한 번 검토한 후이다. 우리는 대통령 침실에서 일하거나, 아니면 옷을 다 입을 때까지 기다렸다가 거실에서 업무를 시작한다. 연설문 중 어떤 부분은 완전히 삭제되고 대신 여러

쪽에 달하는 새 내용이 삽입된다. 때로는 그가 구상했던 주제를 제시하고, 그 내용을 살려 한두 쪽 더 준비하라고 지시한다. 이렇게 한 시간 정도 시간을 보내고 나면 비로소 루즈벨트의 특성이 잘 반영된 연설문으로 탈바꿈한다.

이즈음이면 대통령은 이미 기차에 올라와서 대통령을 만나려고 대기 중인 정치지도자들이나 손님을 만날 채비를 한다. 우리는 대통령이 제안한 것을 골자로 하여 새 연설문 초안의 작업을 시작한다. 때로는 연설문에 사용할 통계자료를 확보하기 위하여, 또는 몇 가지 정보의 정확성을 확인하기 위하여 백악관에 연락해야 한다.

중요 정거장에 도착할 때마다 대통령 전용칸에 전화선을 연결하여 백악관과 통화한다. 우리는 이 기회를 이용해서 필요한 자료나 정보를 요청했고, 다음 역에 도착할 때쯤이면 요청한 내용들이 우리를 기다리고 있었다. 1944년이 될 무렵에는 이동 중에도 내용을 보내고 받을 수 있게 되었으므로 이 방법이 훨씬 더 간단해졌고 가속화되었다.

우리가 대통령과 다시 회합을 갖게 되는 것은 대개 점시시간 직후가 된다. 대개 연설문 작성에 두어 시간을 할애하는 것이 규칙화되었고, 오후 중반쯤에는 어느 정도 연설문의 윤곽이 잡힌다. 마감시간은 대략 5시 30분쯤이 된다. 그레이스가 최종안을 타이핑하고 교정을 거친 후에 등사실로 보내면, 빠른 시간 내에 수백 장이 복사된다.

우리는 가능하면 저녁 7시 전까지는 등사된 연설문을 기자들 손에 들어가게 하려고 애를 썼는데, 그래야만 소속 신문사에 연설문 내용을 전보로 보낼 수 있었기 때문이다. 특히 뉴욕 타임즈지는 가판(市外版)을 찍어내고 있었기 때문에 초판 발행시간에 맞추어 주려고 나름대로 애를 썼다.

연설문을 늦게 배포하면 할수록 신중하게 연설문을 검토해 볼 시간이 줄어들기 때문에 그만큼 기사거리로서의 비중을 잃어버리기 마련이었다. 연설문 배포가 끝나고 나면 우리는 저녁식사 시간 전까지 한 시간 정도 잠을 청한 후 대통령이 연설장으로 떠날 때 동행할 준비를 한다. 일단 연설이 끝나면 연설문 작성의 모든 일정을 다시 빈틈없이 반복한다.

1936년 캠페인 도중 네브라스카주의 오하마에서 생긴 일인데 루즈벨트 대통령은 명분뿐만 아니라 슬로건 이상으로 과연 그가 얼마나 자유주의에 깊은 관심을 가지고 있는가 하는 것을 극적으로 나타내 준 한 사건이 있었다. 측근의 정치 지도자들이 극구 반대하는데도 불구하고, 루즈벨트는 평생 공화당에 몸담아 온, 그러나 자유주의 투사 죠지 노리스 상원의원을 공천하기로 작정했었다. 그는 네브라스카주에서 노리스 상원의원을 천거하여 민주당의 공천을 받아내고자 했으나 실패한 것이었다.

오하마에서의 연설은 농업정책에 관한 것이었고, 워싱턴을 떠나기 전에 준비는 되었다. 그러나 연설문 앞부분에 노리스 상원의원을 지지하는 부분은 대통령이 직접 작성해 넣었다. 대통령은 극적인 요소를 염두에 두고 공천 사실을 신문기자단에게 공개하기 전까지 비밀에 부쳐 두었다. 백악관 주변의 어느 누구도 이 사실을 알지 못했고, 노리스 혼자만 알고 있었던 것 같다.

대통령이 이 사실을 네브라스카주의 민주당 지도자들 앞에서 털어놓았을 때 이 놀랍고 극적인 요소를 대통령이 얼마나 즐거워하고 있었는지 알 수 있었다. 그의 연설문은 이런 내용을 담고 있었다.

"오늘 이 연단에는 미국 전역에 상당한 정치적 명성이 잘 알려진 분이 올라와 계십니다. 연세는 지긋하지만 가슴이 젊은 이 분은 평생 동안 오로지 자신의 양심만을 따라서 행동한 분인데 이 분이 바로 네브라스카주의 아들인 죠지 W. 노리스 상원의원입니다. 저는 뉴욕주가 아닌 다른 주의 선거에 간여하는 것을 늘 피해왔습니다. 그러나 노리스 상원의원의 이름이 네브라스카의 상원으로 추천되었습니다. 그래서 저는 주정부 선거 비 개입이라는 평소 저의 소신에 아주 특별한 예외를 적용하였습니다. 만일에 노리스 상원의원이 당선된다면 네브라스카주 뿐만 아니라 미국 전체에 지대한 공을 세우게 될 것입니다."

대통령은 이번 캠페인 뿐 아니라 차후의 다른 캠페인에서도 상대편 정적의 이름을 직접 언급하거나 심지어는 넌지시 암시하는 것마저도 원칙적으로 피했다. 여기에는 몇 가지 이유가 있다. 어차피 루즈벨트는 대통령 재선에 도전하고 있으므로 정적의 이름을 언급해 보아야 오히려 정적의 주가만 올려 줄 것이라는 점이다. 그리고 대통령에게 도전하는 기회를 주게 될 터인데, 그것은 결국은 정적의 입지만 높여 주는 결과만 낳는다. 어떠한 형태로든지 대통령을 공격하면 신문의 헤드라인을 타게 된다. 이것이 바로 1932년 루즈벨트 자신이 대통령 선거운동 때 당시의 후버 대통령에게 사용했던 방법이다.

절대로 상대 당이나 정적을 비방하지 않는다

대통령이 항상 염두에 두는 또 하나의 전략은(이에 대해서는 이미 주지사 선거전에 대해서 언급한 내용이지만) 절대로 공화당에 대한 공격은 하지 않는다는 것이다. 그의 공격대상은 정치가들 당사자들이 아니라 공화당이 표방하는 원칙이나 행동에 관한 것이었다.

그 결과로 루즈벨트의 국내 정책에 반대했던 공화당원들이라 해도 그의 외교정책(특히 1940년과 1944년)을 지지했으며 표를 던져주기도 했다. 그는 이러한 점을 잘 이해하고 있었고, 공화당 내의 지지세력을 유지하고자 애썼다. 캠페인 기간 중 루즈벨트의 정적들은 그렇게 관용스럽지도 영민하지도 못했다.

1936년의 캠페인 연설 중에서 가장 훌륭했던 것은 시카고에서 행했던 연설이다. 이 연설문은 워싱턴을 출발하기 전에 이미 작성되었던 것이지만 우리가 시카고에 도착할 무렵 최종본이 도착했다. 그것은 코코란, 코헨 및 하이에 의해서 준비되었으며, 연설문의 골자는 뉴딜정책의 철학적 배경을 논리적으로 제시한 후, 이 정책이 미국의 재건과 개혁을 위해서 어떻게 공헌했으며, 향후에도 같은 노선의 정책을 고수할 것이라는 뉴딜정책을 재천명하는 연설문이었다. 이 연설문에서 루즈벨트는 시카고의 1936년을 그가 처음 대통령 후보로 지명을 받았던 1932년의 시카고와 비교했다. 이 일이야 말로 과연 뉴딜의 성과를 생생하게 보여주는 좋은 예가 되었다.

"저는 지난 4년 전에 이 도시로 올 때 비행기를 타고 왔습니다. 옛날 사람이 새로운 방법으로 여행을 했다고나 할까요? 그리고는 미국 대통령 후보로 지명을 받았습니다. 저는 그 때 공장들이 폐쇄되고, 시장은 침체되어 있었으며, 은행들은 흔들리고 기차와 선박은 텅텅 비어 있는 것을 목격하며 시카고로 왔습니다.

그런데 보십시오. 이제 그 공장들은 활기차게 돌아갑니다. 시장은 붐비고 은행들도 안전하며 선박과 기차는 화물을 빽빽이 실어 나릅니다. 이제 시카고는 건실하며 시민들도 웃음을 되찾았습니다. 여러 해 동안 활기를 잃었던 온 미국이 이제는 시카고와 함께 다시 한 번 활기를 되찾았습니다.”

기업주들이 뉴딜정책을 반대하고 있음을 간파하고 있던 루즈벨트는 바로 뉴딜 정책이 기업을 위해서 무엇을 해주었는가를 통계자료를 통해서가 아니라 순수한 현실적 관점에서 보여주고자 했다.

미국을 되살린 뉴딜 정책

“혹시 여러분은 은행의 저금통장을 가지고 계신가요? 그렇다면 미국 역사의 어느 때보다도 더 안전합니다. 정부가 예금을 보장해 주니까요. 혹시 어디에 투자를 하셨나요? 여러분의 주식과 보증금을 지난 5~6년간 가격이 상승되어 있습니다. 상업을 하시는 분이 계십니까? 아시는 대로 소비자들의 구매력이 얼마나 활성화되어 있습니까! 이제 농가수입도 향상되었고, 부채도 감소되었습니다.

이제는 여러분들의 직장이 늘어났고, 실업의 불안도 줄어들었고, 직장도 좋아졌습니다. 산업체에 종사하시나요? 산업체의 수익과 이윤이 지난 4년, 6년, 심지어는 7년 중 가장 높게 나타나고 있습니다. 철도 공사에 근무하고 계신가요? 철도화물 운송은 증가일로에 있으며 이용객도 늘어나고 있습니다. 어떤 노선은 두 배로 늘었습니다.

농산물 유통판매업의 중간 매매업자이십니까? 여러분의 손을 거치는 생산품은 안정적으로 공급되고 있으며, 지난 여러 해에 비해 훨씬 더 수요와 공급 간의 시세가 원만한 관계를 유지하고 있습니다. 어떤 사람들은 이러한 경제활동이 그저 자연스럽게 생겼다고 얘기합니다. 그러나 복잡한 현대사회에서 경제침체로부터 경제회복이란 자연스럽게 되는 것이 아닙니다. 경제회복이 되기를 무작정 기다리던 1929~1933년을 생각해 보시면 제 말뜻을 이해하실 것입니다.

그러나 1933년 우리는 무작정 기다리지 않았습니다. 우리는 행동을 취했습니다. 오늘날 여러분이 체감하시는 경제회복의 이면에는 사업체와 미국의 공기업과 경제 민주주의를 구출하고자 하는 책임을 통감한 정부의 결연한 의지가 있었으며, 이것은 현대 역사상 어느 정부와도 비교할 수 없는 업적인 것입니다."

루즈벨트는 사유재산제도와 자유기업제도는 지속될 것이라는 것을 강조해서 언급했으며, 1933년 경제대공황으로 파산할 뻔했던 미국 경제를 살린 것이 바로 뉴딜정책임을 지적했다.

"저는 과거에도 그렇게 믿었고, 현재도 그렇게 믿고 있으며, 그리고 미래에도 미국 경제의 주력은 공기업이라는 점에 대해서 저의 신념은 바뀌지 않을 것입니다. 아마도 여러분들은 루즈벨트 행정부가 대기업과 얼마나 상극관계에 있는가에 대해서 들어 보았을 것입니다. 이러한 의혹에 찬 질문에 대한 대답은 이 정부가 성취한 업적 속에 다 나와 있습니다. 바로 지금 여러분들에게 겁을 주고 있는 정치 지도자들이 파멸 상태까지 몰고 갔던 공기업제도를 이 정부가 구해낸 것입니다."

중서부 지방의 캠페인이 끝나자마자 곧바로 잉글랜드 지역으로 옮겨갔다. 그러나 이 지역을 대상으로 한 연설문은 이미 워싱턴에서 작성했으므로 우리는 이제 남은 지역을 대상으로 한 연설문 작성에 몰입했다. 10월 23일은 미국의 여러 곳에서 기업가들의 파티가 있을 예정이었다. 대통령은 파티에 참석하는 기업을 대상으로 백악관에서 라디오를 통하여 그의 기업정책을 설명하는 연설을 했다.

"우리나라에서 처음으로 기업인들의 파티 모임이 조직되었을 때 미국의 기업인들을 위해서 연설을 해달라는 요청을 받은 적이 있었습니다.

그런데 나는 만일 기업가들이 미국의 여러 직종에 근무하는 국민들과 구별되는 특수한 계층에 속하는 사람들이라면 그 연설을 수락할 수 없다고 대답했습니다. 미국인들은 공통의 이익을 추구할 뿐이지 서로 다른 이익을 추구하지 않습니다. 한 집단에게 이야기 할 수 있는 것을 다른 집단에게 이야기 하지 못할 일이 없습니다. 한 집단에게 좋은 것이라면 다른 집단에게도 좋아야 합니다. 우리는 우리의 공기업제도가 한 집단에게 뿐만 아니라 모든 미국인들에게 혜택을 줄 수 있을 것이라면 얼마든지 더 훌륭하게 만들어야 합니다."

물론 이 연설의 핵심은 뉴딜정책에 의해서 공기업제도가 피해를 본 것이 아니라 구출되었다는 것을 강조하는 것이었다.

"1933년 나락으로 떨어진 미국 경제를 희생시킨 것이 바로 이 행정부라는 것을 기억하십시오. 만일에 이미 과거형의 경제제도를 조금도 개혁할 의사를 가지지 않고 그냥 뒷짐을 지고 기다리기만 했으면 되었을까요? 그냥 놔두었더라면 여러분의 눈앞에서 파경에 이르렀을 것입니다. 그러나 분명히 말합니다. 뉴딜 정책은 절대로 과거의 오류를 반복하도록 그대로 좌시하지 않을 것입니다."

"이제 여러분의 기업이 소생하고, 주가가 상승하고 투자가 활성화되었다고 해서 과거의 쓰라린 경험을 간과하지 말기 바랍니다. 우리는 이제 절대로 다시는 '거품처럼 흥청망청하고 개인주의가 활개치며, 소수의 개인과 기업에 의해서 타인의 재산이 운용되고 산업 생산과 분배를 재정적으로 통제할 수 있기 때문에 미국의 기업은 위대하다'는 망상의 시대로 돌아가지 않도록 결연한 의지를 굳혀야 합니다. 동시에 과거처럼 '정부가 대기업 앞에서 고양이처럼 아양을 부리고, 경제적 부(富)가 위에서 아래로 자동적으로 재분배된다는, 그리고 무엇보다도 공기업의 이윤 오·남용으로 인해서 미 국민들의 복지가 위협을 받는데도 정부는 개입하지 말아야 한다'는 망상을 버려야 합니다."

이번 캠페인의 마지막 연설은 뉴욕의 메디슨 스퀘어 가든에서 있었다. 그리고 그 연설은 이번 캠페인에서 행했던 연설 중 가장 탁월한 것이었다. 우리 연설 집필자 4명은, 그리고 대통령 자신도 이 연설문 작성에 제일 많은 시간을 할애했다. 그는 이번 캠페인에서 공화당 지도자들이 채택한 전략에 대해서 아주 몹시 분개하고 있었다.

대통령이 추진하는 사회보장안을 저지하기 위하여 대기업의 고용주들은 노동자들의 월급봉투에 전단지를 끼워넣는 등 공포의 선전을 시도했다. 이 선전의 목적은 고용주들만 사회보장과 노령보험의 비용을 전담하게 될 것이며, 보험에 기여한 만큼 혜택도 받지 못하게 될 것이라는 인상은 갖게 하려는 것이었다. 뿐만 아니라 축적된 연금자원은 다른 목적을 위해서 사용될지도 모른다는 위협도 서슴지 않았다.

당시 공화당원으로 사회보장국장 직을 맡고 있던 존 G. 위난트가 대통령을 접견하러 왔을 당시 나는 대통령 관저에 묵고 있었는데 그는 대단히 분노하여 사표를 제출하고 당원이 아닌 개인적인 공화당원으로서 공개적으로 이 위협적인 선전 공세에 대항하여 싸우겠으며, 이 '월급봉투'에 대한 기만성을 온 천하에 폭로하겠다고 했다.

공화당의 사회보장안 격침 선전작전은 부메랑처럼 역효과를 내어 공화당 후보에게 도움은커녕 더 큰 해악이 되어 되돌아오기 시작했다. 미국의 노동자들은 속임수라는 것을 알았고, 위협당하기를 거부했으며, 대대적으로 루즈벨트 쪽으로 여세를 몰아줬다.

19세기 말에서 20세기 초에는 노동자들이 기꺼이 고용주들의 조언을 받아들였던 때가 있기는 했었지만 이제 1936년에는 노동자들이 투표권으로 그들의 정치적 의사를 자발적으로 표현하고 있었다. 대통령은 이어 10월 29일 펜실베니아주 윌킨스-바에서 행한 연설에서 이 '월급봉투선전'에 대하여 신랄하게 비판한 바 있었다.

"고용주의 어느 누구도 그들 자신의 정치적 견해를 월급봉투를 악용해서 표현할 권리가 없습니다. 설사 그가 진실을 말했다고 하더라도 이것은 분명히 강압적인 행위입니다."

캠페인이 계속될수록 그의 분개는 더욱 노골적이 되었으며, 매디슨 스퀘어 가든의 연설에서는 온 힘을 다해 공화당을 공격해야 한다며 대통령이 앞장서서 공격을 지휘했다. 이 연설이야 말로 이 캠페인을 한 마디로 요약한 것이며 실로 지난 4년간을 함축적으로 정리한 것이었다.

"저는 오늘밤 점호를 합니다.—1932년에도 우리와 함께 있었고 오늘까지도 함께하는 명예로운 사람들의 점호를 하는 것입니다. 이 명부에는 생계도 보장받지 못하는 저임금에 시달리는 가장들, 공장의 노동착취 여성들과 아동들과 같은, 기회를 상실했던 수백만 명의 명단이 올라 있습니다. 이 명부에는 생존의 기회를 도깨비불처럼 날려버린 비통에 찬 수많은 젊은이와 여성들의 이름이 있습니다.

이 명부에는 오직 탄식만 수확하는 농부들의 이름과, 적자를 낼 수밖에 없는 중소기업들의 이름과, 은행의 퇴출로 집을 잃을 주택 소유자들, 쓸모없어진 은행저축 때문에 전전긍긍하는 성실한 시민들의 이름이 올라 있습니다.

이 명부에는 여러 정당을 지지하고, 각기 다른 신앙을 가지고 있는 수백만 미국인들의 이름이 큰 글자로 올라 있습니다. 이 사람들은 너무나 많은 미국인들이 양심의 가책을 받고 있다는 사실 때문에 오히려 가책을 느끼는 사람들인데 그들은 4년 전에 나라 걱정을 하면서 '변해야 한다. 그리고 우리가 개혁을 위해 앞장서겠다.'고 했던 사람들인 것입니다."

루즈벨트는 국민들의 그들에 대한 지탄을 환영한다며 이렇게 공격했다.

"지난 12년 동안 미국 국민은 귀 막기, 안 보기, 아무 것도 안 하기 식의 정부 때문에 고통을 겪었습니다. 국민은 정부를 바라보았습니다만 정부는 눈길을 피했습니다. 금송아지를 가지고 저주스러운 9년을 보냈고, 3년 동안 천벌을 받았습니다. 신기루와 같이 정신 나간 9년과 긴 3년간의 비탄! 미국을 움직이는 강력한 권력층은 무관심한 정부, 아무것도 하지 않는 정부야 말로 최상의 정부라는 생각으로 그러한 정부를 세워보려고 온갖 애를 다 쓰고 있습니다. 국민여러분께서는 지난 4년 동안 엄지손가락만 만지작거리던 과거정부 대신에 팔을 걷어붙인 현 정부를 경험했습니다. 정부는 계속해서 팔을 걷어붙이고 일할 것입니다."

그리고 '월급봉투'에 대한 공격을 계속했으며 그가 존경하는 영웅 존파울 존스의 "나는 아직 싸움을 시작하지도 않았다!" 는 말을 인용하며 연설을 마쳤다.

"자기들의 정책에 대해서는 침묵을 지키면서 우리의 정책 목표를 밝히라는 사람들에게 저는 이렇게 대답합니다. 우리는 물론 미국노동자들의 고용조건을 개선하기 위하여, 구체적으로는 노동시간을 단축하고 빈곤의 문제를 해결할 수준으로 임금을 인상하고, 여성과 아동의 노동착취 사업장의 개선을 위해서 계속 일할 것입니다. 우리는 또한 기업의 독점을 없애고, 정당한 임금쟁의를 지지하여 불공정거래를 말소하고 부정한 사업방식을 근절시키기 위하여 계속 일할 것입니다. 이러한 모든 것을 위하여 이제 우리는 겨우 싸움을 시작했을 뿐입니다."

그는 연설 때마다 농부들과, 소비자들, 실업자들, 주택소유자들, 빈민촌 거주자들을 포함한 여러 계층에게 약속했던 선거공약을 되풀이 했다. 그리고는 **"이제 우리는 이 모든 것을 위해 겨우 싸움을 시작했습니다."**라는 말을 덧붙였다. 이렇게 같은 내용을 반복하는 것은 루즈벨트 자신의 착상이었으며 상당한 효과가 있는 것 같았다.

그의 연설에 딱 한 부분이었지만, 그 부분이 반복되기만 하면 마치 반대파와 전면전이 시작될 성싶을 정도로 상당한 소요사태를 유발했다. 반대파들은 이것을 빌미로 패색이 분명한 공화당의 랜든 후보를 회생시키고자 안간힘을 다 썼다. 지난 4년 동안 루즈벨트가 시행하고자 했던 정책을 저지했던 세력에 대해서 그는 이렇게 말한 적이 있다.

"우리 역사상에 단 한 명의 후보를 패배시키고자 이렇게 많은 정치세력이 규합했던 적이 없는 것 같습니다. 이 사람들은 나를 증오하기로 만장일치로 결의한 것 같은데, 나는 이 증오를 진심으로 환영합니다. 제가 처음 대통령이 되었을 때 이기주의적이고 권력을 탐하는 세력들에게 상대를 제대로 만났다고 말해 주었어야 했습니다. 이제 내가 대통령에 재선된다면 이 세력들이야말로 임자를 만나게 되었다고 단호히 말해 주겠습니다."

이 연설문이 끝나자 다음 날 신문을 위한 전보가 윙윙대고, 신문기자들은 아우성을 치고 공화당의 웅변가들은 기염을 토하며 웅변하기 시작했다. 그들은 이제 미국의 대통령이 미국 국민의 '주인'으로 군림하려고 한다며 아우성을 쳤다. 대통령의 친구들과 측근들은 오해를 풀기 위해 설명했으면 좋겠다고 조언했다. 민주당의 지도자들도 염려가 되어 전보를 보내왔다. 그대로 방치해서는 안 되겠다는!

그러나 대통령은 무모한 혐의에 일일이 대응하는 것은 오히려 반대파의 입장만을 유리하게 만들 것이며, 여론을 그쪽으로 돌려놓을 것이라고 했다. 적어도 대통령에 관한한 철회해야 할 것은 아무것도 없었다. 대통령으로서는 심중에 있는 생각을 분명히 표현한 것뿐이며, 그의 개혁정책을 반대하는 파들이 선거에서 완전히 패배할 때까지 그의 개혁정책을 밀고 나갈 심산이었다.

오직 투표에 임하는 미국 국민들만이 그의 개혁정책의 옳고 그름을 판단할 수 있다는 것이 그의 신념이었으며, 이 점에 있어서 루즈벨트의 생각이 크게 틀리지 않았음을 역사가 잘 말해주고 있다. 즉 1940년, 1944년과 그리고 1948년의 대통령 선거에서 공화당의 캠페인이 모두 패배한 것이 바로 그 증거이다.

실제로 몇 가지 예외를 제외하고 공화당도 뉴딜정책의 핵심적인 철학과 원칙을 수용하게 되었는데, 항상 토를 다는 것을 잊지 않았다. 즉, 자기들이 이 정책을 수행했더라면 보다 효율적이었을 것이며, 따라서 예산도 절감했을 것이고 미국 국민들의 자유도 박탈하지 않았을 것이라고…….

캠페인의 마지막 연설은 대통령의 관저가 있는 하이드 파크에서 있었다. 그리고 이것은 이제 4년에 한 번씩 거행되는 하나의 행사가 되었다. 이 마지막 연설은 정치적인 것이 아니고, 미국의 모든 국민들에게 모두 선거에 참여해달라는 비 당파적인 권고의 연설이었다. 그는 선거 전날 자동차를 타고 그가 살고 있는 허드슨강의 양편을 돌며 유권자들과 인사를 나누곤 했었다. 그가 뉴욕주 상원으로 정치에 입문했을 때부터 힘을 실어 주었던 여러 작은 마을과 면소재지를 하루 종일 방문하여 인사했다. 날씨가 추운 11월이어서 그는 으레 오픈 카의 뒷좌석에 앉은 채로 환호하는 국민들에게 인사했다. 그리고 그는 이 많은 이웃들의 이름을 낱낱이 기억할 정도였다.

집에 도착하면 그날 저녁에 행할 마지막 연설문의 초안을 살펴본다. 그 연설문의 마지막 손질을 대개는 대통령 관저의 도서실 안에 있는 난롯가에서 끝낸다. 11월의 찬바람을 훈훈하게 만드는 난롯불이 활활 타오르고 따뜻한 차가 들어온다.

대통령은 차 한 잔과 함께 그가 좋아하는 계피 케익을 한 조각 집어 든다. 케익 부스러기가 연설문 위에 떨어져서 지저분해지지만 대통령도, 우리 중 어느 누구도 개의치 않는다.

연설문 검토를 하다가 쉬는 틈을 타서 대통령은 오늘 이웃들과 만나 인사하면서 있었던 재미있는 이야기를 들려준다. 대통령의 모친은 대통령 곁에 앉아서 차를 마시며 자랑스러운 눈빛으로 아들을 바라본다. 미씨와 그레이스는 검토가 끝난 페이지의 연설문을 재치있게 살펴보고 살그머니 옆방의 타자수들에게 넘겨주고, 타이핑이 끝나면 백악관의 등사실로 전달한다.

이제 어둠이 깃들기 시작하고, 커튼이 드리워지면 모든 작업은 끝난다. 톰, 스탠리, 그리고 나를 포함한 세 사람, 1936년 연설문 작성팀은 대통령에게 편히 쉬라고 인사를 한다. 대통령 또한 우리에게 캠페인

기간 동안 수고했노라고 답례한다. 우리는 이제 각자의 집으로 돌아가서 내일 투표에 임한다.

1936년과 1940년, 그리고 1944년에 대통령은 하이드 파크에 있는 대통령 관저에서 선거결과를 지켜보았다. 1932년에는 선거대책본부에 있었지만 선거 당일 우리는 모두 선거결과를 청취하기 위하여 하이드 파크에 있는 대통령 관저로 갔다.

약 40~50명 정도의 인근 지역 다저스 카운티의 이웃들도 초대받았다. 도서실 안에 뷔페음식상을 차려 놓으면 사람들은 삼삼오오 조용하게 앉아서 선거결과를 청취하며 식사를 한다.

일단 선거결과가 발표되기 시작하면 대통령은 도서실에서 두 개의 문을 통과하는 위치에 있는 식당에 가서 자리를 잡고 앉는다. 그는 항상 선거결과를 자신이 집계하는 고집을 가지고 있었다. 단 몇 명의 비서진과 그의 자녀들이 그와 자리를 함께 한다. AP, UPI 통신사의 기자들은 식당의 벽면에 준비해둔 큰 종이에 선거결과를 집계해 나갔고 일단 집계가 끝난 결과들을 대통령에게 가져다주면 대통령은 자기가 직접 지시해서 만든 차트에 결과를 일목요연하게 정리한다.

뉴욕에 있는 민주당 지도자들과 직접 통화를 하도록 특별 전화도 가설되어 있었다. 나는 왜 선거결과를 이토록 세심하게 집계해야 되는지 그 이유를 잘 이해하지 못했었다. 이렇게 한다고 해서 열심히 라디오를 청취하는 시민보다 먼저 정보를 입수하는 것도 아니었다.

가끔 직통 전화를 통해서 선거본부에서 전해주는 특별한 주(州)의 결과를 먼저 접할 수는 있었다. 선거결과를 접수하고 미리 준비해둔 차트에 결과를 입력하는 감격적인 순간을 만끽하면서 결과를 기다리는 긴장으로부터 다소 해방감을 얻을 수 있었던 것 같다.

나도 대통령이 있는 식당을 드나들기도 했지만 위층 도서실에서 열심히 라디오에 귀를 기울이는 사람들로부터 더 빠른 결과를 접할 수 있었다.

1936년의 선거결과가 집계되기 시작하자 적어도 48개 주는 대통령 쪽으로 대세가 완전히 굳혀진 것으로 나타났다. 집계 초기부터 루즈벨트가 재선되리라는 점에는 추호도 의심할 여지가 없었다. 초저녁에 뉴 헤이븐에서는 1만 5천 표로 앞서고 있다는 소식이 들어왔다. 대통령은 이 소식을 그대로 받아들이지 않았고 전화로 다시 확인해 보라고 지시했다. 이 집계가 틀림없다는 말을 듣자 걸상에 편안하게 기대 앉아 천정을 향해 담배연기로 동그라미를 만들며 "와우"하는 탄성을 냈다. 그는 이제 선거가 끝났음을 알았고 10시 30분쯤에는 도서실로 내려와 샌드위치를 집어 들었다.

1936년에 공화당이 표를 유지했던 주는 메인과 버몬트뿐이었다. 자정이 다 되어가자 하이드 파크 근처의 이웃과 친지들로 구성된 몇 백 명이 횃불을 들고 거리로 뛰어나왔다. 그들은 자칭 '루즈벨트 홈 클럽'이라고 불렀다. 각종 악기를 동원한 고적대와 횃불의 행진이 노래를 부르며, 환호하며 대통령 관저의 앞마당으로 모여 들었다.

이 횃불은 라디오 시대 이전의 선거결과가 발표되는 저녁의 전통을 생각나게 했다. 이 축제는 1940년과 1944년에 다시 반복되기는 했지만 대통령의 경호원들에게는 큰 골칫거리였다. 한밤중이기 때문에 도대체 누가 그 군중 속에 끼어있는지 알아낼 재간이 없었다. 집 앞에 군중들이 모여 있다는 얘기를 들은 대통령은 당장 보조기를 가져오라고 해서 장착한 다음 현관으로 걸어가서 환호하는 군중들에게 답례한다. 집 안에 있던 우리들도 합세해서 대통령의 짧은 인사말을 듣는다. 특별한 내용도 아니고 진짜 토박이식의 "**안녕하세요.**" 정도의 인사이다.

대통령은 허드슨강 주변 주민들에 대해서 각별한 애정을 가지고 있었으며, 대통령은 그들도 대통령에 대해서 그렇게 생각해 주었으면 하는 기대를 가지고 있었다. 선거 전날 밤 그는 이웃들과 그리고 방문객들과 지역의 개표 전망에 대해서 담소를 나누기도 했었다.

당락에 치명적인 결과를 나타내지는 않았지만, 대통령은 항상 자기 고향인 하이드 파크와 다저스 카운티에서 좋은 결과가 나오도록 최선을 다했다. 이 지역은 공화당의 입김이 센 지역이며, 1930년 선거에서는 이 두 곳을 다 석권했었지만 그때 이후로 이 두 곳을 한꺼번에 공략하지는 못했었다. 행진에 참여한 군중들에게 몇 마디 인사를 한 후, 그 중의 몇몇 지도자들과 악수를 나눈다.

대통령이 그렇게 평화스럽게 이웃들과 담소를 나누는 모습을 보면서 '지금 당장 유럽에는 파시즘을 앞세운 독재자들이 전 대륙을 휩쓸고 있는 것을 알고 있는 대통령은 마음속에 어떤 생각을 하고 계실까?' 하는 의구심을 품지 않을 수 없었다.

여기 1억 3천만 국민들의 지지를 받으며 세계 최강국 대통령으로 당선된 루즈벨트가 그의 승리를 축하받으며 서 있다. 군대의 행렬이나 수천 대의 비행기가 하늘을 날며 만국기가 휘날리는 대회장을 가득 채운 10만 군중의 환호가 그의 승리를 축하하는 것이 아니라 아주 평범한, 그리고 오래된 트위드 양복을 걸친 채 그를 축하하러 온 이웃들과 담소를 나누며 승리를 맞고 있는 것이다.

대통령 재선과 사법부 개혁 (1937년)

선거가 끝나고 몇 주가 지난 후 대통령은 평화유지를 위해 미대륙 국가 협의차 남미로 여행을 하게 되었다. 그곳에서 행하게 될 연설의 대상은 남미 국가들은 물론 유럽과 아시아를 겨냥하고 있었다. 이번 회의의 목적은 서반구의 '연대와 결속'을 과시하기 위한 것이며, 동시에 온 세계인들에게 보다 풍요로운 삶과 평화를 약속해 주기 위한 것이었다. 이 연설을 위한 기본구상은 이미 국무성에 의해서 모두 준비가 끝난 상태였고, 남미로 향하는 도중에 충분히 검토할 시간적 여유도 있었다.

남미에서 돌아온 후 대통령은 곧바로 신년연두교서(1937. 1. 6.) 준비에 착수했다. 그는 선거 후 행정부가 당면하게 될 문제에 대하여, 그리고 그 대응전략에 대해서 많은 생각을 했다.

뉴딜 정책 수행을 위한 입법 투쟁

1933년 이후 뉴딜정책을 수행하기 위하여 통과된 대부분의 입법안이 고등법원에 의해서 '위헌'이라는 판정이 나와 있는 상태였다. 이 판정 결과에 따른다면 극소수의 주정부에서만이 통과된 입법을 시행할 권한을 가지고 있을 뿐이었다. 통과된 법안에 무게를 실어주기 위하여 48개 주가 일사분란하게 움직인다는 것이 얼마나 불가능한지도 익히 알고 있었다. 대통령은 이 사안을 면밀하게 검토했다. 그리고 헌법관련 문헌과 미헌법위원회의 논쟁에 관한 문헌을 읽고 또 읽었으며, 전문가들은 이들 내용에 관해서 다각도로 논의했다.

1937년의 의회연설은 입법부와 행정부가 당면하고 있는 장벽에 대한 대통령의 초조함과 이 장벽을 극복하기 위하여 그가 얼마나 노심초사하고 있는가를 역력히 보여주었다. 그는 행정부가 추진하고 있는 정책에 대하여 이미 선거결과를 통하여 국민적 지지를 받은 것이며, 이것은 또한 동시에 미국 48개 주의 지지를 얻어낸 것과 다름이 없다고 지적했다.

'미헌법위원회의 논의 내용들을 검토해 보니 초기의 헌법학자들도 문명이란 그들이 예상치 못하는 문제들을 발생시킬 수 있는 가능성이 있음을 충분히 알고 있었다.'고 지적했다.

즉, "사법부는 세월이 흐른 후에 당면한 국가적 문제를 해결할 수 있도록 국회로 하여금 관대한 법률 해석을 허용하도록 했는데, 이제 와서는 이러한 법률 해석의 약속이 위헌이라는 것입니다."

"앞으로도 입법부와 행정부는 민주발전의 요구를 수용하기 위하여 계속 노력하겠지만 사법부 또한 민주주의가 더 성공적으로 되도록 일해 줄 것을 국민들로부터 요구받고 있음을 명심하라."고 지적했다.

나를 포함한 톰, 스탠리 하이, 그리고 돈 등이 이 연설문 작업을 맡았다. 그리고 이것이 스탠리가 참여했던 마지막 작업이 된다. 우리 모두는 대통령이 고등법원의 최초 결정에 대하여 얼마나 깊은 관심을 가지고 있는지 알았기 때문에 남미여행을 떠나기 전에 제안된 여러 가지 대응전략에 대해서 의견을 나누었다. 분명한 것은 그대로 방관할 수 없으며, 조속히 행동을 취해야만 한다는 것이었다. 그가 여행에서 돌아왔을 때 우리는 문제의 개요만을 정리하려고 했을 뿐 구체적인 대응전략은 구성하지 못했다고 했다.

나는 대통령이 그 나름대로 여러 가지 구상을 행동으로 옮기고 있다는 것을 알았는데 그 중에 하나가 법무장관(Homer Cummings), 그리고 차관과 만나서 여러 가지 제안을 검토하면서 최종 전략을 구체화하고 있었던 것이다.

우리 팀은 연설문 작성에만 몰두하고 있었는데, 법무부는 나름대로 다음 날 대법원을 상대로 사용하게 될 입법안과 통계자료를 준비하고 있었다. 물론 그 당시 우리는 이러한 움직임에 대해서 아무것도 모르고 있었다.

"일단 문젯거리들은 있는 그대로 놔두게. 필요한 것만 정리해 두고, 준비가 되면 해결책을 제안하도록 하세. 어쨌든 나는 지금 준비가 되어 있지 않네."

정말로 대통령은 그때까지 마음의 결정을 못하고 있는지도 모른다. 아니면 우리가 너무 서둘러서 진지한 논의에 들어가는 것을 원치 않는지도 모른다. 이유야 어떻든 대통령은 정식으로 우리의 자문을 요청하지 않았을 뿐 아니라 아예 이야기조차 하지 않았다.

나중에 알게 되었지만 그는 그 당시 대응을 아주 극적으로 끝내고 싶은 의지가 강했던 것 같다. 적어도 이 시점까지 그는 의회지도자 중 어느 누구와도, 그리고 평상시 자문을 청하는 어느 누구와도 의논하지 않았으나 단 법무장관만은 예외였다. 우리가 의회연례연설을 준비하는 동안 이 일에 대하여 시종일관 철저하리만큼 침묵을 지킨 것은 그가 행동의 일관성이 있음을 분명히 보여주었다.

대통령은 의회연설을 통해서 첫 번째 경고를 발동시킨 후 몇 주가 지나도록 고등법원과의 투쟁에 대하여 공적으로 아무런 언급이 없었다. 그러나 법무장관과는 계속해서 머리를 맞대고 있었다. 그 다음으로 계획된 중요연설은 1937년 1월 20일의 취임사였다. 도날드 리치버그는 완성된 연설문 초안을 대통령이 직접 검토하도록 대통령에게 제출했다.

대통령, 톰, 리치버그, 그리고 나까지 모두 네 명이 그 연설문 작성에 매달렸다. 이 글을 쓰면서 루즈벨트 대통령 기념도서관에 소장되어 있는 이 연설문 초안을 다시 한 번 살펴볼 기회가 있었는데, 아마 수많은 연설문 중에서 이 연설문처럼 대통령에 의해서 수정, 가필, 삭제, 삽입이 많이 되었던 연설문도 없을 성싶었다.

그 테마는, 1933년 이후 미국은 실로 개혁과 재건의 험난의 길을 걸어 왔으며, 그리고 지금까지 행정부가 이룩해 놓은 것은 국민들의 지지에 의해서 가능했던 것이지만 아직 과업이 모두 끝난 것은 아니다. 그런데 중도에서 과업을 끝내 놓고서는 이제는 '됐다'하고 만족해 할 수는 없다는 것. 따라서 우리는 건전한 민주주의적 절차에 따라서 앞으로 계속 전진해야만 된다는 것이었다.

이 점을 강조하기 위하여 한 문장을 더 써 넣었는데, 이것이야 말로 루즈벨트의 상상력이 풍부함을 여과 없이 보여준다. 지금까지 민주당 정부가 모든 악습을 개혁하여 물질적인 풍요를 이루어 낼 수 있었음을 언급한 후 그는 그 개혁은 "**미국의 도덕적 기류를 변화**"시키기 위한 것이었다고 하면서 미국인들은 정착할만한 평온한 계곡을 찾아 나선 개척자들인데 이제 방금 도착한 계곡에 눌러 앉고자 하는 유혹을 뿌리치지 못하는 사람들과 흡사하다고 지적했다.

개혁은 미국의 도덕적 기류를 변화시키기 위한 것입니다.

"자 이제 여행을 멈추고 우리 앞에 놓여있는 길을 지나갈까요? 우리가 서 있는 현 위치를 약속의 땅이라고 하겠습니까? 이제 우리가 중대한 결정을 하려는 기로에 서 있는데 이구동성으로 목소리가 들려옵니다."

"여기에 그대로 정착합시다." 하고 안정주의자들이 말합니다.

"여기가 아주 좋습니다." 하고 기회주의자들이 말합니다.

"앞으로 갈 길이 얼마나 험한가요?" 하고 겁쟁이들이 묻습니다.

그리고는 아무도 질문에 대해서 대답하지 못하는 것쯤으로 간주해 버리고는 **"미국 민주주의에 대한 도전이 바로 우리 앞에 있습니다."** 하고 대통령이 말했다. 그리고는 아직도 개혁의 대상이 되어야 할 사회부조리의 목록을 나열했다. 그리고 그 목록들을 의미 없는 통계숫자로 나열한 것이 아니라 인간의 모습으로 설명하기 시작했다.

미국 민주주의에 대한 도전이 바로 우리 앞에 있습니다.

"내 눈에는 인간의 기본적인 생존권마저 보장받지 못하고 있는 수백만 국민들의 모습만이 보일 뿐입니다. 내 눈에는 교육, 여가, 그리고 더 잘살 수 있는 삶의 기회를 박탈당한 국민들과 그들 자녀들의 모습이 선하기만 합니다." 하고는 **"내 눈에는……."** 하고 몇 가지 예가 더 뒤따랐다.

나는 이 원고의 두 번째 초안에 **"내 눈에는……."** 하고 열거했던 것을 다시 목록화해 요약했던 것을 기억한다. 자세히 생각나지 않지만 대통령은 내가 요약해 놓은 것을 지우개로 지워버리고는 다시 이렇게 끝을 맺었다.

"내 눈에는 우리 국민의 1/3이 주택문제에 시달리고, 잘 입지도 못하고, 제대로 먹지도 못하고 있음이 선명하게 보입니다."

그리고는 대통령은 자신이 쓴 연설문을 큰 소리로 읽었다. 그는 그 문장에 아주 흡족해했다. 우리도 물론 그랬지만 청중들도 그 문장에 매료되고 말았다.

나는 대통령 가까이에서 일하면서 이런 일을 여러 차례 목격했다. 연설문 초안을 검토하다가 갑자기 만년필을 책상 위에 내려놓고는 그의 회전의자에 푹 파묻혀 머리를 뒤로 젖히고 천정을 강하게 응시하는 것이다.

주변에 앉아있는 우리에게는 시간이 아주 길게 느껴지기는 했지만 대통령은 이렇게 2~3분가량을 생각에 잠긴다. 그리고는 벌떡 일어나 다시 집필을, 아니 받아쓰기를 지시한다.

받아쓰기를 시작하기 전에 대통령은 이렇게 운을 떼기도 한다.

"그레이스, 법률 좀 받아 적게." 이 문구는 뉴욕 브로드웨이 흥행에서 성공을 거두었던 '내가 옳았더라면'이라는 뮤지컬에서 나온 말이다. 이 뮤지컬에서 대통령으로 등장하는 죠지. M. 코한은 대통령 초임시절의 경황이 없는 100여 일간 의회로 가서 법을 통과시키는 것이 아니라 속기사에게 법안을 받아쓰게 해서 통과시키는 것을 풍자하고 있었다. 대통령 역을 맡은 배우는 비서 역을 맡고 있는 마빈 맥인타이어에게 **"맥, 법률 좀 받아 적게."** 하고 말한다.

루즈벨트는 그 뮤지컬을 직접 본 적이 없지만, 그 이야기를 좋아했다. 그레이스로 하여금 받아쓰게 한 '법'은 대개는 연설문의 핵심주제로 다시 등장했다.

연설문이 작성되는 과정에서 긴 문장을 줄이거나, 표현을 더욱 분명하게 하는 등 그는 직접 상당히 많은 수정을 서슴지 않았다.

특히 그는 긴 문장을 간결하고 의미가 강하게 만드는 탁월한 재주가 있었다. 그리고 긴 문장보다는 짧은 문장, 짧은 단어들을 선호했다. 마찬가지로 길고 애매모호한 문장보다는 분명하고 직접적이며 단순한 문장을 선호했다. 웅변가들이 즐겨 쓰는 미사여구보다는 보통 사람들의 일상적인 언어를 즐겨 사용하였다.

그의 연설은 **"전국민의 1/3이……."** **"안락한 계곡에 도착했으니 이제 긴 여행을 끝내겠다."**는 문장으로 연설을 끝낸 후 대통령은, 미합중국의 백성들은 이 여행이 계속되기를 희망할 것이라고 말했다.

"국민들은 이 민주 정부의 모든 역량을 발휘하여 그들의 의지가 관철되기를 기대하고 있습니다." 라고…….

마침 루즈벨트 대통령이 연설문의 마지막 부분을 읽고 있을 때 그 옆에는 방금 재선으로 당선된 대통령에게 충성을 서약하고 신임장을 전달한 대법관이 앉아 있었다. 나는 대통령이 비바람을 맞으며 서있는 동안 대법관의 얼굴을 빤히 쳐다보고 있었다. 아마 대법관도 대통령이 '모든 역량을 발휘하여'라는 '모든'을 강조했을 때 그것이 무엇을 의미하는지 충분히 이해하였을 것이다.

나중에 대법관의 신임장 증정 행사에 대해서 담소하게 되었을 때 대통령은 이렇게 말했다.

"대법관이 선서문을 읽을 때 '미국의 헌법을 준수하고'라는 문장에서 나는 솔직히 이렇게 말하고 싶었어. 물론 헌법은 준수하지. 그러나 우리가 당면한 민주주의 문제를 해결해 줄 수 있을 만큼 융통성 있는, 내가 이해할 수 있는 헌법이어야 해. 진보와 민주주의의 발목을 잡는 대법원의 그런 헌법은 내가 지지할 수가 없어."

위의 연설문은 현재 하이드 파크 루즈벨트 기념 도서관에 소장되어 있는데, 그 연설을 하던 날 비가 억수같이 왔었기 때문에 비에 젖었다가 말랐던 흔적까지도 남아 있다. 그리고 그가 얼마나 심혈을 기울여 연설을 준비했는가 하는 표시가 많이 남아 있다.

"고집불통의 머리가 강한 마음을 쉽사리 용서하지는 않을 것"이라는 대목에서는 '머리(head)'와 '마음(heart)'을 혼동하지 않도록 연필로 각 글자 위에 머리와 가슴의 삽화를 그려 넣기도 했다.

그는 이처럼 낭독용 연설문에 꼼꼼하게 강조점, 쉼표, 느낌표 등을 손수 표시하며 연설 준비에 임했다.

1937년 1월 말경 대법원의 처리 방안에 대하여 어느 정도 그의 생각이 확고해졌다. 이미 선거 전후에 여러 대응방안들이 대통령에게 전달된 바 있었다. 어느 것은 헌법 개정을 요하는 것이었고, 또 어떤 제안은 입법 절차만으로도 가능했다.

가장 두드러진 제안은 고등법원에 의하여 기능이 마비되다시피 한 입법부를 되살리기 위하여 일괄의 신속한 조치가 필요하다는 것이었다. 최종적으로 채택된 안은 법무장관의 제안이었다.

나는 대통령을 측근에서 보좌하면서도 일기를 남겨두지 않았다. 나중에 생각해 보니 후일에 되돌아보기 위해서라도 일기는 썼더라면 하는 약간의 아쉬움은 있다. 그러나 간혹 보고 들은 것을 메모 형태로 해서 기록에 남겨 둔 것은 있었다. 그나마 그것도 가끔 기록을 했을 뿐이다. 지금 들여다보니 고등법원의 판결이 전달되었던 이후로 상당히 많은 양이 기록되어 있는 것 같다. 특히 어떻게 법적 대응을 준비했는가 하는 내용에 대해서……. 물론 이 법적 문제해결을 위한 의회투쟁에 관한 것은 경험 있는 전문가인 죠셉 알숍과 T. 캐트리지에 의해서 '168일' 이라는 문서로 남아있다.

나는 1월 30일 저녁에 '격식 없는' 대통령의 생일파티에 참석하도록 백악관에 초대를 받았었다. 이번이 처음 가보는 대통령의 생일파티였고, 나중에도 여러 차례 초청을 받게 되었는데, 항상 그날이 오기를 기다리며 내가 즐기는 생일파티가 되었다.

1936년 대통령 선거전이 끝난 다음에 와이셔츠 커프스 링크 하나를 선물로 받은 적이 있다. 두 개의 타원형 금쪽을 쇠줄로 연결시킨 것인데 한쪽에는 FDR, 그리고 다른 한쪽에는 받는 사람 이름의 약자를 새겨 넣었다.

나는 오후 늦게 즈음 생일파티에만 참석하고자 작정을 하고 있었는데 백악관 오벌 룸으로 올라와 대통령과 점심을 같이 하자는 전갈이 왔다. 상당히 중요한 일이 생긴 것이라고 생각하며 흥분과 기대에 찬 마음으로 당장에 이층으로 올라갔다.

오벌 룸에는 5명의 점심식사가 준비되어 있었다. 참석자는 대통령, 돈 리치버그, 법무장관, 법무차관, 그리고 나였다.

그 당시 리치버그는 워싱턴의 개업 변호사였고 국가재건청의 담당 법무관이었다. 철도전문변호사로서, 그리고 공무원으로서 그는 잘 알려진 자유주의자였다. 그는 백악관을 자주 드나들었다. 그러나 나중에는 보수로 변했고 대통령은 물론 연설문 작성팀과도 점점 더 멀어져 갔다.

나는 애당초 왜 점심이 준비되었는지 그 의도를 알 수가 없었고, 점심식사가 끝나도록 일상적인 대화만 오갔기 때문에 나는 오리무중인 채였다.

오늘의 이 조용한 점심식사는 제 1 차 세계대전 당시 명성을 떨쳤던 'Q선' 또는 '샌티'라고 하는 전함을 생각나게 한다고 대통령이 운을 떼었다. 이 배는 상선처럼 보이도록 위장된 전함이었는데, 독일잠수함이 나타나서 명령을 내리는 대로 고분고분하게 순종했다고 한다. 그리고는 잠수함이 잠수를 시작하려고 하면 위장되었던 배의 한 면을 걷어 내리고는 함포를 드러내어 놀란 잠수함을 공격하곤 했었다.

이야기가 다른 손님들을 재미있게 만들기는 했지만 나는 도대체 이 한가로운 점심과 그 위장된 전함과 무슨 상관이 있는지 알 수 없었기 때문에 다섯 명을 위한 무의미한 점심식사라는 생각을 했다.

점심상이 깨끗이 치워지고 방문을 닫은 후 대통령이 접수용 책상 뒤 의자로 자리를 옮겼다. 그는 커밍스를 곁눈으로 쳐다보면서 국회에 보낼 메모에 첨가할 서신을 법무장관으로부터 받았노라고 했다. 그리고는 메모와 서신을 큰 소리로 읽도록 했다. 나는 모르고 있었지만 법무장관과 차관은 그 메모와 서신에 대해서 알고 있었으며 논의를 하고 있었던 모양이다.

1936년 늦은 12월 리치버그 고등법원 판사를 70세에 퇴직시키는 입법안을 제안했다. 그렇게 된다면 판사는 특별판사 또는 실격된 판사의 대행 업무를 맡게 되어 실질적인 법관으로서는 임기를 끝내게 되는 것이다.

리치버그는 이 법안을 작성해서 대통령이 법무장관에게 직접 건네주도록 준비해 두었던 것이다. 그런데 법무장관은 이 법안이 위헌의 소지가 있다는 점을 지적을 했고, 대통령도 리치버그에게 그 점을 알려주었다. 그래서 리치버그는 돌아가는 상황을 잘 알고 있었는데 나 혼자만 아무것도 모르고 있던 상태였다.

대통령은 두 문건을 천천히, 크게, 그리고 신중하게 읽어 내려갔다. 어떤 대응책이 강구될 것이라는 암시는 있었지만 그가 취하고자 하는 일련의 대응은 몇 주 후 신문을 뒤덮을, '마약'과 같은 기사들과는 정반대 성격의 경악스러운 것이었다.

의회에 보낼 메시지에는 지방법원에서 대법원에 이르기까지 미국의 사법제도의 재조직을 위한 몇 가지 안이 제시되어 있었다.

대개의 안은 논란의 대상이 될 것이 없었고 거의 다 입법화되었다. 그런데 그 중에 전체 메모의 한 가지, 가장 핵심적인 제안은 12년 동안의 대통령 임기 중 가장 첨예한 논란의 대상이 되었고 대통령의 위상, 특히 정당의 위상을 깎아내리는 것이었다.

그것은 대법원을 포함한 연방법원의 70세를 맞는 판사들의 처우에 관한 것이었다. 그 제안의 핵심은 70세가 되어도 퇴직을 거부한다면 대통령이 상원의 재가를 받아서 그 자리에 판사를 하나 더 임명하겠다는 것이었다.

함께 점심에 참여했던 5명은 이 메시지의 내용과 계획 전반에 관한 논의를 했다. 제안된 안 중에 어떤 것은 채택되거나 폐기되기도 했는데, 사실 이 안은 지난 3개월 동안 대통령이 직접 구상해 놓은 것들이었다. 대통령은 이제 마지막으로 생각을 굳힌 것이다.

이 메시지의 핵심은 거의 예외 없이 모든 판사들의 업무량이 과다하다는 것이었고 결과적으로 법정 업무에 상당한 시간이 소요되고 결정이 늦어진다는 것이었다. 우리는 업무량의 과중함보다는 판사들의 고령화를 문제로 제기하며, 외부의 법조계에서 젊은 피를 투입해야 될 필요성을 강조해야 된다고 토론한 바도 있다. 적어도 나를 포함한 세 사람은 그렇게 주장을 했었다. 그러나 커밍스는 판사들의 과로는 현실적으로 입증된 사실이라고 주장했다.

우리 모두는 이 메모가 완성된 것은 아니지만 국민들로부터 보다 더 호응을 얻을 수 있는 내용이 되어야 한다는 점에 의견을 모았다. 대통령의 말을 빌리자면 "**국민들에게 먹혀 들어가야 한다.**"는 것이었다.

그 다음에 남은 문제는 '언제쯤 대통령이 이 메모를 가지고 국회에 보낼 것이냐' 하는 것이었다. 한 가지 가능성은 백악관 주최 법조인 회식이 2월 2일로 예정되었는데, 그것이 바로 3일 후로 임박한 것이다. 관례에 따른다면 모든 법조인은 초청될 것이고 극소수를 제외하고는 거의 모두가 참석할 것이다.

이 회식 전에 이 메모가 유출된다면 아주 어색한 분위기가 될 것이 뻔하다. 반면에 법무차관이 2월 8일 월요일에 법정에서 행정부의 몇 가지 입법제안에 대한 설명을 하도록 되어 있다.

이 중에는 노동관계법과 뉴딜에 관한 법령이 포함되어 있었다. 가능하다면 이 설명 전에 메모가 국회에 전달되기를 바라는 것이 대통령의 희망이었다. 그리고 2월 5일로 발표날짜를 확정했다.

회합이 끝나 참석자들이 모두 자리를 뜬 다음 대통령이 내게 말했다.

"이 메모는 다시 작업을 해야 되겠어, 지금 그대로는 너무 딱딱해. 그러니까 자네가 한번 다시 손을 대 보게나."

나는 각료실에서 생일파티가 시작되기 전까지 혼자 작업했다. 저녁식사가 끝난 후 부인들은 각각 브리지 게임을 하거나 담소를 하며 짝을 맞췄고, 대통령의 '커프스-링크'를 선물로 받은 남정네들은 포커를 하러 위층으로 올라갔다.

대통령은 자신이 포커를 상당히 잘하는 사람으로 생각하고 있지만 평판은 반대로 났다. 그리고 포커를 하면 이길 때보다는 질 때가 더 많았다. 우리 모두는 대통령한테 이기는 것을 좋아했고, 대통령도 우리한테 이기면 아주 좋아했다. 그러나 대통령이 연로해짐에 따라 그의 생일날 카드놀이 하는 시간을 줄여야 한다는 주장도 나왔다.

알바니 시절에는 한밤을 꼬박 새우기도 했지만 그 후에는 새벽 4시, 그리고 2시, 최근에는 대통령이 싫어하는데도 불구하고 12시로 줄어들었다. 대통령은 너무 빨리 끝낸다고 불평을 했지만, 우리는 눈치껏 손을 털고 일어났다.

매년 생일파티가 있는 날 밤 11시가 되면 남 · 녀 손님들 모두가 하던 놀이를 중단하고 아래층 방으로 다 모였다. 오늘도 대통령은 전 국민에게 아동 소아마비 퇴치를 위해서 기여해 온 것을 감사한다는 짤막한 '난롯가의 담화'를 발표했다. 그리고 연설이 끝나면 남 · 녀 모두가 제자리로 돌아가 카드놀이를 계속했다. 내 수첩을 보니 이번 생일파티에서 나는 12불을, 대통령은 16불을 잃었고 카드놀이는 새벽 4시에 끝난 것으로 기록되어 있다.

다음 날은 주일이었지만 나는 오전 내내 의회메모를 완성하는 데 시간을 할애했다. 점심 후에 대통령도 몇 군데 가필을 했다. 나는 그 날 오후 워싱턴을 떠나 내 강연 일정 때문에 필라델피아에 갔다가 2월 2일에 돌아와 다시 연설문 작성팀과 회합을 가졌다.

대통령은 초안을 크게 소리 내 읽었다. 어떤 부분은 삭제되고 또 몇 가지 새로운 제안이 첨가되었다. 그리고 전격적으로 형태를 바꾸어 아주 솔직하게 지난 2년 동안의 법정판결 과정을 개선할 여지가 있다는 쪽으로 몰고 가야 한다는 제안도 있었다.

그러나 이번에는 대통령이 문제에 정면으로 부딪치지 않고 우회하는 아주 드문 경우가 되었다. 그는 신문과 연설을 통해서 기회가 있을 때마다 뉴딜정책에 대한 사법계의 처사에 대하여 공개적으로 비판을 가했음에도 불구하고 이번 일을 그가 정한대로 우회적으로 처리하고자 했다. 나중에 안 일이지만, 보다 더 직접적으로 공격을 하는 것이 더 좋았을 것이라는 결론을 내리게 된다. 4년 후 1937년 판 '공문과 연설문'의 서론에서 대통령은 이렇게 회고한 바 있다.

"내가 처음 사법부 개혁안을 구상했을 때 한 가지 실수를 한 것이 있는데, 그것은 정말로 골치 아픈 문제, 즉 대법원으로부터 내려오는 정책에 대한 결정내용을 충분히 강조하지 않았다는 것이다. 나는 이 개혁안에 대한 구상을 밝힌 나의 그 후 연설을 통해서 이 초기의 실수를 수정했다."

대통령이 실수를 자인하고 수정한 것은 사실이지만, 사실 그 때는 이미 시기를 놓친 후였다. 그러나 많은 국민들에게는 사법부 개혁의 필요성을 판사들의 고령화, 업무과다 등 때문인 것으로 각인되어 있었기 때문에 이것은 바꿔놓기가 쉽지 않았다. 뿐만 아니라 바꿔야 한다는 제안이 당의 이념으로 내세운 대통령의 탁월한 선거전략 때문에, 국회의원으로 당선된 민주당 내의 중진들로부터 나오고 있다는 점이 대통령의 심기를 불편하게 하였다. 대통령의 이러한 심기는 사법부 개혁투쟁 내내 잘 나타났으며, 그의 연설문 속에도 이러한 심기를 표현하는 것은 잊지 않았다.

"우리에게 미국 국민들이 희망하는 것을 이루어 줄 수 있는 용기가 없다면, 아마도 다른 사람들이 나서서 할 것입니다."

대통령은 사법부 개혁을 다시 한 번 시도했는데, 이번에는 3월 9일 '난롯가의 담화'를 통해서였다. 메시지의 초안을 작성했던 팀 멤버들이 다시 동원되었다. 나를 포함한 코코란, 코헨, 그리고 리치버그, 아마도 이 연설문이 리치버그가 개입했던 마지막이었을 것이다. 나중에 그는 보수론자로 변했지만 나는 항상 그의 조용하고 사려 깊은 판단력을 높이 평가하던 터였다.

사법부 개혁에 관한 가장 강한 의견은 헌법 개정이 필수적이라는 것이었다. 이것은 상당히 설득력 있는 주장이었고, 대통령은 이에 대해 응답할 의무가 있었다. 대통령은 '난롯가의 담화'를 통해서 왜 사법제도가 개혁되어야 하는지를 설명했다.

"헌법 개정을 필요로 하는 여러 가지 제안이 우리 앞에 놓여 있습니다. 그런데 이러한 안들은 모두 첨예하게 각기 다른 입장을 대변합니다. 어느 한 사안에 대하여 의회 안팎에서 완전한 합의점을 얻어내고 있는 것은 하나도 없습니다. 아마도 충분한 합의를 얻어낼 수 있는 용어나 개정안을 얻어내기 위해서는 몇 달, 아니 몇 년의 기간이 필요할 것입니다. 그 이후에도 하원과 상원에서 채택된 개정안에 대한 과반수의 지지를 얻어내려면 또 몇 년이 걸릴 것입니다. 그리고 이것이 다시 75% 이상의 주에서 비준되어야 합니다. 설사 유권자의 95%를 소유하고 있는 35개 주의 지지를 받아낸다 해도 유권자의 5% 정도 밖에 행사할 수 없는 13개 주에서 반대하면 비준에 실패하게 됩니다.

헌법 개정이 제안되자마자 아마도 헌법 개정이 반드시 필요하다는 인상을 풍기고 있는 신문사들과 상공회의소, 변호사협회, 그리고 제조업자 협의회가 제일 먼저 나서서 이렇게 반대의 목소리를 낼 것입니다. 우리는 헌법 개정을 지지합니다. 그러나 이것은 우리가 지지하는 내용이 아닙니다. 그러므로 이제부터 우리의 시간과 노력과 돈을 내서라도 이 헌법개정안이 통과되는 것을 저지할 것입니다. 그렇다고 해서 다른 형태의 개정안이 비준되는 것을 저지하는 것은 아닙니다."

"한 가지만 더 기억해 주십시오. 설사 헌법 개정안이 통과된다 하더라도 그리고 수년 후에 이것이 비준된다 하더라도 개정안의 내용은 그때 당시 대법정에 앉아 있는 판사들에 의해서 좌지우지 될 것입니다.

헌법개정안은 헌법전문과 마찬가지로 농부들이나 국민 여러분이 희망하는 그런 것이 아니라 판사들이 생각하기에 따라 의미가 달라질 수도 있다는 것입니다."

그리고는 당시 상당한 여론의 지지를 얻어내고 있던 대통령이 사법부를 '포장'하려고 한다는 비난에 대하여 일침을 가했다.

"도대체 사법부를 '포장'한다는 것이 무슨 의미입니까? 만일에 '포장'이라는 것이 대통령이 원하는 대로 결정을 내려줄 줏대없는 꼭두각시 판사들을 법정에 착석시키려 하는 것이라면 이렇게 대답을 하겠습니다. 대통령 자리에 앉을만한 대통령이라면 그런 발령을 내리지 않을 것이며, 또한 상원의원 자리에 적합한 의원이라면 그런 임명자를 대법원 자리에 앉히도록 인준하지도 않을 것입니다.

그러나 만일 이 '포장'이라는 것이 최근의 시대적인 상황을 이해하는 현직 판사들과 함께 일해 나갈 수 있는 판사를 상원의 지지를 받아 임명하는 것을 의미한다면 나는 의회가 결정한 입법과 정책을 반대하지 않을 판사를 서슴지 않고 임명하겠습니다. 그리고 그러한 임명을 '사법부의 포장'이라고 한다면 나를 포함한 미국 사람의 대다수는 이 '포장'과업을 적극 지지해 주리라고 확신합니다."

위의 연설내용에서 보더라도 대통령이 '법조계의 포장'이라는 말에 얼마나 민감했었는지 잘 나타난다. 그러나 대통령은 그가 희망하던 지지를 얻어내지는 못했다. 그는 자신을 지지해준 사람들도 확보하지 못했고 의회로부터 그가 필요로 했던 행동을 얻어내지도 못했다. 나중에 나온 이야기지만 대통령이 좀 더 유연했더라면, 그리고 좀 더 현실을 직시할 수 있었더라면 약간의 타협을 통해서라도 본래의 목적을 달성할 수 있었으리라고 평하기도 했다.

나는 연설문 작성에만 조력했을 뿐 직접 투쟁에 가담하지 않았기 때문에 단정적인 의견을 피력할 수는 없다. 그러나 한 가지 분명한 것은 대통령은 이 사안에 대하여 대단히 자신만만해 했기 때문에 타협을 생각할 여지가 없었다. 그런가 하면 1937년 판 '공문과 연설문서론'에 이렇게 기술한 바 있다.

"나는 내가 선택한 방법 외에 다른 어떤 것도 의회의 지지를 얻어낼 수 있을 것이라는 생각을 하기가 싫었다. 타협에 대해서는 소문이 무성했지만 결정적인 합의에 대한 가능성이 보이지 않았다. …… 그리고 의회 지도자들은 나의 수정안이 결국에는 통과하게 될 것이라는 언질만을 받았다. 목표달성을 위한 어떤 형태의 만족할 만한 절충이 가능했더라면, 그리고 속히 통과될 가능성이 있었더라면 나도 그것을 용납했을 것이다."

7월 22일 헌법수정안의 거의 대부분은 통과가 되었는데도 사법부 개혁안은 의회에 의해서 완전히 기각되었다.

그렇다면 실패의 원인은 무엇인가?

어떤 이들은 민주당 의원들 내에서도 반대가 심했다고도 한다. 또 어떤 이들은 신문 매체가 너무 공격적이었다고, 대법원에 대한 국민들의 깊은 존경심 때문이라고도 했다. 물론 이러저러한 요인이 패배의 원인이 되었겠지만 결정적인 요인들은 아니었다.

이 개혁안이 실패를 하게 된 것은 고등법원 자체 때문인데 판사를 한 명도 대체하지도 추가하지도 않았던 고등법원의 결정 자체가 변경되었기 때문에 패배했다는 것이다.

이 자리에서 의회 내에서의 움직임에 대한 구체적인 설명은 하지 않는다. 다만 의회의 분위기가 반대쪽으로 기울어지고 국민적 지지를 얻어내기가 어려웠다고 생각이 든다면 입법제정을 강행하지 말았어야 한다는 생각이다. 의회와 충돌하고 급기야는 그의 사법부 개혁안이 무산되었을 때 루즈벨트 대통령은 어떠했었는가?

선거에 대승을 한 바로 직후여서 이러한 패배는 상당히 치명적인 것이었다. 더구나 반대의 대부분이 자기가 이끌고 있는 민주당으로부터 비롯되었다는 것이 더욱 가슴 아픈 일이었다.

실패도 많았었다. 과신으로 인한 실패, 의원들과 개혁구상에 대하여 사전에 논의하지 않은 실패, 고집불통의 실패, 다른 때와 달리 간접적으로 투쟁을 전개한 실패 등이다.

나중에 루즈벨트는 그의 모든 실패 요인을 깨달았다.

에필로그

국민을 사랑한 대통령

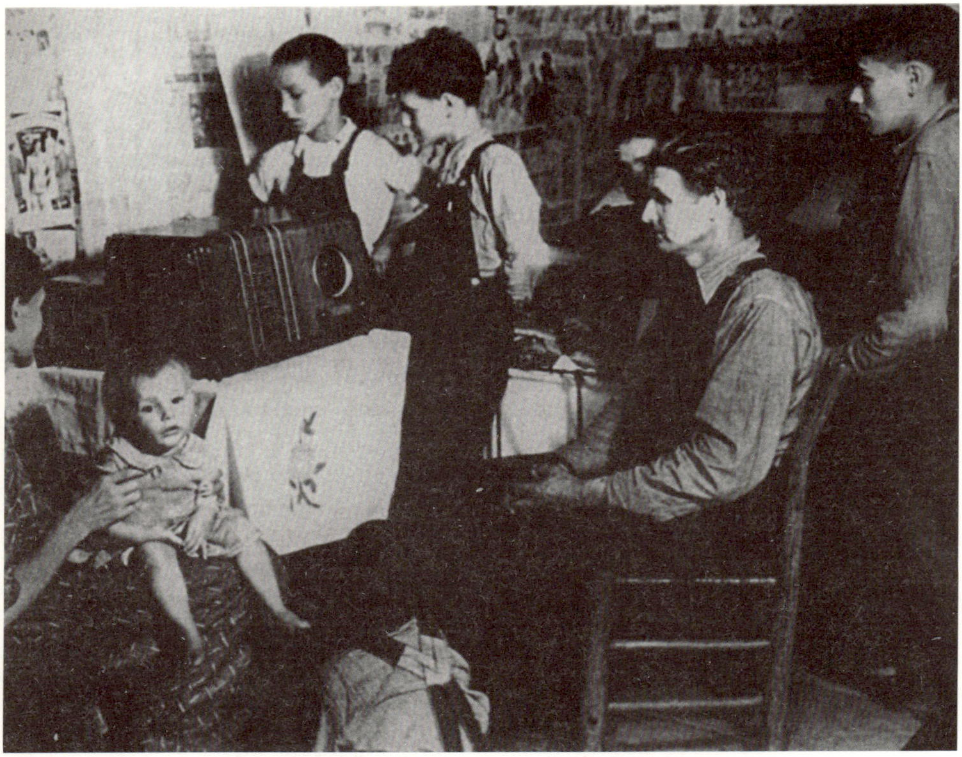

함께 둘러앉아 '난롯가의 담화'를 경청하는 미국의 한 가정

에필로그 : 국민을 사랑한 대통령

근대 미국이 절체절명의 위기에 처했던 시대의 12년 5주 동안 대통령을 역임한 루즈벨트, 그는 미국 역사 초유의 4선 대통령이다. 대통령의 손때가 묻은 메모지 한 장까지도 도서관에 남길 만큼 자료를 소중하게 정리·보관하는 나라의 대통령 이야기는 방대할 수밖에 없다. 루즈벨트 대통령의 경우는 더욱 그러하다.

이 작업은 시간으로는 약 4년 정도를 끌며 생각하고 틈틈이 정리한 것이다. 반드시 2007년 12월의 대선을 목표로 한 것은 아니었다. 단순히 국민에게 희망을 주는 한 대통령의 이야기를 나누고 싶었을 뿐이다.

우선은 부끄러운 마음을 금할 수 없다. 참고자료에서 언급하는 루즈벨트 대통령 도서관에도 가보지 못 하고, 그의 측근에 있었던 사람들이 전해주는 이야기에 의존해서 써 나간다는 것이 부끄러웠다. 그러면서도 작업 시간이 오래 걸릴 수밖에 없었던 것은 '도대체 누가 오늘날 루즈벨트 대통령의 이야기에 관심을 가질 것인가?' 하는 의구심 때문이었다. '공연한 시간 낭비가 아닌가?' 하는 생각도 했었다.

제목도 몇 번 바뀌었다. 진보를 표방했던 '참여정부'에 대한 기대 때문에 '진보주의 대통령 루즈벨트'가 첫 제목이었다. 그러나 그 정부에 대한 신뢰가 깨어지면서 평소의 소신대로 '장애인 대통령 루즈벨트'라 하였다. 그러나 그 제목은 루즈벨트를 너무 축소시키는 것 같았다.

그는 장애인이었지만 결코 장애인이 아니었기 때문이다. 작업이 진행되는 과정에서 분명하게 떠오르는 이미지는 그가 실로 '희망의 대통령'이었다는 것이다.

좌절한 국민들에게, 별볼일 없어 보이는 소시민들에게, 노후를 걱정하는 노인들에게, 가정의 행복을 위한 설계를 할 수 없는 비정규직 노동자들에게 희망을 줄 수 있는 대통령이 바로 오늘의 한국이 기대하는 대통령상이라는 생각이 들었다.

루즈벨트 대통령은 분명히 산업화와 대량생산이 대표하는 미국 근대화 시대의 대통령이다. 그럼에도 불구하고 그는 포스트모던 시대의 우리에게 던져줄 메시지를 가지고 있다는 확신이 있다. 성장과 분배가 그 시대의 과제였다면 그것은 자유와 평등의 가치를 동시에 추구하는 우리 시대의 과제일 것이다.

감히 편자는 '희망의 대통령을 기다리는 많은 사람들의 간절한 마음을 깊게 새기며 이 책을 준비했습니다.'라고 말하고 싶다. 편자는 이 책이 얼마나 많은 사람들에게 읽혀질까 하는 생각을 해본 적이 있다. 아주 작은 욕심은 대통령의 연설문, 정책자문을 담당하는 보좌관들이 읽어주었으면 하는 것이다.

루즈벨트는 대통령의 연설문은 역사를 만드는 작업이라고 했다. 더 큰 욕심을 내자면 우리 국민 스스로 우리에게 희망을 줄 수 있는 대통령을 요구해야 되겠다는 것이다. 또 다른 하나의 욕심은 시대가 변해도 변하지 않는 진실된 생각, 인간에 대한 관심, 정의로운 사회, 인간의 존엄성에 대한 가치, 수려한 문장의 힘과 아름다움을 사랑하는 독자들을 만나고 싶다.

편자는 그가 미국의 대통령이 되지 않았다면 위대한 문호가 되었으리라 생각하리만큼 그는 아이디어를, 문자를, 글쓰기를 좋아했던 사람이었다. 몸짓으로 면식으로, 글로, 탁월한 정치력으로 그가 국민들을 매료시키고, 그들의 지지를 얻어냈던 것은 다분히 천부적인 재능이었다고 감히 말하고 싶다. 그는 참으로 사람을, 특히 곤경에 처한 사람들을 사랑했고 그것이 그의 성공의 비결이었다.

'사람을 사랑한 루즈벨트', 다시 한 번 사람을 사랑한 루즈벨트의 면모를 되새기며 이 책을 끝내고자 한다.

전쟁을 할 수 밖에 없는 이유에 대한 연설을 토대로 한 포스터
-전쟁은 두려움을 없애기 위한 것

회상의 글

국민을 사랑한 루즈벨트

보좌관 루이스 하우

엘레노 루즈벨트 여사

오하이오, Bowling Green의 한 명사

루즈벨트의 장례식

국민들이 대통령에게 보낸 서신

Another Report to His Board of Directors

루즈벨트는 모든 국민을 진심으로 사랑했다.

국민을 사랑한 루즈벨트

보좌관 루이스 하우

루즈벨트가 처음 은행위기에 관한 주제로 '난롯가의 .담화'를 시작했을 때 한 방문객이 물었다고 한다. "어떻게 그 어려운 은행의 문제를 쉽게, 명료하게 설명하셨는지요?" 하고…….

"프랭클린은 의자에서 휙 돌려 앉으며 밖에서 일하고 있던 노동자를 가리켰습니다. '저 사람 보이지요? 내가 은행위기에 관한 연설문 구상을 하던 그날부터 저 사람은 저 자리에서 일하고 있었습니다. 옳지! 내 연설문을 저 사람이 이해하도록 써야겠구나 하고 작정했지요. 그래서 나는 저 사람을 앞에 놓고 연설문을 쓰기 시작했던 겁니다."

엘레노 루즈벨트 여사

"나는 미국의 국민들이 그에게 얼마나 헌신적이었던가 하는 것을 그가 서거한 후에야 비로소 알게 되었습니다.

나중의 일이지만 나는 뉴욕의 지하철 또는 택시를 타고 내릴 때 대통령이 그들에게 친숙하게 이야기하던 것을 잊지 못한다고 말하는 사람들은 수없이, 수없이 만났습니다. '대통령은 나에게 나의 정부에 대해서 친절하게 말해주곤 했습니다.' 하고 사람들은 말했습니다."

오하이오, Bowling Green의 한 명사

"저는 아주 어렸을 때부터 대통령을 기억합니다. 커다란 사건이 일어날 때마다 사람들에게 이야기해주는 음성이 없는 미국은 아주 생소하고 텅 빈 것 같이 느껴질 것 같습니다.

루즈벨트의 장례식

1945년 4월 12일 조지아주 웜 스프링스에서의 뇌출혈로 사망한 프랭클린 루즈벨트는 그의 죽음을 통하여 위대한 지도자의 종말이 보여줄 수 있는 모든 것을 다 보여주었다. 웜 스프링스에서 워싱턴 D. C까지 천천히 향하는 구부러진 장례용 기차, 조지아, 캐롤라이나, 버지니아에 이르는 철로가에 밤낮없이 늘어선 군중들……. 그들은 흐느끼며 울기도 했고, 어떤 이는 깊은 침묵을 지켰다.

워싱턴의 유니온 스테이션에서부터 시작하여 백악관의 장례식장으로 가는 국기로 포장된 FDR의 관이 실린, 여섯 마리의 백마가 끄는 마차의 느린 장례행렬은 수천 명의 흐느끼는 사람들 곁을 지나간다. 그리고 그의 조상의 묘지가 있는 고향 하이드 파크에 묻힌다.

루즈벨트 대통령의 장례식은 특이했다. 그에 대한 추모사가 방송매체를 통해서 전해지곤 했는데, 장례식 다음 날 유명한 배우 오슨 웰스도 방송을 통해서 국민과 대통령이 어떻게 가까워졌는가를 이렇게 말했다.

배우 오슨 웰스의 방송 추모사

"돌아가신 대통령은 우리 가족이셨습니다. 제가 배우로서 여러분의 가정 속에 살고 있듯이 그 분도 우리 집에 사셨던 분입니다. 여러분의 집이 텅 빈 것처럼 오늘 우리 집도 텅 비었습니다." 라고…….

루즈벨트가 사람을 사랑한 이야기로 이제 이 이야기를 끝내야 한다. 미국인들 중에서도 신세대는 잘 알지 못할 이야기지만, 제 2 차 세계대전이 계속되던 시기에 미국의 흑인들은 한 마디로 사람대접을 받지 못하고 있었다. 그런데 루즈벨트는 미국인들이 터부시하던 백인의 흑인에 대한 편견의 주제를 그의 담화에 담아내었다. 이에 감격한 당시 미국의 흑인 시인 루스 알버트 쿡(Ruth Albert Cook)은 제2차 세계대전이 치열하던 1942년 아래와 같은 시 한 편을 썼다.

흑인 시인 루스 알버트 쿡의 시(詩)

지난밤 독특한 하바드의 사투리를 쓰는 한 남자가
귀를 종긋 세운 일천오백만
미국인들의 침실로, 거실로, 부엌으로,
자동차 안으로 파고들었다.
지난밤, 일천오백만의 미국인들은
일억 오천만 또 다른 미국인들로부터
말뚝에 박혀 격리되었었다.
그런데 오늘 그 똑같은 말뚝으로
갈림을 당했던 일천오백만 미국인들이
미국의 '열 번째 미국인들'이 되었다.
미국의 가장 거대한 마이너리티가 되었다.
그리고 다시
니그로가 되었다.

국민들이 대통령에게 보낸 서신

이 책의 앞쪽 상당 부분은 대통령 연설문 작업과정에 얽힌 내용들로 구성되어 있다. 부분적으로는 루즈벨트의 공식적인 선거유세연설, 정책연설 외에도 방송담화를 통해 국민들에게 다가가려는 노력이 담겨져 있다.

대통령 임기 동안 '난로가의 담화'와 관련하여 무려 1500 ~ 3000만여 통의 서신을 국민들로 받았다는 언급도 했다. '에필로그'에서는 국민들이 대통령에게 보낸 서신을 통하여 그들의 목소리를 들어보고자 한다. 가능한 한 일자, 이름, 성별, 거주지 등을 밝혀 진실성을 높이고자 했다. 그러나 막대한 분량의 서신에 비한다면 여기에 소개된 것은 빙산의 일각에 불과하다.

지지와 반대의 편지를 여과 없이 실었으며, 발신자에 따라 '대통령께'라는 경의를 표하기도 하고, 인사 없이 그대로 의사를 전달하는 발신자들도 상당수다.

루즈벨트 대통령 곁에서 사회복지사로서 노동 장관을 지낸 퍼킨스 여사는 이런 회상을 한다.

> "방송이 나갈 때, 아마 그 방에는 20~30명의 사람들이 모여 있었는데 어찌나 청취자들에게 마음이 집중되어 있었던지 우리가 그 자리에 동석해 있다는 걸 전혀 의식치 못하시더군요. 방송을 통해 국민들과 대화할 때 그는 머리를 끄덕이기도 하고, 손을 움직여 설명을 하기도 하며, 자연스러운 제스추어를 했습니다. 거실의 난롯가에 함께 앉아있듯 얼굴은 홍조되어 있고, 미소를 띠며 이야기를 이끌어 가는 것이었습니다."

각하, 1933년 3월 13일

지난 일요일 저녁 각하의 담화 방송을 듣고 있노라니 우리 작은 집은 교회, 우리 라디오는 강대상, 그리고 대통령은 목사님으로 변하는 것 같았어요.

대통령의 용기에 대해서, 그리고 우리에게 보여주신 신뢰에 대하여 감사드립니다. 우리가 당면한 투쟁을 잘 감당해 나갈 수 있도록 하나님께서 축복하시기를 기도합니다. 그리고 우리 미국 국민 모두는 대통령이 꼭 승리하도록 도와드리겠습니다.

시카고 일리노이스 Louise Hill(Mrs)

친애하는 대통령께, 1933년 3월 15일

대통령께서는 방송의 음성을 직접 들으실 수 없습니다. 그래서 다른 사람들이 하는 말을 믿으셔야 하는데 음성이 완전히 방송체질입니다. 아주 분명하고 깨끗해요. 바로 엊그제 저녁 같이 느껴집니다. 저는 제 서재에 앉아있고, 대통령은 건너편 방에 앉아계신 것 같은…….

그런데 저의 여러 친구들도 똑같은 말들을 하더군요. 이미 수백여 명이 대통령께 말씀드렸겠지만, 담화 내용이 우리에게 얼마나 정확하게, 얼마나 완전하게 전달되었는가를 알려드리고 싶었습니다. 담화 그 자체는 아주 명확했고, 힘이 있으며 직설적이었습니다. 직접 만나서 이야기하는 것처럼 국민들에게 그렇게 담화를 해낼 수 있다니 미국대통령으로서 더 바랄 것이 없겠습니다. 심심한 문안을 올리며.

오하이오, 신시나티, James A Creen

친애하는 대통령께,　　　　　　　　　　　　1933년 3월 13일

어제 저녁의 담화 방송에서는 '은행의 문제'를 다루셨는데, 아주 흥미 있었습니다. 대부분의 사람들은 돈이 별로 없습니다. 은행 예금도 그렇고요. 그 얼마 되지 않는 돈을 가지고 어려운 때를 위해서 이것, 저것 조금씩 아끼고 구매충동을 억제해 가며 저축을 합니다만 결국 큰돈은 못됩니다. 그러나 적어도 실직당하거나 병이 나면 '은행에 저금해 둔 게 있지'하고 다소 마음을 놓습니다. 그런데 어느 날 청천벽력같이 실업자가 되어버렸는데 내 적은 돈이 있는 은행도 문을 닫아버렸습니다. 걱정을 해보았자 아무런 소용도 없습니다.

그러나 대통령께서는 우리 미국인들의 심장에 새로운 '용기'를 불어넣어 주셨습니다. 저는 지난 1년 동안 실직 상태에 있고, 아직도 은행문은 그대로 닫혀있지만 저를 포함한 수백만 명의 미국인들은 우리들을 이토록 좌절시킨 경제공황도 끝나게 되리라 확신합니다.

우리에게 다시금 소생할 수 있는 기력을 주신 대통령께 감사를 드리고 싶은데, 제 표현으로는 너무나 부족합니다. 그래서 그 대신에 하나님께 대통령 임무를 훌륭히 해내실 수 있도록 기도해 드리겠습니다. 훌륭한 대통령이 되시기를…….

피어 헤븐. N.J. Jane Couant

1933년 3월 14일

오늘 우리 회사의 이사회에서는 본인에게 직접 대통령께 이 서신을 드려서 각하께서 얼마나 명쾌하게 우리가 당면한 은행의 문제를 잘 다루셨고, 특히 어제 저녁의 담화 방송을 통하여 국민들이 가지고 있는 두려움을 완화시키는 데 대단히 큰 효력이 있었음을 알려드리라고 위임했습니다. 또한 저희들은 대통령님의 강력한 리더십을 무한히 신뢰하고 있으며, 미국이 다시 한번 풍요로운 국가가 될 수 있음을 확신한다는 말씀을 전해드립니다.

Standard Oil Company of California

회장 K.R. Kingsbury

대통령께, 1933년 3월 12일

방금 마치신 담화 방송을 듣고 얼마나 즐거웠는지 알려드리고 싶군요. 오늘 저녁 대통령의 확신을 귀담아 듣고 은행에 대한 제 신뢰가 다시 살아났습니다. 저는 미네아 폴리스 은행이 문을 열면 돈을 모두 찾으리라 작정을 했었습니다. 그런데 오늘 저녁에 국민들의 돈이 침대 밑에 숨겨놓는 것 보다 은행에 놔두는 것이 더 안전하다는 말씀을 하셔서 돈을 그대로 은행에 놔두도록 했습니다.

저는 이제 겨우 고등학교 학생입니다만 우리 국가의 문제에 대해 관심이 많습니다. 그리고 만일 국민들이 침착하고 안정을 유지한다면 정부가 우리를 이 난국에서 극복하도록 도와줄 것이라고 믿습니다.

"하나님께서 늘 함께 하시기를……." 사랑하는 대통령님.

Viola Hazelberger

미네소타

진지하게 대통령의 '난롯가의 담화'를 경청하는 미국 시민.
아마도 백인들의 흑인에 대한 편견에 대한 담화에 감격했을 것이다.

나의 친애하는 대통령께, 1933년 3월 20일

대통령의 며칠 전 담화가 얼마나 훌륭했었는지 직접 말씀드리고 싶었습니다. – 특히 유대인들은 대통령을 전폭적으로 지지합니다. 말씀 한 마디, 한 마디가 가슴 깊은 곳에서 우러났음을 알 수 있었었고 그 응답으로 우리의 가슴에 박혔습니다.

다음 날 아침 우리 유대교 성전에는 대통령의 건강과 행복을 위해서 모두가 함께 기도했습니다.

진심으로 애정과 기도를 보내드리며

(Mrs). Betty Seigel

룩스베리, 메사추세츠

대통령께,

저는 고등학교 교사입니다. 그런데도 대통령께 한 번도 서신을 보낸 적이 없으니 어떤 존칭을 써야 하는지, 격식은 어떤 것인지 조금 떨립니다. 그러나 오늘 저녁 대통령님의 진솔하고, 명료한 음성을 듣고 나서 꼭 서신을 드려야겠다는 생각을 하게 됩니다.

저는 금년 43세인데 생전 처음으로 아주 적극적인 미국인이라는 생각이 들었습니다. 대통령님의 참으로 인간적인 리더십이 제 속에 잠재적으로 숨어 있던 애국심에 불을 질렀습니다. 저는 대통령을 지지합니다. 100%로요.

대통령께 감사하는 수많은 국민 중의 한 사람

Malsel L. Morrissey

부룩클린 N.Y.

대통령께, 1934년 10월 3일

1억 2천만 미국인들은 매일 무릎을 꿇고 우리에게 당신처럼 탁월한 대통령을 주심에 대해 감사를 드려야 할 것입니다. 감사하기를 거부하는 소수는 동정을 받아야 하고, 또 그 중에 몇 명은 알 카트라즈 감옥으로 보내야 마땅합니다.

국민들을 향한 대통령님의 지난 저녁 담화는 정치가로서의 탁월함과 정직하고 깊은 지식의 소유자임을 보여주셨습니다.

대통령님 제게는 아내와 어린 아이가 딸려 있습니다. 나는 그들을 사랑합니다만, 저는 대통령을 경배합니다. 언젠가 대통령을 직접 뵙고 싶습니다. 그것이 제 평생의 소원입니다. 건강과 성공을 기원하며.

Joe Frigo

키스토운 W. Va.

친애하는 대통령님, 1934년 10월 1일

어제 저녁의 담화 방송 잘 들었습니다. 보통 시민들이 대통령의 담화에 어떻게 반응할까 궁금해 하실 것 같아서 몇 자 올립니다.

이해하시는 데 좀 더 도움이 되시도록, 제 자신에 대해서 말씀드리겠습니다. 저는 소년 시절에 한 마디로 가난뱅이였습니다. 항상 열심히 일했고, 틈틈이 저축을 했으며, 제 또래의 젊은이들이 당연하게 누리는 거의 모든 것은 포기했고, 저보다 나을 것이 하나도 없는 여인과 결혼을 했고, 우리 부부는 참 고생을 많이 했습니다. 천신만고 끝에 돈을 좀 모아서 창업을 하기로 했는데 아주 잘 되어 갔습니다.

저는 사업확장 계획을 가지고 있었는데 정치상황이 불안해서 내내 망설이고 있는 중입니다. 이 사업이 확장되면 일자리도 여러 개 생길 것입니다. 그런데 지금의 불확실성 때문에 손을 놓고 있습니다.

저는 어제 저녁 방송을 틀기 전에 "오늘 저녁에는 우리 같은 평범한 사업가들에게 용기를 주는 말씀을 하실까?" 하는 기대가 있었습니다. 그런데 제가 듣기로는 뉴딜정책을 현재의 구상대로 밀고 나가신다는 뜻 같군요.

그런데 제가 걱정하는 것은 대통령을 둘러싸고 있는 사람들입니다.—노골적으로 말씀드리면 순전히 이론가들인 대학교수라는 사람들, 별로 쓸모가 없지 않습니까? 게다가 우리 같은 보통 사람들을 겁나게 하는 사회주의나 공산주의 성향을 가지고 있지요.

백악관에서 필요로 하는 사람은 예산의 균형을 바로 잡고, 세금을 줄이고, 국민의 돈을 물 같이 쓰는 사람들을 없애버리는 용기 있는 사람이어야 합니다.

저는 지금까지 내내 대통령을 지지했습니다만, 이제 상황이 호전되지 않고, 비즈니스가 좀 더 공정한 대우를 받지 못한다면, 저는 남은 돈 30퍼센트를 장롱에 숨겨놓고 몇 년을 버티어 볼 작정입니다. 지금 떠오르고 있는 브레인트러스트 아이디어 때문에 사람들이 저처럼 비슷한 생각을 하고 있습니다.

절대로 대통령께 불경스러운 마음으로 이 서신을 드리는 게 아닙니다. 제가 드리는 말씀에 참고하실 여지가 있다는 점에 동의해 주시기를 기대하겠습니다.

R. R. Engelheart

데손포트

1934년 10월

당신의 담화 방송을 청취하노라면 겁이 덜컥 납니다. 혹시 제가, 당신의 헛된 아이디어에 홀딱 반했다고 생각하지 않기 바랍니다. 도대체 누가 국민들의 정서도 알지 못하면서 대통령의 연설문을 써내는지 대답해 주십시오. 저는 대답을 기다리겠습니다.

E.B. Scardale

데이튼, 오하이오

각하,

1935년 4월 30일

귀하의 최근 각광받는 '난롯가의 담화'라는 프로는 참으로 한심하고 구역질이 납니다. 고백컨대 한때는 귀하의 뉴딜정책을 신뢰했던 적이 있습니다.

번영이라고요? 귀하는 정말 우리에게 모욕적인 언사를 구사하고 계십니다. 귀하의 집권기간 중 번영이란 결코 없을 것입니다. 모든 부와 희망을 송두리째 말아먹고, 우리의 국민성마저 굴절하게 만들 것입니다. 어때요? 국민들 앞에 좀 더 솔직해지시고 투자계층을 기만하려고 여러 가지 작고 거대한 술수를 부리고 있는 중이라고 인정하십시오. 미국의 대기업을 국영화하고 종국에는 사회주의 국가를 만들 것이라고 털어놓으십시오.

뉴딜정책의 위선적 냄새에 구역질이 납니다.

Raymond E. Click

프로스펙트 오하이오

각하,　　　　　　　　　　　　　　　　　　　1935년 4월 27일

지난 저녁의 담화 방송은 한 마디로 대통령께서 현재 미국이 당면하고 있는 문제에 대해서 아주 무지하시다는 생각을 갖게 합니다. 듣자하니 막대한 예산을, 그것도 빌려온 돈을 가지고 실업구제책(Work Relief Rill)을 집행한다는 미명으로 무책임하고 나태하고 정직하지 못한 미국의 게으름뱅이들을 위해 사용하시겠다고요.

정부에 손을 내밀지 않고 어려움을 극복하고 빚을 져가면서도 최소한의 품위를 지키려고 하는 사람들은 정부가 관심을 가져주지 않는군요. 저는 지금 세금을 꼬박꼬박 내는 납세자들, 그리고 노년층은 정부의 도움을 하나도 못 받고 있는 형편인데도 도움을 받을 자격이 하나도 없는 사람들만 도움을 받게 되는 문제를 말씀드리는 것입니다.

제발, 추진하시는 정책들을 재고해 주십시오.

Mrs.Laura Manninng

플래렌트 밀. N. J

저의 친애하는 대통령께, 1935년 4월 30일

대통령께서 입안하신 사회보장제도는 실로 미국 국민들의 물질적, 정신적 향상을 위한 아주 중요한 한 걸음입니다. 그런데 제발 사회보장을 받을 자격을 갖춘 사람에게만 혜택을 주시고, 거지에게 나누어 주는 식으로는 하지 마십시오. 왜 자격을 갖추어야만 하느냐고 물으시겠지요. 사람이 성인이 되면 국가의 발전을 위해 부와 노동을 바치게 됩니다. 나이가 들면 다음 세대에 물려줄 지혜도 갖게 되지만, 그러나 거지처럼 생활보호를 받게 되면 노인으로서의 품위는 상실하게 됩니다.

John M. Russ

잭슨 빌, 플로리다

루즈벨트 대통령님, 1937년 3월 17일

저는 무식한 농사꾼입니다만 대통령께서 구상하고 계신 고등법원의 개혁안을 지지한다는 것을 알려드리고 싶습니다. 정부가 대기업이나 산업체를 지원하면 헌법적이고 대통령과 우리가 모처럼 힘없는 사람들을 돕겠다고 나서면 위헌이라고 합니다.

가만히 생각해보면 우리 관료들은 모두 다 사기꾼 같고, 머리가 빈 것 같아요. 당신은 다리가 불편한 장애인입니다만, 우리 역사상 최고의 대통령께 무한한 경의를 표합니다.

존경하는 마음으로

R. T. Hanners

하트스 셀, 알라바마

대통령께, 1937년 3월 11일

애석합니다. 당신의 어제 저녁 담화가 당신의 그 특유한 위선과 속임수의 말이 끝나기 전에 벽난로 속에 던져지지 않은 것이 애석합니다.

당신의 정부는 지금 세 파로 완전히 갈라져 있습니다. 그렇게 되어가지고는 미국 헌법의 목표를 달성할 수 없습니다. 정부를 세 쪽으로 나누어 놓고 그 세 쪽이 상호협력하지 않으면 무슨 소용 있나요?

미국을 위해 평생을 바친 고등법원의 연로한 판사들을 가리켜 "동맥경화증에 걸린 늙은이들"이라고 했는데, 당신은 두 발로 온전히 서지도 못는 불구자이면서 그런 말을 하면 됩니까? 대통령의 그런 말투는 정말 기분을 상하게 합니다. 향후 대통령 출마자는 신체적으로 정신적으로 흠이 없고 완벽해야 한다는 철칙을 하나 만들어 두는 것이 어떨까요?

Leo. P. Hansen

민주당원 레이시, 워싱턴

각하, 1937년 3월 11일

저 같은 보통 사람이 대통령께 시간을 낼 필요는 없다고 생각합니다. 그런데 저의 남편이 대통령께 아주 불경한 서한을 보낸 것을 알게 되었습니다. 그래서 저와 저의 딸은(유권자인데) 대통령이 추진하는 개혁을 전적으로 지지한다는 것을 알려드리고자 합니다.

존경의 마음으로

(Mrs.) Kathrine Kandler

시카고

1937년 3월 10일

대통령직이라는 유리한 위치에 있음을 이용해서 방송으로 고등법원의 판사들을 비판하는 것은 아주 비겁한 행위입니다. 그 판사들은 대통령직에 대한 경외심 때문에 당신에게 반격하지 않을 것을 알지 않습니까? 실로 이것은 미국민들에 대한 모욕적 행위입니다.

Grace Underwood Perry

입스위치, 메사추세츠

1937년 10월 12일

오늘 저녁의 담화에서 날씨와 곤충들을 어떻게 컨트롤할 것인가 얘기하는 것을 깜빡하셨군요. 다음번에는 대머리에 머리가 나게 하는 기획을 구상하십시오.

J. D. Goodman

필라델피아

친애하는 대통령께, 1939년 9월 3일

한 2주 전 저녁에 라디오 방송을 듣고, 서신을 보내거나 전화를 하려던 참이었습니다. 어떻게 하든지 미국이 전쟁에 뛰어들지 않도록 해주십시오.

나는 다음 달에 35세가 됩니다. 그리고 15세 된 아들이 있는데 그 아이가 전쟁에 나간다면 나는 당장 죽어버릴 겁니다. 그리고 아들이 셋이나 더 있고 딸도 하나 있습니다. 제 남편은 지난 번 전쟁에(제1차 세계대전) 참전했었는데 현재 41세입니다. 그리고 지난 번 서한에서도 말씀드렸습니다만, 제 남편이 또다시 전쟁터로 가야한다면 내 손으로 내 남편을 쏘겠습니다. 저는 농담을 하는 게 아닙니다.

저는 우리 아이들은 전쟁을 싫어하도록 성장시켰기 때문에 전쟁에 나가서 다른 어머니의 아들들을 죽이기를 원치 않습니다. 제 남편도 아이들이 총을 가지고 노는 것을 허락지 않습니다. 다른 부모들도 자녀들에게 전쟁을 싫어하도록 교육시킨다면 영웅심을 가지고 전쟁에 나가려고 줄을 서지는 않을 것입니다. 그렇다고 해서 저의 아들들이 겁쟁이는 아닙니다. 다만 저와 제 남편은 적국이 미국 땅을 점령하지 않는 한 절대로 전쟁에 나가지 말아야 한다는 신념이 확고할 뿐입니다.

이 서한을 꼭 읽게 되시기 바라고 라디오 담화에 대하여 새삼 감사드립니다. 우리 가정은 100% 대통령을 지지합니다. 실제로 우리 친구들도 모두 대통령을 지지합니다.

Mrs. J. A. Ringis

디트로이트

대통령께, 1939년 9월 4일

대통령께서 중립적 입장을 취하신다면 그것은 히틀러의 포악성을 관대하게 용서하는 행위에 지나지 않습니다.

George Arnott

버밍햄

대통령께, 1939년 9월 3일

연설문에는 관심이 없습니다만, 히틀러는 그 연설을 듣고 깔깔 웃어버렸을 것입니다.

Mabel s. Buell

샌디에고

1944년 볼티모어 선상에서 맥아더 등 군 수뇌부와 함께

왼쪽부터 캐나다 수상 맥켄지 킹, 루즈벨트 대통령, 윈스톤 처칠.

대통령께, 1940년 5월 26일

오늘 저녁의 '연설' 또는 '담화'에 감사합니다만 내용이 텅 비었습니다. 따라서 대단히 실망했습니다.

요즘 대통령께서 아주 유약해지시는 것 같아요. 그것도 아주 빠르게!

저는 대통령의 담화 속에서 이번 전쟁의 원흉인 히틀러에 대항하는 윈스턴 처칠의 기백을 보고 싶습니다.

이번 전쟁의 핵심적 원인에 대해서는 한 마디 언급도 없었습니다. 그것은 미국 대 히틀러입니다. 도대체 워싱턴에서 무엇들을 하고 있는지 그 혼란스러움을 이해할 수가 없습니다.

미국은 분연히 일어나서 당장 무엇인가 해야 하지 않습니까?－내일까지 미룰 수 없습니다. 그때는 이미 너무 늦어버리고 맙니다.

우리의 직접적인 행동으로 세상 사람들이 우리가 누구인지 알게 하십시오.

제발 벌떡 일어나 히틀러에게 대항해 무엇인가 행동을 취하십시오.

Harry C. Armin

부룩클린, N. Y.

1940년 5월 18일

우리 히틀러를 달랩시다. 그리고 영국과 프랑스를 넘겨주고 미국은 살짝 빠져나옵시다.

Virginia Harvester

뉴욕

1940년 6월 10일

대통령님 만일 최근의 담화 방송에서 진실을 이야기하셨다면 미국의 비행기나 대포 한 대라도 타국의 전쟁을 위해서 넘겨줄 수 없습니다. 귀하의 책임은 미국을 구출하는 것이지 대영제국을 구출하는 것이 아닙니다.

Alice Priest

필라델피아

1940년 12월 13일

지난 일요일 저녁의 담화 방송은 제가 오랫동안 기다리던 그런 내용이었습니다. 만일에 대영제국이 우리의 문명을 보호하기 위하여 죽음의 고통을 갖게 하겠다면 우리가 할 수 있는 최소한의 과제는 가능한 모든 지원을 제공하는 것입니다. 우리는 도저히 영국이 패망하는 것을 앉아서 구경만 할 수 없습니다.

존경의 마음으로

(Mrs) Dorothy M. Kuehnl

몬로비아

1940년 12월 30일

루즈벨트 대통령님 저는 일곱 살의 소녀입니다. 제 이름은 존 베그날이고요. 일요일 저녁 방송에서 들었는데 아주 좋았습니다. 저에게 총이 두 개 있는데 하나 드리겠습니다.

Joan Bagnal

(주소없음)

루즈벨트 대통령님, 몇 자 글 올리겠습니다. 참으로 훌륭한 일을 하고 계십니다. 제가 군대에 갈 수 있다면 당장에 가겠어요.

제 주소가 이 편지지 위에 있으니 알려주세요. 그리고 혹시 강철이 필요하시면 알려주시고요.

제 이름은 해롤드 윌리스이며 8세입니다.

(주소없음)

대통령님, 1941년 5월 27일

저는 대통령님의 담화가 채 끝나기도 전에 이 글을 속히 써서 대통령 당신과 귀하는 둘러싸고 있는 음흉한 참모들에 대한 제 불만을 털어놓고자 합니다.

우리는 절대로 영국과 유태계 미국인들을 위해서 전쟁에 나가지 않을 것입니다. 오브라이언 대법원 판사가 이야기한 대로 뉴욕시는 새빨간 피로 물들게 될 것입니다. 당신은 미국의 배반자이며 미국을 영국에 팔아먹은 매국노입니다.

진짜 미국인

뉴욕시

친애하는 대통령님, 1941년 5월 27일

최근에 대통령이 어떻게 저렇게 호전적이 되었나 하고 곰곰이 생각하느라 잠이 오지 않았습니다. 마치 귀하의 연설 때문에 속이 상했는지 새벽닭이 울고 개들은 짖어댑니다.

귀하의 연설 때문에 미국인들은 지난밤에 눈물을 흘렸고, 앞으로 얼마나 더 많은 사람들이 눈물을 흘려야 할런지 모릅니다. 오직 의회만이 선전포고를 할 수 있다니 하나님께 감사드립니다. 우리가 희구하는 대로 의회도 평화를 지지하기를 기도합니다.

귀하에게 존경을 보내며

Alice Wallingford

프린스톤

1941년 12월 17일

일본인들은 진주만 하늘을 날아와 폭탄을 퍼부었다. 저는 라디오를 들었으며, 대통령이 "우리는 유럽과 아시아의 전쟁 소용돌이에 말려들지 않으려고 했습니다. 그러나 이제 우리는 우리의 빚을 갚아야 할 때가 왔습니다." 라는 말을 하고 있었다.

'진주만 블루스' 중에서

1942년

방금 라디오 담화를 청취했습니다. 저의 사기를 북돋아 주었습니다.

지난 12월 17일 저의 아들이 진주만에서 전사했다는 통보를 오늘 받았습니다.

J. B. Mammal

브리지 포트

각하,

1942년 9월 8일

노동절 담화 방송에 대하여 감사드립니다. 특별히 농산물 가격인상과 임금에 대하여 언급하신 것은 아주 적절했습니다.

우리 가족은 부부와 세 아이가 있는데 버는 사람은 저 혼자입니다. 군수산업체에 근무하고 있는데 일주일 임금이 32불입니다. 그런데 사회보장세 내고, 국방채권을 제하고 나면 29불을 가지고 집에 가서 일주일을 살아야 합니다. 지금처럼 농산물 가격이 오르기 전에도 어려웠는데 지금은 정말 힘이 듭니다. 만일 농산물 가격이 통제되지 않는다면 이 임금을 가지고 살기가 어렵습니다. 제 생각에는 나라를 망치기 전에 농부들의 농간을 막아야 하겠습니다.

신뢰하는 마음으로,

Harold J. Leary

리치몬드 힐 N. Y

대통령께,

1942년 10월 16일

월요일 저녁의 담화 내용에 대하여 감사드립니다.

흑인들에 대한 백인들의 편견에 대해서 언급하신 것을 보니 참으로 용기가 대단하신 분입니다. 백인들은 거의 이런 언급은 하지 않지요. 이 서선을 드리는 본인은 백인입니다.

진심으로

Dand Echil

필라델피아

각하,　　　　　　　　　　　　　　　　　　　　　　　1944년 1월 12일

저는 두 아이의 어머니입니다. 그리고 제 남편은 지금 전쟁터에 있습니다. 우리 집에서는 여윳돈이 있으면 전쟁채권을 구입하는 등 모든 것을 오직 승리만을 위하여 모든 것을 하고 싶습니다.

저는 '징병제도'를 전적으로 지지합니다. 그리고 이것은 제 말이 아니라 뉴기니아의 정글에서 싸우고 있는 내 아들을 대변하는 것입니다.

이제 더 이상 파업은 없었으면 좋겠습니다. 남자형제들과 남편들은 전쟁터에 나가있는데 개인적인 치부를 위해 파업을 하다니요!

하나님께서 힘을 주셔서 전쟁에 승리하시기를 바랍니다. 우리는 곧 승리할 것입니다.

진심으로 경의를 표하며

Mrs. Rufus Napier

하마튼, 오하이오

루즈벨트는 인간의 고통은 아는 사람이었다. 그는 자신의 장애로 인하여 대통령이면서도 감수해야 했던 편견의 장벽이 무엇인지를 아는 사람이었다. 빈곤과 가난, 인종, 장애가 사람과 사람 사이에 만든 벽을 낮추는 일로 노심초사했던 대통령. 하나님께서 우리에게도 국민으로부터 무한한 신뢰를 받는 대통령으로 축복하시기를 기도하며…….

2007 년 늦가을에

김 형 식

희망의 대통령 루즈벨트

2024년 3월 5일 인쇄
2024년 3월 10일 발행

지은이_ 김형식
펴낸이_ 주병오
펴낸곳_ 지구문화사 JIGU PUBLISHING Co.

등록_ 1979년 7월 13일 제 9-57호
주소_ 경기도 파주시 교하읍 문발리
파주출판문화정보산업단지 518-2
전화_ 영업관리팀 031-955-7566 / 7577
편집디자인팀 031-955-7731~2
팩스_ 031-955-7730
홈페이지_ www.ji-gu.co.kr
전자우편_ jigupub@hanmail.net

값 9,800원

ISBN 978-89-7006-426-0

Rahway N.J. July 26, 1933
700 St. George Ave.

ackd. 8/7/33

Franklin D. Roosevelt,-
President of the U.S.

Honorable Sir;

I dare not even hope that these humble lines will reach you, but I can't resist the temptation to add my admiration and enthusiasm for your address broadcast over the radio last night. I have always been an ardent republican, and in the last campaign exerted all my efforts to convert Roosevelt votes for Hoover, I'm glad my efforts were defeated; and hereafter I will vote and work for any party that has at it's head a man of your ability and sincerity as a leader. More power to you, and may your efforts be successful far beyond your expectations. They can't help but be with a nation of people behind you.

May God bless you and give you strength to carry on.

Very humbly Yours
Lena Engelman